中国艺术研究院基本科研业务费项目（立项号：2022-3-6）

传统文化艺术
知识产权保护与制度建构

申坤　著

文化艺术出版社
Culture and Art Publishing House

图书在版编目（CIP）数据

传统文化艺术知识产权保护与制度建构 / 申坤著
. — 北京：文化艺术出版社，2023.11
ISBN 978-7-5039-7512-7

Ⅰ.①传…　Ⅱ.①申…　Ⅲ.①文化艺术—知识产权保
护—研究—世界　Ⅳ.①D913.04

中国国家版本馆CIP数据核字（2023）第211581号

传统文化艺术知识产权保护与制度建构

著　　者　申　坤
责任编辑　董　斌　赵吉平
责任校对　邓　运
书籍设计　马夕雯
出版发行　文化艺术出版社
地　　址　北京市东城区东四八条52号（100700）
网　　址　www.caaph.com
电子邮箱　s@caaph.com
电　　话　（010）84057666（总编室）　84057667（办公室）
　　　　　　　84057696—84057699（发行部）
传　　真　（010）84057660（总编室）　84057670（办公室）
　　　　　　　84057690（发行部）
经　　销　新华书店
印　　刷　国英印务有限公司
版　　次　2023年12月第1版
印　　次　2023年12月第1次印刷
开　　本　710毫米×1000毫米　1/16
印　　张　20.5
字　　数　255千字
书　　号　ISBN 978-7-5039-7512-7
定　　价　88.00元

序　言

　　传统文化艺术知识产权保护是一个争论颇多且复杂的问题，它不仅涉及领域广泛，诸如文化艺术、民俗、法律、政治、经济、社会等，而且内涵极为丰富，与民间文学艺术、非物质文化遗产、传统知识、民俗等一些概念相互包含，内容交叉，界限重叠。此外，针对这一问题的深入分析又会与价值判断、文化传承、文化多样性以及经济利益、政治权益等紧密联系在一起，其中不乏人权保护方面和不同国家或民族之间的政治博弈，关系到各方经济利益的平衡，甚至还牵涉宗教信仰等关乎民族、族群存续发展等问题。伴随时代变迁和科技进步，古老的、旧有的、民间广为流传而以某种不为人所熟知的传承方式留存的传统文化艺术引发了现代社会的广泛关注，对传统文化艺术的挖掘和利用也成为经济全球化背景下的文化产业和艺术经济开发的新领地。知识产权是现代私法权利中的一项重要的民事权利，很多国家也将知识产权称为"无形产权"，它更多的是指代因智力创造活动或智力劳动所产生的智力成果所有者所享有的专有权利。目前，无论是从理论上，还是在实践中，国际社会和世界各国对知识产权的核心内容都已达成共识，认为它包括专利权、商标权等工业产权和著作权。传统文化艺术是否属于知识产权的相关范畴？是否可以运用知识产权制度进行相应的保护？特别是伴随传统文化艺术日益走入经济社会，商品化趋势也日益显现，传统文化艺术知识产权保护作为一个时代性的课题呈现在各国各民族面前。

　　在国际社会上，1883 年缔结的《保护工业产权巴黎公约》(*Paris*

Convention on the Protection of Industrial Property，简称《巴黎公约》)，主要针对的是工业产权，虽然没有明确对传统文化艺术提出直接保护，但在外观设计、商标、原产地标识以及反不正当竞争等方面为传统文化艺术中的某些领域提供国际法救济。1886年，在伯尔尼通过《保护文学和艺术作品伯尔尼公约》(Berne Convention for the Protection of Literary and Artistic Works，简称《伯尔尼公约》)，这是世界上第一个国际版权公约。1967年斯德哥尔摩《伯尔尼公约》修订外交会议开始探索为传统文化艺术提供直接的版权保护，将传统文化艺术作为一种特殊的、作者身份不明的作品进行版权保护，并为"作者不明"作品制定补充条款。此外，1961年在罗马缔结的《保护表演者、录音制片制作者和广播组织国际公约》(Rome Convention for the Protection of Performers, Producers of Phonograms and Broadcasting Organizations，简称《罗马公约》)对表演权、录制权、广播权等邻接权进行规制，依据国民待遇和互惠原则为在外国管辖区行使权利提供便利。此后，还有《保护录音制品制作者防止未经许可复制其录音制品公约》(Convention for the Protection of Producers of Phonograms Against Unauthorized Duplication of Their Phonograms，简称《1971年录音制品公约》)、1996年12月世界知识产权组织（简称"WIPO"）通过的《世界知识产权组织表演和录音制品条约》(WIPO Performances and Phonograms Treaty，简称"WPPT"）以及《视听表演北京条约》等都与著作权或版权密切相关的邻接权进行补充和完善，客观上也形成对《伯尔尼公约》很好的补充。

伴随着世界知识产权组织和联合国教科文组织（简称"UNESCO"）等国际组织的建立，传统文化艺术知识产权司法保护与行政手段和措施的介入，成为20世纪70年代最为关注的制度尝试和探索。1976年应广大发展中国家积极推进本国国内立法和著作权法修订的要求，突尼斯政府在世界知识产权组织与联合国教科文组织协助下在突尼斯组织召开了政府间专家委员会，讨论通过了《突尼斯发展中国家版权示范法》(*TUNIS MODEL LAW ON COPYRIGHT for developing countries*，简称《突尼斯版权示范法》)，该法致力于保护广大发展中国家古老的丰富的传统文化艺术遗产资源。1977 年，非洲知识产权组织（African Organization of Intellectual Property，简称"OAPI"）通过了《班吉协定》(*Bangui Agreements*)，这是专门为传统文化艺术、文化遗产等提供保护的区域性国际条约，此后的新《班吉协定》更进一步对建立与著作权、邻接权等知识产权相补充的文化遗产权进行了新的探索。1982 年，世界知识产权组织与联合国教科文组织共同成立了一个名为"关于保护民间文艺表达的知识产权问题的政府间专家委员会"的组织，这个政府间专家委员会讨论通过了《保护民间文艺表达免受非法利用与其他侵害行为的国家法律示范条款》(*Model Provisionsfor National Laws on the Protection of Expressions of Folklore Against Illicit Exploitation and Other Prejudicial Actions*，简称《示范条款》)，这是第一个由国际组织协调制定的、以特别保护模式保护传统文化艺术、民间文艺的示范条款。2002 年在联合国教科文组织太平洋地区办公室的协助下，"太平洋岛国论坛"与"太平洋共同体秘书局"一起共同通过了《太平洋地区保护传统知识和文化表达形式的框架协议》(简称《太平洋地区示范法》)，旨在帮助太平洋岛国家和地区实现为其传统知识和传统文化艺术提供法律保护的愿望。该示范法与此前 1982 年《示范条款》主导思想一致，致力于不同于知识产权法私法保护模式的新型特别知识产权保护模式。

20 世纪 80—90 年代，以美国为代表的发达国家开始以关税和贸易总协定（简称 GATT）和世界贸易组织（简称"WTO"）等国际组织开展有利于本国发展的国际知识产权规则的制定和实施，1994 年缔结的

《与贸易有关的知识产权协定》(简称"TRIPs 协议")开启了 TRIPs 时代知识产权保护的国际标准,但对关涉广大发展中国家根本权益的传统文化艺术知识产权保护的问题并没有实质性的推进。2000 年,在日内瓦举行的世界知识产权组织第 26 届大会上成立了"知识产权与遗传资源、传统知识和民间文学艺术政府间委员会"(简称"WIPO-IGC")。该政府间专门委员会专注于在国际范围内开展对传统文化艺术、传统知识、民间文学艺术等知识产权保护问题的研究,形成了许多具有重要指导意义的法律文件和规则制度。此外,与世界知识产权组织为主导的知识产权司法保护路径相伴生的,是以联合国教科文组织为主导的传统文化艺术的行政保护路径。20 世纪 70 年代以后很长一段时间内,世界知识产权组织和联合国教科文组织共同合作推动传统文化艺术的知识产权保护工作。进入"后 TRIPs"时代,在广大发展中国家利益诉求的推动之下,联合国教科文组织大力推动国际和区域范围内建立相关行政法规和多边框架协议,并取得了丰硕的制度成果。最为典型的就是 2003 年 10 月联合国教科文组织大会在巴黎举行第三十二届会议,会上通过了《保护非物质文化遗产公约》,该公约是对《保护世界文化和自然遗产公约》的补充,旨在保护无形文化遗产。

总体而言,运用现有的知识产权制度进行传统文化艺术保护存在两个方向,广大的发展中国家主要侧重于运用著作权保护模式,而发达国家则偏重于运用商标、地理标识和反不正当竞争的模式进行保护。同时,在关于传统文化艺术保护的问题上,一直以来存在三种路径,即以世界知识产权组织为代表的国际私法保护路径,以联合国教科文组织为代表的国际公法的保护路径,以世界贸易组织为代表的贸易保护路径,以上是对传统文化艺术知识产权保护的国际研究现状的梳理和述评。

国内学术领域对于此问题的研究成果也颇为丰厚,很多法学家、文艺学者、政治学者等针对传统文化艺术知识产权保护及相关问题形成很多深入的多视角多维度的研究成果。最为典型的是对民间文学艺术的知识产权保护的研究，例如，张耕所著的《民间文学艺术的知识产权保护研究》考证了"民间文学艺术"的概念流变，论证了民间文学艺术知识产权保护的正当性，并依据目前对于民间文学艺术知识产权保护的理论和实践，提出对民间文学艺术进行版权保护、地理标识保护以及反不正当竞争保护等知识产权保护措施和手段。黄玉烨所著的《民间文学艺术的法律保护》从民间文学艺术保护的制度变迁和观念演进为切入点，探讨了国际组织和世界各国对于民间文学艺术保护的模式，在建构民间文学艺术专有权的基础之上，提出以私法为主、兼顾公法的民间文学艺术保护的法律模式，并对我国目前的民间文学艺术法律保护情况进行分析，草拟《中华人民共和国民间文学艺术保护法》（建议稿）作为对于民间文学艺术法律保护的文本探索。杨鸿所著的《民间文艺的特别知识产权保护国际立法例及其启示》则以《突尼斯发展中国家版权示范法》、世界知识产权组织和联合国教科文组织联合制定的 1982 年示范法以及其他国家的特别版权法保护等的比较分析为基础，提出对民间文艺这一特殊的保护客体，采用特别知识产权保护模式，并对完善我国民间文艺特别知识产权保护提出立法建议。管育鹰所著的《知识产权视野中的民间文艺保护》介绍了民间文艺的保护与知识产权议题的由来，以及目前对于民间文艺进行著作权保护、商标法保护以及专利保护中的外观设计保护、反不正当竞争等知识产权保护模式，并通过澄清对"公有领域"和知识产权制度的认识误区，提出建立适合我国国情的民间文艺保护制度。严永和所著的《民间文学艺术的知识产权保护论》对于民间文学艺术的范围、立法目的、基本原则、主要规则等方面进行深入探讨，并从正义理论、产权理论、连锁反应理论、新重商主义角度对民间文学艺术知识产权保护的正当性展开分析。此外，还有就某一地区的民间文艺或者具体的某个艺术领域知识产权保护现状展开研究，例如吕睿的《新疆民间文学艺术知识产权保护研究》、江伟辉等编著的《景德镇艺术陶瓷知识产权保护》等，通过田野考察和实证分析的方法对知识产权制度的实际运用和存在的问题进行了梳理和归纳。同时，还有与传统文化艺术这一概念有交叉的非物质文化遗产、传统知识、遗传资源等知识产权保护的研究，例如罗宗奎的《非物质文化遗产的知识产权保护——以内蒙古自治区为例》、穆伯祥的《少数民族非物质文化遗产的知识产权保护模式研究》、西尔克·冯·莱温斯基（Silke von Lewinski）博士编著的《原住民遗产与知识产权：遗传资源、传统知识和民间文学艺术》等对非物质文化遗产的保护与开发，非物质文化遗产原住民权益的保障和维护，以及知识产权保护模式与非物质文化遗产的融合与排斥进行深入分析。此外，王珍愚的《TRIPs协议与中国知识产权公共政策》、邓建志的《WTO框架下中国知识产权行政保护》、吴汉东的《知识产权多为解读》《论传统文化的法律保护》、李扬主编的《知识产权法政策学论丛》等著作都对知识产权、知识产权法和知识产权制度进行重新审视，对知识产权的私权属性与知识产权制度的公共政策属性进行理论论证和实践分析，为我们重新讨论传统文化艺术与知识产权制度之间存在的制度间隙能否实现有效融合提供法理支持和理论依据。

伴随时代发展和社会变迁，传统文化艺术保护的手段和途径也发生了巨大变化，过去单纯的物理或物质形式的保存、保留以及封闭固化的保护措施都已不能满足今时传统文化艺术传承发展和利用的需求。目前，传统文化艺术保护需要一种既能沟通传统与现代，又能兼顾国内发展与国际交流，还能平衡个人权利与公共文化权益，并能协调传承保护与创新利用的制度设计。而以保护人类智力成果、知识产品等无形财产为目的的知识产权制度是当前所有制度设计中最为贴近传统文化艺术保护需求的现代制度选择。那么，现代知识产权制度能不能有效保护传统文化艺术？运用知识产权制度来保护传统文化艺术存在的困境和困难是什么？面对这些困境，知识产权制度又该如何完善？知识产权制度能否作为国家的一项公共政策，与其他政治、经济和文化的制度协调配合，进而实现更有效且恰当的传统文化艺术保护？对这些问题的思考和反思构成了本书的主要内容，同时，本书也试图运用制度研究的方法，通过对知识产权制度生发的历史过程的回溯，知识产权制度转换过程中关键节点的梳理，知识产权制度变迁中的路径依赖分析，进而对知识产权制度的变迁规律和对传统文化艺术保护的未来预期做出预测和分析。

第一章主要针对国际与国内相关法律法规和研究中与传统文化艺术相关术语的内涵外延进行文献梳理和辨析。在国家官方法律文件和专家学者的研究中，"传统文化表达""传统文化艺术""民间文学艺术""民间文学艺术表达""传统知识""非物质文化遗产"等概念表述频繁出现，其所指涉的范围相互交叉，各有侧重，重点突出。各种不同概念术语产生的背景和语境不同，所以，在概念界定方面，也难以达成共识。概念内涵界定的差异会导致概念外延的范围不同，而外延范围的不同会直接影响到制度或法律法规所规制的客体对象。在知识产权制度视域下，"传统文化艺术"这一术语的选择是从制度规制的客体角度出发，更强调源于历史的、传统的、世代传承的、具有典型民族风格特色的某种具体的表现形式和样态。因此，本书所界定的传统文化艺术意指在漫长的历史实践和生产生活实践中所创造的，由生活在特定区域的群体或个人世代传承的，反映独特的价值理念、生活情趣和审美观念，具有典型的艺术特色和文化内涵的文学、美术、音乐、舞蹈、戏剧、传统设计、传统技艺等精神智力成果。

第二章着重分析传统文化艺术不同的保护思路，及其背后的历史渊源和现实需求。在国际社会范围内，对传统文化艺术保护的共识也并非一蹴而就。在漫长的时间推移和曲折的空间变换中，传统文化艺术遭遇了跨越时空的侵占、歪曲、毁坏，甚至消失。那些古老的、拥有丰富传统文化艺术的民族和国家在对殖民主义和文化霸权抗争中不断觉醒，世界各国对文化权利、文化多样性以及社会正义的不断反思中逐步形成对传统文化艺术保护的共识。目前，世界各国在保护传统文化艺术的路径选择上呈现多元多样的探索，保护思路上存在传统文化艺术保护国际化与民族化两种分歧，这是基于保护主体的不同，取决于是否将传统文化艺术的来源处和发源地作为保护主体的考量标准。同时，在保护手段上也存在传统艺术保护法律化与行政化两种手段，前者形成对传统文化艺术进行普遍的知识产权保护或者特殊法律保护的路径和模式；后者则倾向于依托国家政府的行政力量，通过出台行政法规或相关管理制度，运用行政手段对传统文化艺术进行保护的路径和模式。本研究认为单纯运用知识产权制度或只凭借国家和政府行政力量对传统文化艺术进行保护都各有优劣，基于此，传统文化艺术知识产权制度矩阵的构建成为必然选择。

第三章从制度主、客体两方面来深入探讨传统文化艺术知识产权保护的合理性。就传统文化艺术这一客体而言，它是独特思维活动和智力活动的结果，反映了创造者的思想智慧、精神世界、人文素养和审美艺术等，尽管古老，但传统文化艺术依然具有知识产权的典型属性，例如它是人身权和财产权两权的融合，它具有一定的私权属性但却与国家民族文化传承发展等公共事业紧密相关，它表现为某个民族或某个族群的集体利益但又与整个人类文明和文化的传承发展紧密联系。就知识产权制度而言，它具有鲜明的政策性质和国家公共政策功能，会产生一定的公共政策绩效。知识产权最初源于国家授予的特权，但它很快成为激励创新、鼓励技术进步和推进文化繁荣的重要策略手段，并逐渐成长为与国家的其他文化政策、财政政策、经济政策、科技政策等密切配合的政策工具。传统文化艺术保护引发文明传承、文化创新、权益维护、经济贸易等极为广泛的问题域，对此，知识产权制度能从平衡个人权利与公共利益、文化传承与文化创新发展、文化权益与经济利益等方面调整并应对传统文化艺术极为广泛的问题域，成为探索传统文化艺术保护的制度选择。

第四章则对目前运用知识产权制度保护传统文化艺术在理论和实践中所存在的制度差距，即困境和局限，进行系统分析。传统文化艺术保护与知识产权制度之间在保护主体、客体、原则、特性、保护时效以及保护策略等方面有诸多矛盾和不相契合之处。而这些矛盾和困境的形成有其深刻的历史原因，在保护目标方面，知识产权制度的诞生并不是以保护传统文化艺术为目的的；在保护手段方面，调整民事权利为本的知识产权制度与长期处于公共领域的传统文化艺术之间存在方法和途径方面的冲突；在保护的策略方面，传统文化艺术是很多发展中国家和某些相对落后的族群的优势，而知识产权制度却诞生于西方工业社会，并长期被西方发达国家作为公共政策运用，这也造成在制度实施过程中的诸多困境和不自恰。然而，国际社会对运用知识产权制度保护传统文化艺术的探索并没有停止，反而越来越成熟，形成了诸多运用知识产权制度保护传统文化艺术的国际法和国内法。在我国的传统文化艺术知识产权保护的司法实践中，"乌苏里船歌"著作权案、"安顺地戏"署名权案和"和谐共牛十二"画作著作权案的判决实践最具有代表性和典型性，三个案件呈现和探讨了当前传统文化艺术的传承和利用过程中，知识产权制度及著作权法在具体的判例中所遵循的基本原则、判定标准和考量范围，特别是对权利主体的判定、对传统文化艺术利用和创新边界的判定，都具有极为重要的参考价值，为我国传统文化艺术的知识产权保护提供实践借鉴，也为进一步探讨如何完善知识产权制度提供重要线索和理论支撑。

第五章主要探讨了对传统文化艺术知识产权保护的制度建构。传统文化艺术知识产权保护的制度建构是确立以知识产权制度为中心的制度矩阵的过程，知识产权制度虽是核心但不是唯一，政府行政手段和社会力量将成为这一制度矩阵中的重要内容。制度矩阵的建构首要的是制度意义诠释的一致性，倘若制度主体各方所追求的价值目标有差异，不仅不会增强制度运行的正效应，甚至会产生各类制度摩擦，制度绩效将无从谈起。其次，在保证制度意义诠释一致性的基础之上，作为制度矩阵核心的知识产权制度，剖析其自身的变迁历史将是制度矩阵建构的关键环节，倘若从历史变迁中能析出制度自身发展的路径依赖线索，未来以知识产权制度为核心的制度偏好将容易形成，制度成本将降低，制度绩效将大大提升。基于传统文化艺术在现代社会的传承弘扬和创新利用，以及知识产权制度自身的发展变迁，构建以知识产权制度为主，政府行政为辅，社会民间力量共同参与的制度架构是保护和发展传统文化艺术的必然趋势，这张全面系统、层层递进、相互补充、疏密有致的"制度之网"将为传统文化艺术提供安全有效且富有生机活力的保护。

综上，本研究认为传统文化艺术保护制度建构是在直接保护与间接保护相统一的过程中，建立积极保护与消极保护相配套的综合保护机制，既要有对传统文化艺术所有者或来源群体相关知识产权的直接保护措施，使所有者或来源群体可直接获益；也要有应对第三方侵权的相关行政举措的间接保护措施，即便不能使所有者或来源群体直接受益，但也确保其知识产权权益不受侵犯和破坏。积极保护措施与防御保护措施两者相互补充、相得益彰，才能应对传统文化艺术保护和利用过程中出现的各种不确定性和可能存在的制度空隙，并对此予以纠正和完善。有鉴于此，传统文化艺术保护就是要建立一个以知识产权积极保护为主的，以政府行政救济、现代技术支持和社会力量广泛参与的防御保护措施为辅的"主—辅—补"多重互嵌的制度矩阵。

一方面，传统文化艺术具有知识产权属性，知识产权制度既可界定传统文化艺术的归属和产权等静态信息，也可对其合理利用、发展创新和市场化运营进行动态保护。同时，通过传统文化艺术这一特殊客体的保护，知识产权制度借此也不断挖掘和完善自身的制度空间，扩大保护客体范围，不断扩充自身的包容度和开放性。另一方面，知识产权制度在保护传统文化艺术方面还存在相对模糊和矛盾的方面，针对这些制度空隙，还需要政府、社会组织、非营利组织等公权力和社会力量介入，例如，建立国家传统文化艺术数据库信息系统建设、非政府组织和社会组织的广泛参与、涉及公共文化利益的行政执法和集体管理制度等还需进一步完善。总之，传统文化艺术的保护不仅是一个文化"传承"和"保护"的问题，而且是一个"发展"和"创新"的问题，更是一个市场"经营"和国家"战略"的问题，只有恰当合理地将知识产权私权保护与政府行政救济、社会组织和非营利组织等社会力量的介入有机统一起来，才能增强传统文化艺术知识产权的创造和应用能力，实现传统文化艺术知识产权保护从劣势向均势、优势的转变，进而实现传统文化艺术保护、传承、利用、创新和发展。

"一个社会真正的转换点在法律"①，纵观人类社会制度变迁的宏阔历史，知识产权制度曾经在推动科技创新、促进文化繁荣和实现社会发展方面发挥重要作用，深刻改变了科学技术、文化艺术等领域的面貌。当前，伴随互联网技术和全球化发展，世界已变成了"地球村"，在人类命运共同体视域下，文明交流互鉴、经济合作共赢、政治协商对话成为各国谋求自身发展的必然选择。然而，在如今文化发展、经济合作和政治治理领域的制度变得日益庞杂丰富之际，我们需要拨开云雾见天日，去重新发现知识产权制度，挖掘其在协调国际间文化交流和经贸关系、保障各国文化权益、平衡各方经济利益以及在保护传统文化艺术资源，传承人类文明方面的制度潜力。

---

① 黄仁宇：《我相信中国的前途》，中华书局 2015 年版，第 16 页。

纵然，我们并不过分夸大知识产权制度的制度效用，但也不否认，知识产权制度在政治、经济、文化和对外关系发展中所具有的战略意义。正如詹姆斯·G.马奇（James G. March）和约翰·P.奥尔森（Johan P. Olsen）在《重新发现制度》中写道："对制度的重新关注，是现代社会制度转型与实践探索不断积累的结果。"通过对知识产权制度的重新审视和实践运用，改变我们对传统文化艺术保护这一问题的思考方式，为更好地传承弘扬和利用创新传统文化艺术提供当下更加接近于我们实践经验的理论支持。2021 年，中共中央和国务院印发了《知识产权强国建设纲要（2021—2035 年）》，其中提到，至 2035 年，我国知识产权综合竞争力将跻身世界前列，知识产权制度系统完备，知识产权促进创新创业蓬勃发展，全社会知识产权文化自觉基本形成，全方位、多层次参与知识产权全球治理的国际合作格局基本形成，中国特色、世界水平的知识产权强国基本建成。在国家对知识产权强国建设的宏观引领之下，我们期待中华优秀传统文化艺术能够搭乘知识产权强国建设的东风，焕发新的生机和光彩，让中华文化艺术走向世界，共同为人类文明的传承发展贡献中国智慧和精神力量。

最后必须说明的是，笔者 2016 年承担文化和旅游部的相关课题时才开始关注传统文化艺术的知识产权保护等相关问题，但终究基于个人专业差异、学识不足、能力所限和学养浅薄，很多问题还有待深入思考和研究，书中不免有诸多纰漏和错误。吾身有涯，而学海无涯，一己拙见，恳请各方批评和指正。

任何批评和质疑都将受到热烈的欢迎。

2023 年 4 月

目 录

第三章
传统文化艺术知识产权保护的制度选择

第四章
传统文化艺术知识产权保护的制度差距

第五章
传统文化艺术知识产权保护的制度建构

绪论 | 制度的重要作用

　　在漫长的人类历史长河中，勤劳勇敢、智慧非凡的中华民族创造了独一无二的中华文明，在世代传承中留下了辉煌灿烂、蔚为大观、无与伦比的优秀传统文化艺术。中华传统文化艺术凝聚了千百年来历史沉积而成的民族智慧与气韵风采；凝结了中华民族长期实践中孕育而成的独特价值取向、道德规范和思维习惯；彰显了中华民族世世代代在生产生活中传承的世界观、人生观、价值观和审美观，它构成了中华民族的"根"和"魂"。中华民族传统文化艺术以其独有的中华美学精神、特有的艺术感染力、丰富的哲学思想、人文精神和道德理念在世界各民族多元文化图景中独树一帜。然而，伴随全球化、市场化、工业化、城市化的加速发展，传统文化艺术遭受一定程度的破坏，许多极具民族特色的珍贵文化艺术遗产正在逐渐消失，一些传统文化艺术被滥用和盗用。特别是伴随文化产业的蓬勃发展，传统文化艺术因其独有的文化艺术价值而重获生机，但在对传统文化艺术开发、利用与创新和市场化的过程中还存在歪曲、侵权、利益分配不均等问题，传统文化艺术拥有者、使用者、利用者、消费者之间的矛盾也与日俱增。党的十九大报告中揭出要推动中华优秀传统文化创造性转化、创新性发展，这是新时代对弘扬和发展传统文化艺术提出的新要求，"两创"原则也是继"双百"和"二为"方针政策之后，我国社会主义文化建设的基本原则。那么，在推动创造性转化和创新性发展过程中，如何平衡传统文化艺术有效保护与充分利用之间的关系，如何兼顾传统文化艺术所有者、传播者、使用者各主体之间的利益，如何平衡个人权益与社会公共利益之间的关系，这成为当前广大文艺工作者亟须面对的重要课题。

　　"问题"要放置在国家建设和社会发展的宏大视野中才能捕捉到其形成的源流，梳理出其发展的经纬，探索出其解决的路径。从实践维度而言，

2013 年 11 月，中共十八届三中全会首次提出了"推进国家治理体系和治理能力现代化"的改革目标。2019 年 10 月，中共十九届四中全会对"推进国家治理体系和治理能力现代化"做出全面部署，明确具体步骤。2020 年 10 月，中共十九届五中全会通过了《关于制定国民经济和社会发展第十四个五年规划和二〇三五年远景目标的建议》提出了到 2035 年建成社会主义文化强国。从推进传统文化艺术"两创"发展，到建成社会主义文化强国，在尊重文化艺术内在发展机理和规律的基础之上，对于文化艺术的治理和管理必然呼唤更为科学、完善的制度模式和治理体系。从制度客体而言，知识产权制度能否运用在传统文化艺术的保护、创新和发展中一直都是作为具有前瞻性，同时又具有争议的问题被提出来；从制度主体而言，知识产权制度能否在这一过程中实现知识产权治理现代化，进一步促进文化繁荣和传统文化艺术的"两创"发展，这些均成为艺术学界、法学界和政治学界很多学者以及政府管理工作者共同关注的问题。

一、制度研究的回归

　　制度研究向来是政治学研究的基础领域，而制度研究也引发了政治学研究的派别纷争和转向，这也构成了 20 世纪政治学研究的景观。政治学研究的"旧制度主义"可追溯到古希腊时期对政治制度设计和建构的智慧，从柏拉图在《理想国》中对未来共产主义式的构想，到亚里士多德《政治学》中对城邦政体所进行的制度分析，再到近代启蒙时期洛克的有限政府制度、卢梭的直接民主制度、孟德斯鸠的分权制衡制度、汉密尔顿联邦社会制度等研究，还有空想社会主义者对未来社会制度的憧憬，马克思主义者关于科学社会主义的论证等，制度研究都是政治学的主要范畴和关键领域。直到 20 世纪 50 年代，伴随政治学科学主义的兴起，政治学研究开始转向运用社会学、心理学和统计学等可量化的方法论来进行研究，掀起了"新政治科学运动"，行为主义研究大行其道，这成为使政治学更为科学的研究转向。然而，行为主义政治学过分强调"价值中立"和追求量化的研究方法都使得它常常脱离现实的政治生活，无法解释更为复杂的政治现象，在理论和方法上都存在一定局限和弊端，这也引起了政治理论家的反思和批判。而对行为主义政治学的批判中，制度研究又重新回归成为政治学研究的重点领域。然而，这一次回归并不是退回到旧制度主义的分析框架之中，而是开启了新的理论范式的探索。1989 年詹姆斯·马奇、约翰·奥尔森合著的《重新发现制度：政治的组织基础》成为新制度主义政治学的开山之作，构建了制度规范政治秩序的理论框架，制度通过减少不确定性，对政治生活产生影响，并对政治生活重新进行诠释。新制度主义分析成为一种新的理论趋势，衍生出众多派别，例如历史制度主义、理性制度主义和社会学制度主义等。[①] 究竟何为制度？ 20 世纪 80 年代，在政治科学研究领域中，将历史研究与制度研究相结合来研究纷繁复杂的社会问题的历史制度主义兴起并日益蓬勃发展。作为新制度主义流派之一的历史制度主义，它既不同于此前行为主义注重微观的、动态的研究模式，也不同于强调宏观的、普适性、跨国比较的理论分析框架的研究范式。历史制度主义提出一种中观视野的研究模式和分析框架，一方面，制度本身作为自变量，有其自身形成、发展和演变的路径轨迹；另一方面，制度作为因变量，它与主体行为、思想观念、历史情境等因素，共同构建出某种政治局面或政治结果。

伴随现代社会制度转型与实践探索的积累，对制度重新产生兴趣不仅发生在政治学领域，它还成为国际公法研究、经济学研究甚或社会学研究关注的领域。诺贝尔经济学奖得主道格拉斯·C.诺思（Douglass C.North）曾在《制度、制度变迁与经济绩效》开篇即为"制度"下了定义，他认为，制度就是一个社会的博弈规则，或者更规范地说，制度就是一些人为设计的、形塑人们互动关系的约束。制度既可以是正式的规则、成文法等，还可以是非正式的惯例、行为规范等。[②] 诺思将新古典经济学中所没有涉及的内容——制度，作为内生变量融入经济学与经济史的研究之中，从制度视角出发来观察和研究人的经济行为，并深入探究制度对经济绩效和社会绩效的影响。制度与技术、土地、生产工具、劳动力等生产要素一样成为衡量经济活动的成本函数，它决定了构成总成本的交易费用和生产成本，并通过其对交换与生产成本的影响进而影响经济绩效。作为新制度经济学的开创者之一，诺思通过对西方市场经济演变史的审视与分析，总结形成制度变迁理论，并

---

① 参见［美］彼得·豪尔、［美］罗斯玛丽·泰勒《政治科学与三个新制度主义》，何俊智译，《经济社会体制比较》2003 年第 5 期。

② 参见［美］道格拉斯·C.诺思《制度、制度变迁与经济绩效》，杭行译，韦森审校，格致出版社 2008 年版，第 3 页。

以产权理论、国家理论和意识形态理论作为基石，构建了经济学和经济史研究的制度分析框架。

　　无论是政治学领域制度研究的重新回归，还是经济学领域制度研究分析框架的建构，制度研究使纷繁复杂的政治、经济和社会现象呈现完全不同的局面，进一步形塑政治生活和经济活动。最为典型的"李约瑟之谜"就是不同制度背景下衍生出完全不同的政治经济和社会景观，而"掠夺者有理"则恰恰生动地诠释了制度对于经济绩效和社会绩效的深刻影响，制度会使局面完全不同。

　　众所周知，中国是享誉世界的文明古国之一，拥有历史悠久且丰富灿烂的文明成果，且未曾中断，绵延至今。中国在政治制度、经济社会、文化艺术和科学技术等各方面都拥有令世人瞩目的成就，对世界其他文明国家产生重要影响。17 世纪中叶之后，中国科学技术却江河日下，陷入窘境，科技落后的窘境一直持续到 19 世纪。英国学者李约瑟长期致力于研究中国科技史，在对比了中西方科技发展历史进程的基础上，编著了十五卷的《中国科学技术史》并在序言中提出了困扰他很久的一个问题："为什么近代科学只在欧洲，而没有在中国文明（或印度文明）中产生？""为什么在公元前 1 世纪到公元 15 世纪，中国文明在获取自然知识并将其应用于人类的实际需要方面比西方文明有效得多？"[①]言外之意，为什么在公元前 1 世纪到公元 15 世纪之间，古代中国人在科学和技术方面的发达程度远远超过同时期的欧洲，但是近代科学却没有在中国产生，而是在 17 世纪的西方，特别是文艺复兴之后的欧洲？另外，早在 14 世纪的中国明朝就几乎具备了 18 世纪英国工业革命产生的各种社会条件和技术条件，但工业革命却并没有发生在中国，是哪一个环节或因素导致了中西方在科学技术发展中的大落大起？历史

---

① 　J.Needham，*Science and Civilisation in China*，Cambridge：Cambridge University Press，1954，p.1.

发生逆转的根本原因是什么？中国科技停滞的根源又是什么？这一矛盾成为让世人百思不得其解的难题，即成为前文中提及的"李约瑟之谜"，对这一问题的思考，长久以来引起了中国国内和世界学界的广泛关注和讨论。

我们对"李约瑟之谜"最直观且最典型的理解就是关于中国古代四大发明的运用。西方国家借着中国古代四大发明，演绎了工业革命的盛宴。马克思和恩格斯在他们的许多著作、文章中都提到了中国古代四大发明对于世界文明所做的重大贡献，特别是对欧洲科学技术和生产力的发展以及社会的变动所起的巨大促进作用。马克思曾经在《机器、自然力和科学的应用》一书中指出："火药、指南针、印刷术——这是预告资产阶级社会到来的三大发明。火药把骑士阶层炸得粉碎，指南针打开了世界市场并建立了殖民地，而印刷术则变成新教的工具，总的来说变成科学复兴的手段，变成对精神发展创造必要前提的最强大的杠杆。"① 指南针在中国古代主要用来看阴阳宅的风水，西方国家利用它开辟了新航线，建立殖民地，把全世界连在一起；火药，起源于古代的炼丹术，在隋唐时期已被发明，后被广泛运用于民间烟花鞭炮等娱乐活动，火药传入西方，被用于改良武器推翻旧有的欧洲封建统治制度。四大发明诞生于中国古代，却没有引发近代工业革命或生产力的变革。针对科学技术在中西方社会发展中所呈现的意外结果，李约瑟本人倾尽毕生精力进行思考和研究，并为后人探寻答案留下了巨大的思索和探索空间。

此后，政治学、经济学、历史学、人类学等学科基于不同的视角也试图回答和解决这一难题，给出了角度新颖且又具有相关性的多种答案。以中西思想文化比较而言，有的学者通过对比中西思想文化和科技哲学的异同，认为中国古代重文轻技、重道德演绎轻逻辑归纳、重技术经验总结轻科学实

---

① ［德］马克思：《机器、自然力和科学的应用》，人民出版社自然科学史研究所译，人民出版社 1978 年版，第 67 页。

验推理，注重"天人合一"，强调"吾性自足、自性光明、不假外求"的向内探寻事物联系的宇宙观和自然观。基于此，古代中国更易产生具体的科学技术经验总结，缺少系统的逻辑推理的体系。相比之下，在西方哲学思想中，强调"天人相分"，人与自然是相分相离，并把自然当作研究对象，注重向外探寻挖掘自然规律，以逻辑推理寻找事物之间的因果联系。基于此，古希腊容易形成形式逻辑体系和科学实验推演因果联系的理性主义哲学思维，由此构成了现代科学技术的哲学思想根基。

从政治制度变迁的角度而言，有学者认为中国古代封建君主专制制度的空前加强是导致"李约瑟之谜"的关键因素，并提出了单一权威假说。[①]纵观中国历史，春秋战国时期的百家争鸣，唐朝鼎盛时期所创造的领先于世界的先进科学技术，都得益于相对宽容而自由的政治制度。然而，伴随明朝初年废丞相、设立厂卫特务机构，封建君主专制主义日益增强，在禁锢思想，缺乏活力，铁板一块的专制制度之下，尽管赢得了一时的统治巩固和短暂的虚假繁荣，却使得一千年前就遥遥领先于世界的中国科学技术并没有机会演绎成近代科技革命，进而推动整个社会的大变革。清承明制，闭关锁国，大兴文字狱，尽管此后西方工业化国家的坚船利炮迫使清王朝进行"中体西用"的自我改革，但也依旧没有从封建政治制度的规则体系、权力架构以及组织结构等内部环节给予体制性的根本变革，依然没有机会扭转近代中国落后的局面。同时，林毅夫曾在1995年发文从科举制度对人才培养的弊端和局限切入来解答"李约瑟之谜"，他认为始于隋朝选拔人才的科举制度最终培养出了一批长于诗词典章和句读之学，而短于机械器物的官僚，还会形塑古代中国人"学而优则仕"的人生奋斗目标和追求，将读书人的思想和才智束缚在教条的书本和功名之上，扼杀了对未知世界的探索和欲望，形成

① 参见熊秉元、叶斌、蔡璧涵《李约瑟之谜——拿证据来？》，《浙江大学学报（人文社会科学版）》2018年第1期，第174页。

了注重实用的经验主义和注重道德的人文主义的学术传统。通过科举制度选拔出来的官僚人才，其知识结构并不利于发展现代科技，而且会自我捍卫和巩固官僚体系，排斥与"往圣绝学"相左的知识。这种培养和选拔人才的机制使得中国古代科学技术进步内生化，成为导致人力资本配置失衡的主要因素。① 从中国传统的封建君主专制和科举制度等政治因素切入也成为解答"李约瑟之谜"的主要视角。

此外，从经济学的角度来看，地理禀赋假说回答"李约瑟之谜"在早期学界颇有市场。中国地理环境相对封闭且生态资源多种多样，除却东部和东南部毗邻海洋，大多数国土属于内陆地区，有水域、平原、山地、丘陵和高原等多样的地形地貌，也有森林、草原、沙漠等丰富的植被资源。中国地大物博，拥有优良的自然环境，其内部资源就能够实现国内自给自足，在客观上发展出男耕女织、相对比较封闭的小农经济，因而缺乏科技革命的激励环境。在独具特色的农业文明之下，科学技术的发展主要服务于农业技术，是为了节省能源、消耗劳力，而非扩张资源、赢取利润。这完全不同于欧洲国家向外扩张、不断竞争、攫取资源的海洋文明，由此，科学技术在满足不同的文明形态的发展的同时也呈现出迥然不同的发展轨迹。地理资源环境所赋予的农业禀赋在客观上排挤了其他产业的投入和发展，高水平的农业投资回报率自然会吸纳全社会的资本，进而缺少对工业、商业或技术革新的社会需求，因此也就不会在古代中国发生工业革命。总之，针对"李约瑟之谜"展开的讨论一直都在持续，甚至还延伸出了与之相类似的"钱学森之问"等同一状态却最终导致意外结果等问题，为我们更为深入地剖析中西方不同的思想理念政治文化、经济资源提供佐证。

然而，值得思考的是，在众多原因分析中，存在一个因果转化的关键

---

① See Lin J., "The Needham Puzzle Why the Industrial Revolution Did Not Originate in China", *Economic Development and Cultural Change*, Vol.43,No.2(1995), pp.269-292.

节点，也可以理解为事物发展转折点或推进历史转折的导火索。从中西科技史的对比来看，我们发现科学技术是否能真正成为推动社会发展的第一生产力，关键在于能否将科学技术的产生和运用与经济利益和创新激励相结合，需要一种能将两者紧密结合的高效能的制度设计。这种制度设计是以科学技术这一知识和智力成果为主要对象，将它与经济发展、社会进步紧密结合起来，并能有效地激励和刺激其不断产生、发展、运用和创新。道格拉斯·C.诺思研究发现并指出：一种包括激励创新和提供适当个人刺激的有效产权制度，是促进经济增长的决定性因素。产业革命不是经济增长的原因，经济增长的关键在于制度因素，特别是财产所有权制度。科学技术发挥重要作用的本质是让知识发挥重要作用，这背后隐藏的本质联系和真正起主导作用的是产权关系。他还指出：人类在其整个过程中都不断地发展新技术，但速度很慢，而且时断时续。主要原因在于，发展新技术的刺激偶尔才发生。一般而言，创新都可以毫无代价地被别人模仿，也无须付给发明者或者创新者任何报酬。技术变革速度缓慢的主要原因在于，直到相当晚近未能就创新发展一整套所有权。[①]诺思开辟了一个观察科学技术进步和解答"李约瑟之谜"的重要的产权制度视角。在科技创新活动中，当个人收益与社会收益存在巨大差别时，就会导致个人积极性大大降低。假如科技成果或智力成果的产权未能得到有效的界定和保护，创新的积极性只能依赖于零星的自发性，这也不可能实现社会收益最大化，进而引发巨大的社会变革。正如波斯纳所指出的那样，如果厂商预见到收益无法超过其发明成本，他开始就不会从事发明。如果他不能收获，他就不会播种。而且在一个没有专利的世界中，发明活动也会严重地偏向于可能被保密的发明，正像完全无财产权会使生产者偏向于

---

① 参见［美］道格拉斯·C.诺思《经济史上的结构和变革》，厉以平译，商务印书馆1992年版，第161页。

预先投资最小化的产品一样。① 因此，社会现有的科学技术和知识存量决定了其转化为生产力的下限，而制度设计则深刻影响其多大程度上将现有知识存量转化为生产力的上限。

有关于知识产权关系的制度设计则是使科学技术产生、创新，并有效转化为社会生产力，产生更大的经济效益，推动社会发展进步的关键制度因素。对比中国古代科技进步与近代西方科学技术发展所形成的不同后果，除了政治制度、地理经济环境、哲学文化等宏观因素的差异，"李约瑟之谜"似乎还可以从微观的更为直接的知识产权制度这一视角切入。最早诞生于西方的知识产权制度设计了一套与智力、知识有关的科技发明创造和智力成果的产权分配原则，推动了科学技术和精神智力成果正式参与到生产力转化、经济发展、社会进步中来，在明晰界定产权和"以公开换保护"的知识产权保护理念之下，科学技术和精神智力成果走上成规模、成体系、批量式的发展路径，整合调动了促进社会发展的各种因素，激发了社会创造力，培育了创新精神，进而造就了西方第一次和第二次工业革命，逐渐拉大了中西方科学技术发展水平的差距。知识产权的制度设计天然地担负起平衡产权关系和维护公共利益的使命，这一制度的诞生也对观察和探究"李约瑟之谜"提供了微观视角。

诞生于 13 世纪的西方的知识产权制度，致力于保护精神智力成果，在明确界定产权关系的前提下，将个人或群体的智力成果公布和运用于全社会，以促进经济发展、文化繁荣和社会进步。经过几个世纪的不断完善和发展，知识产权制度客观上推动了西方科学技术不断创新和文化艺术的蓬勃发展。然而，伴随社会发展和时代进步，知识产权制度也不断触碰到更多未知的新领域。当面对未知却又与旧领域极为相似的领域时，知识产权制度在不

---

① 参见〔美〕理查德·A. 波斯纳《法律的经济分析》，蒋兆康译，中国大百科全书出版社 1997 年版，第 47 页。

经评估和完善的情况下被广泛运用，就会产生一系列新问题，容易形成与知识产权制度理念、原则和初衷并不相符，甚至有违背初衷的制度悖反和制度陷阱。如果说，诺思产权理论和制度变迁的视角为我们解读"李约瑟之谜"呈现独特的观察景象，那么，将产权理论运用在文化艺术领域却形成更为复杂和矛盾的景象。与科学技术一样，同为精神智力成果的文化艺术的产权保护却造成"掠夺者有理"的制度陷阱。

相对于工业产权，在文化艺术领域的版权保护则呈现更为多样和复杂的情形，20 世纪 90 年代，知识产权界开始讨论一些极具争议的案例。1992 年由两名法国人米歇尔·桑谢（Michel Sanchez）和埃里克·穆凯（Éric Mouquet）组建的音乐组合"Deep Forest"（以下译称"深邃森林"），发布了同名首张专辑《深邃森林》（Deep Forest），专辑一发布就创造了唱片业的销售奇迹，并获得了格莱美音乐奖"年度最佳时节音乐专辑"以及法国"双金唱片"、美国"白金唱片"、英国"金唱片"等各类奖项无数。在这部专辑中，他们通过"田野录音"（Field Recording）的方式收集了全世界的音乐，特别是亚洲、非洲和美洲的民族音乐和部落音乐。例如，一曲《甜蜜的摇篮曲》（Sweet Lullaby）为人们打开了南太平洋所罗门群岛原始部落贝古族（Baeggu）的大门，乐曲吟唱部分的声音来自一个名叫"阿富娜夸"（Afunakwa）的当地女性，歌词讲述了一个孩子因为找不到父亲而哭泣，姐姐唱起这首歌曲来安慰弟弟。紧接着，1995 年第二张专辑《波希米亚人》（Bohème）将触角伸向了古老而神秘的东方，专辑中收集了东欧、蒙古国、印度、东南亚等地的民族音乐和传统歌谣，并将匈牙利吉普赛民歌和俄罗斯民歌中的旋律作为专辑主体部分；1997 年第三张专辑《康巴尔萨》（Comparsa）主要在拉丁美洲采风，将加勒比节奏，古巴、伯利兹、墨西哥与马达加斯加的民间音乐融入其中；2000 年专辑《太平洋》（Pacifique）则把世人带入大洋洲的神秘岛国深处；之后，深邃森林组合又分别以巴西、印度和非洲为特色主题，推出了《深邃巴西》（Deep Brasil）、《深邃印度》(*Deep India*)和《深邃非洲》(*Deep Africa*)等专辑。尽管深邃森林组合所推出的专辑使得世界音乐、少数民族音乐、部落音乐越来越受大众的欢迎，其独特的音乐风格也使他们成为新世纪音乐（New Age）的鼻祖。然而，对古老的、原始的、土著的、民族的、部落的音乐素材的使用或模仿，以及如何对原始部落或民族的进行精神和经济的补偿成为争论的新焦点。

"公平是法的逻辑前提，法因公平社会之需要而产生。"① 基于以上《深邃森林》的案例，我们不难发现，在现实生活中，传统文化艺术的持有者几乎没有从对传统文化艺术资源的开发和商业利用中得到合理的经济利益。许多使用者甚至都没有在征得传统文化艺术持有者或归属者同意的情况下就对其进行使用，并谋取经济利益。同样的案例还有很多，例如 1970 年，美国歌手保罗·西蒙（Paul Simon）的一支单曲《老鹰在飞》(*El Condor Pasa*)风靡于世，但是很快人们就发现这首歌实际上是一支玻利维亚民谣，这首民谣很早就在整个南美洲流传；1994 年，迪士尼电影动画片《狮子王》中的一首配乐《雄狮今夜沉睡》(*The Lion Sleeps Tonight*)源自非洲祖鲁族世代传承的一首民族歌曲；迪士尼公司出品的动画电影《花木兰》则是以中国民间乐府诗《木兰辞》的民间文学题材为基础制作的；流行音乐说唱组合"OutKast"的一首歌曲《嘿呀！》(*Hey Ya!*)的前奏旋律来源于印第安土著纳瓦霍人（Navajo，或称迪内人）的圣歌，其"意味着恢复和平与和谐"，并不适合被用于嘻哈娱乐。而演绎这首歌曲时，"OutKast"流行二人组合滥用了印第安人仅为仪式所用的象征物，如羽毛和战争绘画、印第安战斧和梯皮（tipi）帐篷模型等。这些都使得印第安土著居民感到备受冒犯而愤怒不已。还有日本、韩国等国数十家公司分别将《水浒传》《西游记》《三国演义》等中国古典名著抢注为计算机游戏商标，开发了一系列电子游戏产品。

---

① 吕世伦、文正邦主编：《法哲学论》，中国人民大学出版社 1999 年版，第 494 页。

此外还有一些涉及某些传统文学艺术的制作专利技术被窃取侵犯的案例，例如，漆器、象牙雕刻、景泰蓝、铜雕被誉为北京传统工艺的"四大名旦"，其中传统的景泰蓝制造工艺被日本某些商家窃取并在景泰蓝的出口国抢注了专利，此后很多景泰蓝制造工艺生产的各类艺术产品大规模地进入国际市场，甚至在我国国内市场赚取巨额利润，致使我国景泰蓝的销售和出口受到严重影响，而集"四大名旦"之大成者，曾专门经营制造加工景泰蓝工艺美术品的北京工艺美术厂，也于 2000 年破产，这让很多热爱传统工艺美术的国人痛心不已。

类似以上的案例不胜枚举，我们不难发现，致力于对智力成果等无形财产进行保护的现代知识产权制度却并没有很好地保护那些古老的知识、文化和艺术等无形财产。这些现象背后却隐藏着一种奇怪的逻辑，知识产权制度设计的初衷和本意是为了保护科学技术、文化艺术等智力成果的无形财产权不受侵犯，但是，伴随知识技术、文化艺术在世界范围内的交流与流动，知识产权制度反而成为处于强势文化的国家对处于劣势文化的国家的传统文化艺术资源的掠夺、无偿占有、随意开发等行为的制度保护伞和合理途径，这就是所谓的"掠夺者有理"[①]。汤姆斯·格瑞伍斯（Thomas Greaves）曾说过："对于西方文明来讲，土著文化知识是他们可以毫无拘束盗用的敞开的财富箱。当我们为保护我们自己有用知识做出努力时，土著居民对于他们的文化知识从没有被授予相似的权利。现存的西方式的知识产权法支持、提升、辩解大规模的、不受欢迎的盗用，不管什么土著项目，激发我们的想象力或产生利润，并没有设定义务或权利允许这个知识的创作者在这个过程中发言或分享一股利益。"[②]众所周知，经济全球化发展进程使得世界上的各个

---

① 游云、肖诗鹰：《知识产权保护与传统文化》，载《中国当代新医药论丛》，江西高校出版社 2004 年版，第 385 页。

② Thomas Greaves, "Tribal Rights" in Brush and Stabinsky(eds.)Valuing Local Knowledge: Indigenous Peoples and Intellectual Property Rights, Island Press, Covelo (1996).

国家和民族史无前例地连接在一起，那些曾经封藏的古老民族和古老文明世代所传承的文化艺术、传统知识和文化遗产等也逐渐进入世人视野中，它犹如一个尚待挖掘的"宝藏"和亟待开启的"百宝箱"，吸引着人们去发现和开掘。西方发达国家利用自身的文化和经济优势开掘尚未被开发的传统文化宝藏，不遗余力地将那些传统的古老的文化宝藏据为己有，并游刃有余地运用现代知识产权制度为大规模地占有和无偿使用古老民族和国家的传统知识、传统文化和艺术的行为进行合理性辩解，形成"新世纪的圈地运动"，而本应得到知识产权制度保护的传统文化艺术和传统知识的古老民族与所有者却从未获得应有的权利。掠夺者缘何有理？现代知识产权制度理论和实践运用又重新引发关注和讨论。

知识产权制度从诞生之初就赋予自身保护智力成果、推动技术发明创造，科学进步和工业变革的制度使命，并以公开换保护的制度契约方式，在保证相关智力成果产权人在资源利用和共享方面的公平与公正的前提下，促进文化多样性发展以及智力成果的可持续利用和社会共享机制的建构。然而，知识产权制度在针对古老传统文化艺术的保护方面却显现出不足和缺失，这就构成制度实施的真空和陷阱。与此同时，知识产权制度从其诞生和发展的历程来看，它作为一项西方国家社会和经济发展的公共政策与战略工具，必然是始终以本国的国家利益和核心利益为根本遵循，必然会为配合本国政治、经济和社会发展进行不断的调整而表现出更大的灵活性和张弛度。当下最明显的表现就是西方发达国家从维护自身利益出发，对发展中国家传统文化艺术、传统知识和遗传资源等的无偿使用，并利用知识产权制度的制度真空，为某些掠夺和侵权行为合理合法化提供制度和法律依据，从而形成知识产权制度违背初衷的制度悖反及"掠夺者有理"现象的出现。

伴随知识产权保护日益国际化的发展趋势，对知识产权制度本身而言，其在保护传统文化艺术资源等方面还存在有待挖掘和利用的空间。无论是基于传统文化艺术资源的文化产业化发展趋势，还是为了保护文化多样性的迫切需求，对于传统文化艺术资源以及古老民族和族群的知识产权保护问题已经引起了越来越多的关注和讨论。对此，世界知识产权组织（WIPO）和联合国教科文组织（UNESCO）等国际组织、讨论、研究、制定和出台了众多知识产权国际保护公约，也试图使国际社会就这一问题达成一致，但由于在概念界定上尚存在争议，利益主体依然不明晰，使得传统文化艺术成果的知识产权保护更具复杂性和争议性。因此，以标榜创新为目的的现代工业化知识产权制度是否只是知识产权制度体系的一个部分？如何对古老民族和族群的传统文化艺术资源的经济和文化权利保护进行知识产权立法？作为具有鲜明的社会公共政策属性的制度设计，未来完善知识产权制度对传统文化艺术资源的保护具有怎样的制度潜力和空间？这些成为当前国际社会和广大发展中国家，特别是传统部落和土著群体，极为关注和探讨的问题。作为拥有五千年悠久历史和丰富璀璨的文化艺术资源的文明古国，我们也有理由担心，对古老的发展中国家的传统文化艺术资源的侵占、掠夺是否将会成就西方发达国家"知识产权绿洲"的同时，使得那些广大拥有丰富且珍贵的传统文化资源的发展中国家沦为"知识产权沙漠"，世界各国各民族的传统文化遭遇损害，人类文化多样性遭受破坏，文化权益、经济利益和社会发展进步等都将面临严重的两极分化。

二、传统文化艺术"保护"的历史转向

从传统文化艺术保护的实践对象来看，国际社会对传统文化艺术的保护经历了从对有形的历史遗迹、古迹等文物保护到对无形的、非物质的文化遗产的保护。追本溯源，国际社会对有形的传统文化艺术的重视和保护达

成一致是源于战争。众所周知，20 世纪发生了人类历史上迄今为止的两次世界大战，世界上主要国家都卷入了战争中。战争为世界各国人民带来了前所未有的灾难，同时，两次世界大战也为人类带来了前所未有的自我反思与集体反省。在战火纷飞的武装冲突中，众多国家和民族的有形的历史文化遗迹遗址、无形的文化财富和文化资源都毁于一旦，令人唏嘘。基于此，为保护古迹遗址、珍贵典籍和其他形式的文化遗产，减小战争对有形或无形文化资源的破坏，在第二次世界大战结束后的 1954 年 5 月 14 日，联合国教科文组织牵头，苏联、美国和英国等 50 个国家在海牙签署《关于发生武装冲突时保护文化财产的公约》（*Convention for the Protection of Cultural Property in the Event of Armed Conflict*）及第一个议定书，史称《海牙公约》。它不仅强调了在遭遇战争和武装冲突的时候，保护传统文化资源和文化财产的重要性，还明确了各缔约国要采取适当的措施保障位于其领土内的文化财产免遭盗窃、抢劫或侵占以及任何破坏行为。《海牙公约》强调应站在全人类利益的角度审视传统文化资源保护问题，开启了传统文化资源国际性保护的理念。当然，这里对传统文化资源的保护更强调的是对古迹遗址、珍贵典籍和其他教科文遗产等有形文化资源的保护。

20 世纪 50 年代，埃及政府为了控制尼罗河水泛滥，在尼罗河上游建造了阿斯旺水坝，因水坝而建的纳赛尔水库颇为壮阔，却严重威胁到岸边的古迹，努比亚古迹面临永沉水底的厄运。努比亚地区最雄伟的建筑文物是阿布辛拜勒两座神庙，位于埃及最南端尼罗河岸，是古埃及第十九王朝法老拉姆西斯二世于公元前 8 世纪建造的。为避免这些极具重大考古价值的宏伟古迹被破坏，1959 年，埃及向联合国教科文组织发起求助，随后，在联合国教科文组织紧急呼吁下，国际社会广泛参与，34 个国家的考古学家联合起来，开展了人类历史上规模最大的一次文物古迹抢救运动。这次神庙抢救运动从 1962 年开始，做法是先将神庙四周围起，抽干里面的河水，再把神庙石体建筑切割成块，移送到原址往后 180 米、海拔 65 米的岸边高处按照原样重新组装。神庙转移后的新址高于阿斯旺水坝的水位，就此避免了被水淹没的厄运。这一神庙拯救运动前后耗时 20 年，成为国际社会保护传统文化遗产的典型案例，并为国际社会拯救和保护历史遗迹树立了标杆，促成了此后的"拯救威尼斯"等其他类似文化遗产和古迹的保护行动。同时，这次神庙拯救运动也开辟了传统文化艺术资源保护的一个重要理念，即传统文化艺术遗产并不是某一个国家或一个民族所独有，它是人类共同的文化遗产，需要国际社会共同保护。

1972 年，联合国教科文组织大会第 17 届会议在巴黎通过了《保护世界文化和自然遗产公约》(简称《世界遗产公约》)，中国政府也于 1985 年加入该公约。1987 年，我国就有长城、周口店北京人遗址、秦始皇陵及兵马俑、北京和沈阳的明清皇宫、敦煌莫高窟以及泰山六项景观被列入《世界遗产名录》。90 年代，伴随我国云南丽江古城和山西平遥古镇两个以整座古城申报世界遗产的成功，拥有五千年悠久历史和璀璨文化的文明古国掀起申报世界遗产以及关注和保护物质文化遗产的热潮。目前，我国已经是全世界拥有世界遗产最多的国家之一。

从制度源头和背景来看，国际社会对传统文化艺术的关注和保护始于对文物、古代的建筑群以及各种遗址等有形物质文化遗产的保护。值得关注的是，二战后日本对传统文化艺术的保护以及《文化财保护法》的出台对"文化遗产"概念的界定有了新的突破。众所周知，二战后，日本在美国主导下开展民主化改革，在这一过程中，日本社会深受美国的政治、经济以及文化的影响，日本的传统文化艺术曾一度遭受忽视。然而，一次重大的遗址火灾给日本政府和民众对文化遗产漠不关心的态度敲响警钟。1949 年 1 月 26 日，日本现存世界上最古老的木构建筑——法隆寺金堂发生火灾，这次火灾造成了史无前例的重大损失，那些创作于 7 世纪末且具有重大文化价值的佛教壁画被全部烧毁。这一事件唤起了日本全国对文化遗产保护工作的重视。紧接着于 1950 年 5 月，《文化财保护法》在日本国会参众两院通过，成为日本国内针对传统文化艺术保护的基础性法律。这部法律的突出贡献在于，其对文化遗产的界定不仅包括国际社会普遍认可的和此前法律中规定的"传统建筑、美术工艺品、名胜古迹、天然纪念物、历史遗址"等有形的物质的文化遗产领域，该法还增加了"地下文物""民俗文化""民间艺术"等无形文化资源的保护内容。"无形文化财"（无形文化财产）的概念在 20 世纪 50 年代被提出是极为先进和前沿的，为我们打开了研究传统文化艺术保护的全新视角。

　　20 世纪中叶，伴随两次世界大战的结束，和平与发展成为世界各国共同追求和努力维护的主题，经济的交往与科技的飞速发展也为各国间的文化交流和文化艺术资源的使用传统提供了更为便利的路径和保障，例如广播、有线电视、电影工业、音像录制等技术的日益成熟，且与之相关的商业活动越来越丰富多样，传统文化艺术资源被更便利更高效地挖掘、利用，甚至被滥用或盗用。两次世界大战后，亚非拉地区摆脱西方发达国家的殖民统治，纷纷独立并建立现代意义上的民族国家。而这些发展中国家大多拥有悠久的历史和丰富的传统文化资源，在摆脱殖民统治，建立自身独立身份的过程中，作为能代表和标识自身国家和民族身份的传统文化艺术日益凸显。因此，作为独立国家自我表达的重要方式，其本民族传统文化艺术遭到外来掠夺、滥用时，这些国家和民族自然会毫不犹豫地站出来并以此为突破口确立自身在国际社会的独立身份，并为维护自身传统文化权益倾尽全力。如果说战争年代对有形的历史遗迹、遗址的文化遗产的保护是国际社会所关注的重点，那么和平年代对谋求自身独立、地位平等和合法权益的大多数发展中国家来说，保护本国无形的传统文化艺术资源不被随意使用、占有、侵犯成为对自身政治和文化权益的维护与捍卫。

　　21 世纪，以数字化和网络化为特征的信息技术将人类社会带入了知识信息时代，全球经济增长方式发生了根本性的变化，知识和信息成为最重要的生产要素。在此信息技术的加持之下，文化交流更具开放性、互动性和交融性，强势文化对弱势文化的侵袭、倾轧、渗透也越来越突出。传统文化艺术原有的完整性、本真性面临技术革新、经济帝国主义和政治意识形态等因素的挑战。经过几十年的研究、论证和努力，国际社会终达成共识，在2003年联合国教科文组织第32届大会上通过了《保护非物质文化遗产公约》，对于传统的，包括口头表述、节庆礼仪、传统技能以及民俗民间等非物质的，贴近族群本身的传统文化艺术资源进行保护。2015年世界知识产权组织在《知识产权与遗传资源、传统知识和传统文化表现形式》中对"保护"的内涵进行了阐释，即通过应用知识产权法律、价值观和原则，防止滥用、盗用、复制、改编或其他非法利用。简言之，其目标旨在确保体现在传统知识或传统文化表现形式中的治理创新和创造力不被错误地使用，它既包括财产性的保护形式，也包括非财产性的保护形式，如精神权利、公平补偿方案和制止不正当竞争。世界知识产权组织还强调了"保护"与"保存""保障"概念之间的区别，"保存"和"保障"只指对知识和文化遗产的确认、文献记录、传播、复兴和发展，以保证它们的自身维持或活力。后二者的目标是确保传统知识或传统文化表现形式不会消失、丢失或退化，并确保其得到维护和促进。两个概念并不相互排斥，由于目标不同，在实施时可以相互结合，相辅相成。

综合以上，传统文化艺术的保护实践随时代发展而呈现新的特点，其保护对象不断扩展和充实，"保护"不仅仅是对物理形态的有形传统文化艺术的"保护"（protection）、"保存"（conservation），正如对埃及努比亚古迹的抢救；同时，"保护"更强调对无形的、活态的和族群代代相传的民俗民间传统文化艺术，非物质文化遗产等的"存续"（existence）、"利用"（utilization）、"发展"（development）并使其"充满活力"（energetic），正如日本政府对无形文化财产的保护。总之，传统文化艺术源于悠久的历史，拥有独特的文化价值和艺术魅力，尽管它是古老的、陈旧的，但它承载历史的底蕴延续至今，在现代社会治理环境和先进科学技术的加持下，它会焕发新的生命力。例如，2023 年新年之际，作为我国国内首家工艺美术与非物质文化遗产实验室和国内首家"活态传承"实验室，中国工艺美术馆（中国非物质文化遗产馆）"传承与转化实验室"正式对公众开放，通过对传统文化艺术和非物质文化遗产的挖掘、开发、利用，充分发挥传统文化艺术遗产传承与创新的文化价值、转化与发展的社会价值，进而实现传统文化艺术的弘扬壮大，这既是对传统文化艺术保护的新探索，也是对博物馆转型与现代化治理的新尝试。值得关注的是，在这个环节中，既然主张传统文化艺术资源的挖掘、利用、创新和发展，就不可能不涉及对传统文化资源的产权界定及权益分配等问题，而这恰恰是知识产权制度的核心要旨。

三、知识产权制度现代化与传统文化艺术保护

如上文所述，伴随经济全球化、政治多极化、文化多元化、社会多样化、科技迭代化，保护传统文化艺术要在挖掘、利用、创新的动态过程中实现其经济利益的保障、政治价值的守护和文化权益的维护。面对传统文化艺术保护所呈现的新特点、新内容和新趋势，更需要新方法、新手段和新路径，这样才能走出传统文化艺术保护的窠臼。

众所周知，知识产权制度是以保护智力成果，协调无形财产权关系为主要内容的法律制度，传统文化艺术自然属于智力成果和无形财产，理应运用知识产权制度给予保护。知识产权法中对精神权利与经济权利等的界定分别对应了对传统文化艺术身份来源等文化权益与经济利益的保护，从而为发展中国家相关的需求提供了十分恰适的法律工具。同时，知识产权制度不仅具有促进国内经济繁荣、社会发展、文化创新的公共政策属性，而且伴随知

识产权制度的国际一体化趋势，在协调世界各国外交关系中，知识产权制度也发挥着重要作用。基于此，我们不难看出，知识产权制度在保障传统文化艺术经济利益、守护其政治价值、维护其文化权益方面将有更大的制度优势和治理潜力。

此外，值得注意的是知识产权制度本身所具有的灵活性和不确定性。在法学界，很多专家学者戏称知识产权研究堪称一门"玄学"，与有形财产的保护不同，对于智力成果和无形财产的界定，在很大程度上会随着社会发展和科技进步，无形财产的范畴和领域越来越丰富和复杂，知识产权保护的对象也越来越多样和多变，变得扑朔迷离，这也是将其谓之"玄学"的缘由。传统文化艺术保护也对知识产权制度的创新和发展提出新的要求和挑战。起源于保护技术创新和发明创造的制度设计，知识产权制度面对传统文化艺术资源等新型财产权这一新范畴，必然发生其保护内涵与外延的扩张和嬗变，进而推动知识产权制度现代化进程，使得知识产权制度的保护范围从关注智力成果的本身发展到对智力成果的源泉的重视，以期更符合社会和时代发展的要求，为广大拥有丰富传统文化艺术资源的发展中国家带来公平公正的待遇和机会。

综上所述，知识产权制度现代化之路将伴随传统文化艺术的保护问题逐步推开，日益成为被关注的重点，并被寄予众望。知识产权制度的现代化，意味着制度本身不仅要协调好各类无形财产复杂的产权关系，还担负着保障更为广泛的社会公共利益和达成社会公共目标的重任。在保障传统文化艺术所有者权益的同时，还需要考虑到促进传统文化艺术的保护和发扬光大，推动社会进步的公益目标。不仅要保护传统文化艺术源泉的正当性，还要保障传统文化艺术传承、发展和创新中所形成的各种新的权利和利益关系，这是知识产权制度在场所要协调和平衡的关键问题。传统文化艺术保护得好，传承、发展和利用得好，才能更好地凝聚民族情感共识，维护各民族团结和社会稳定，才能实现在国际社会中的文化自信和政治自信，这是知识产权制度现代化的最终意旨。

由此，国际社会开始重视传统文化艺术的知识产权保护问题，相关国际组织对这种制度安排进行了有益的探讨。2000 年，迫于对传统文化艺术资源和传统知识的保护问题的争论，世界知识产权组织成立了"知识产权与遗传资源、传统知识和民间文学艺术政府间委员会"（WIPO-IGC），着手探索有别于工业时代的知识产权制度现代化之路。2001 年，世界贸易组织多哈会议的部长声明第 18—19 条已将涉及传统知识的问题列为多边谈判考虑的议题。除此之外，在联合国教科文组织、联合国环境计划署（UNEP）、联合国粮农组织（FAO）、联合国贸易与发展会议（UNCTAD）、联合国开发计划署（UNDP）、世界卫生组织（WHO）、世界粮食计划署（WFP）等国际机构对传统文化艺术以及与此紧密相关的传统知识的保护问题进行了广泛的探讨。不可否认，对传统文化艺术资源的知识产权保护，不仅涉及一国自身利益的考量，还事关国际协调机制的运作。在国际领域，它不仅反映了一种新的利益格局的形成，同时也昭示着后 TRIPs 时代知识产权制度的发展走向。

回望历史，世界公认具有近代意义的知识产权立法，其雏形为 15 世纪活字印刷术在欧洲广泛流传而催生的欧洲封建社会制度下的出版特许权。而后历经文艺复兴、宗教改革、罗马法复兴的洗礼，伴随市民阶层的兴起和个人权利观念的变迁，现代意义上的具有财产价值和人格价值双重价值的知识产权制度才逐渐出现，1709 年英国颁布的《为鼓励知识创作而授予作者及购买者就其印刷成册的图书在一定时期内之权利的法》（简称"安娜法令"）是世界上第一部保护作者权益的法律。1789 年法国《人权宣言》中指出："自由交流思想和意见是最珍贵的人权之一，因此所有公民除在法律规定的情况下对滥用自由应负责外，都可以自由地发表言论、写作和出版。"这无疑将知识产权提升到基本"人权"的崇高位置。时至今日，在 300 多年的发展历程中，知识产权制度始终与时代变迁、社会发展和经济政治生活相伴相行，呈现独具特色的制度和权利形态演变的历史轨迹。当人类文明从农业社会步入工业文明，再从工业文明迈入信息时代，人类社会的重要生产要素和权利形态由土地所有权到资本所有权再到当前的知识、信息和文化的所有权，知识产权在信息时代和知识经济舞台上扮演最重要的角色。这是时代发展的要求，也是历史发展的必然。"李约瑟之谜"的制度解析和"掠夺者有理"的制度陷阱，时刻提醒着我们，18—19 世纪人类工业文明的兴起和市场经济的繁荣把人类社会引向了一种不同于传统农业经济的新世界，20—21 世纪互联网信息技术和知识经济又会把人类文明带向更加纷繁复杂、变幻莫测的新未来，知识产权制度曾经是开启工业文明的制度工具，未来也将是撬动人类文明和传统文化实现公正有序、传承发展的制度杠杆。历史经验昭示，一个民族的复兴不仅需要强大的物质力量，更需要强大的精神力量。

自 2001 年中国加入世界贸易组织二十余年来，中国经济实力和综合国力日益提升，在世界贸易组织管辖下的 TRIPs 协议框架下，我国始终重视知识产权法律法规体系建设，加强知识产权领域的国际交往，知识产权事业发展取得长足进步和显著成效。2008 年，国务院印发的《国家知识产权战略纲要》在专项任务中，专门提到特定领域的知识产权保护，明确提出了完善遗传资源保护、开发和利用制度，建立健全传统知识保护制度，加强民间文艺保护等。2014 年，国务院办公厅又印发了《深入实施国家知识产权战略行动计划（2014—2020 年）》，这是继《国家知识产权战略纲要》颁布五年之后的第二阶段目标规划，明确了知识产权已成为国家发展的战略性资源和国际竞争力的核心要素。在这一行动计划中，明确了 2014—2020 年要推动专利法、著作权法及配套法规修订工作，适时做好遗传资源、传统知识、民间文艺和地理标志等方面的立法工作。一年之后，2015 年国务院紧接着出台了《关于新形势下加快知识产权强国建设的若干意见》，提出要在创新驱动发展战略和"一带一路"倡议和新形势下深化知识产权战略实施，加强对非物质文化遗产、民间文艺、传统知识的开发利用，推进文化创意、设计服务与相关产业融合发展；保护和传承中华老字号，大力推动中医药、中华传统餐饮、工艺美术等企业"走出去"。这一意见的出台对传统文化艺术的知识产权保护与提升知识产权对外合作水平，参与知识产权国际治理紧密结合在一起。2016 年，正逢国家制定国民经济和社会发展第十三个五年规划，国务院配套出台了《"十三五"国家知识产权保护和运用规划》，明确提出健全遗传资源、传统知识、民间文艺、中医药、新闻作品、广播电视节目等领域法律制度。2018 年，习近平总书记在博鳌亚洲论坛 2018 年年会开幕式上发表重要主旨演讲，强调"加强知识产权保护。这是完善产权保护制度最重要的内容，也是提高中国经济竞争力最大的激励"。2021 年 9 月，国务院出台了《知识产权强国建设纲要（2021—2035 年）》，提出到2035 年中国特色、世界水平的知识产权强国基本建成，并在新兴领域和特定领域知识产权规则体系方面，着重提出要加强遗传资源、传统知识、民间文艺等获取和惠益分享制度建设，加强非物质文化遗产的搜集整理和转化利用。2021 年 10 月，国务院又印发了《"十四五"国家知识产权保护和运用规划》强调完善知识产权法律政策体系，推动"制定传统文化、民间文艺、传统知识等领域保护办法"，并进一步明确了参与此项工作的政府和司法等相关主体。综上所述，依据国家宏观战略部署以及国家经济和社会发展的新形势，自党的十八大以来对于传统文化艺术等特定领域的知识产权保护稳步提升，特别是在对外文化交流中如何运用现有的知识产权保护机制发挥传统文化艺术资源大国的优势，如何为保存、利用和发展创新传统文化艺术争得国际规则制定的话语权，如何逐步建立起传统文化艺术的知识产权利用与保护的法律制度体系，等等，这些都构成了建成中国特色、世界水平的知识产权强国，推进社会主义文化大发展大繁荣，实现中华民族伟大复兴应当承担的使命和责任。

第一章

知识产权视域下的传统文化艺术

从世界范围内来看，对于传统文化艺术保护这一问题的探究始于 19 世纪中后期，就时间跨度而言，它并不是一个新课题。但是，随着时代发展和社会变迁，特别是广大发展中国家的日益崛起，这一问题又日益凸显，成为具有时代性和国际性的重要课题。对于传统文化艺术保护的相关研究也日益成为文化艺术领域的显学。"传统文化艺术"的概念和语义的界定具有多元化和多意性，国内外专家学者围绕这一问题展开广泛研究，形成了众多具有明显差异性，又拥有高度相关性的研究成果。

众所周知，"文化"这一概念极具特殊性和多元性，不同背景和社会状态之下"文化"这一概念的语境和话语体系的差异化造成概念表达和语义表达的多意性。因此，针对世界上各个民族、国家、族群和社区所持有的和创造的丰富多彩的传统文化艺术、民间文学艺术、传统文化表达形式、传统知识、非物质文化遗产、遗传资源等传统文化艺术资源，目前国内外还没有相对统一和整齐划一的概念将其完全包含，特别是它们伴随时代发展和族群绵延不断、代代相传的生命特性，也使得其难有精准而固定不变的定义。"概念乃是解决法律问题所必需的和必不可少的工具。没有限定严格的专门概念，我们便不能清楚地和理性地思考法律问题。"① 因此，开展传统文化艺术知识产权保护的相关研究，首先要解决的问题是术语和概念的选择和界定，只有明确了研究对象和权利指向，厘清各个相关概念之间的异同，才能有针对性和可操作性地开展知识产权保护和制度建构。

---

① ［美］E. 博登海默：《法理学：法律哲学与法律方法》，邓正来译，中国政法大学出版社 2004 年版，第 504 页。

第一节　传统文化艺术的内涵和范围

一、语境差异与辨析

在不同的情境和语境之下，同一概念或术语可能会具有不同的内涵、外延和意义指向，更不用说在各国文化交流中，常常某一个概念在不同的语言文化中难以找到与此相对应的准确表述，抑或是相同的问题或内涵也可运用不同的概念或术语进行阐述和表达。通过对相关研究成果的系统梳理，我们不难发现，与传统文化艺术内涵外延相似或相近的概念被广泛使用，例如，在世界知识产权组织和联合国教科文组织制定的国际法和相关国际公约中，曾出现过的较为正式的官方表达有"民间文学艺术""传统文化表达""民间文学艺术表达""传统知识""非物质文化遗产"等；我国在国务院、国家知识产权局、文化和旅游部等政府官方机构以及一些地方文化管理机构发布的对外文件公告中的表述有"传统文化""民间艺术""民族民间传统文化""民间文学艺术"。以上这些概念既有联系又有区别，相互重合又有参照借鉴，它们之间并非简单的替代或包含关系，因此，厘清几个关键的相关概念是界定研究范畴和明晰研究原则的前提和关键。

（一）民间文学艺术（folklore）

"民间文学艺术"（folklore）一词比较早地出现在保护传统文化艺术的相关国际法和区域法之中。从词源学的角度来看，"民间文学艺术"的英文表述为"folklore",它是由"folk"和"lore"两个单纯词组成的复合词,"folk"作为名词时,是指普通民众或普通百姓,作为形容词时,是指民族的、民间的、俗民的或平易近人的;"lore"来自古英语"lar",是指"传说、典故、学问、知识"的意思。"folklore"一词最早运用在文学领域,1846年英国考古学家威廉·汤姆斯(William John Thomas)在给雅典娜学校的信中运用"folklore"指代由普通民众和族群所创造源自古代的"通俗文学"和"大众文学"。此后,"folklore"随着语境的发展被广泛地运用于民族学、文艺学和研究原住民风俗习惯的民俗学等领域,其呈现出更为丰富的含义,其"指代具有民族特色的传统的,且由一个民族共同保有的传统习俗、传说、谚语或艺术形式"。[①]"Folklore"一词的字面意思就表述为"来自某个地区或社会中的某一特定的普通民众",他们承载着自古以来的传统生活方式,拥有独具特色的和鲜明的文化艺术、知识学问和传说传统等,它属于集合词,表征为普通大众所创造和拥有的独特的文化艺术传统,它与汉语中的"民间文学艺术"一词内涵和外延对应关系更为明确和自洽。汉语中的民间文学艺术可以理解为"民间文学"和"民间艺术"的集合体。"民间文学"指"民间集体口头创作、口头流传,并在流传中不断有所修改、加工的文学样式。包括民歌、民谣、神话、传说、故事、歌谣、谜语、平话、谚语、说唱、戏曲等形式"。[②]"民间艺术"是指"劳动人民直接创造的或在劳动群众中广泛流传的艺术,包括音乐、舞蹈、造型艺术、工艺美术等"。[③]以上均以列举下定义的方式来诠释"民间文学艺术"这一概念的含义。

1963年,联合国教科文组织与知识产权保护国际局(伯尔尼公约联

---

① Merriam-Webster, Inc., *Webste's Ninth New Collegiate Dictionary*, Merriam-Webster, 1983, p.479.
② 夏征农、陈至立主编:《辞海》(第6版),上海辞书出版社2010年版,第2729页。
③ 阮智富、郭忠新主编:《现代汉语大辞典》,上海辞书出版社2009年版,第2420页。

盟的执行机构）共同组织召开了一次关于知识产权的会议，提议《保护文学和艺术作品伯尔尼公约》（以下简称"《伯尔尼公约》"）中应针对民间文艺的保护设置特别规范，提出运用版权法保护民间文学艺术的议题。① 五年后，1967 年修订《伯尔尼公约》的斯德哥尔摩大会上再次强调民间文艺保护的重要性。1976 年，世界知识产权组织和联合国教科文组织共同制定的《突尼斯发展中国家版权示范法》（简称《突尼斯示范法》）② 将"民间文学艺术（folklore）"定义为"在某一国家领土范围内可认定由该国国民或者种族群落创作的、代代相传并构成其传统文化遗产之基本组成部分的全部文学、艺术和科学作品"③。1977 年，非洲知识产权组织的《班吉协定》附件 7 第 46 条将"民间文学艺术（folklore）"定义为"一切由非洲的居民团体（community）所创作的、构成非洲文化遗产基础的、代代相传的文学、艺术、科学、宗教、技术等领域的传统表现形式与产品"。按照此定义，民间文学艺术至少包括以下六个方面：（1）以口头或书面形式表达的文学作品，如故事、传说、寓言、叙事诗、编年史、神话；（2）艺术风格与艺术产品，如舞蹈、音乐作品、舞蹈与音乐作品结合的作品、哑剧，以手工或者以其他方式制作的造型艺术品、装饰品、建筑艺术的风格；（3）宗教传统仪式，如宗教典礼、宗教礼拜的地点、祭奠礼服；（4）传统教育的形式，传统体育、游戏、民间习俗等；（5）科学知识及作品，如传统医药品及诊疗法知识，物理、数学、天文学方面的理论与实践知识；（6）技术知识及

---

① 参见杨鸿《民间文艺的特别知识产权保护》，法律出版社 2011 年版，第 18 页。

② 示范条款及其后文中出现的建议案均不是具有法律效力的国际条约，其宗旨是鼓励和促进有关民间文学艺术的国内立法，并为国内立法的制定提供建议性的参考意见。

③ ［俄］E.P. 加佛里洛夫：《民间文学艺术作品的法律保护》，刘波林译，《版权参考资料》1984 年第 7 期，国家版权局资料室内部资料。

作品，如冶金、纺织技术知识、农业技术、狩猎、捕鱼技术知识等。①1989
年，联合国教科文组织通过了《关于保护传统文化和民间文学艺术的建议
案 》(*Recommendation on the Safeguarding of Traditional Culture and
Folklore*，简称《1989年建议案》)，认为"folklore"是一个文化社群基
于传统的创造的总和，经由一群个人加以表达，且被承认反映其文化和社
会身份；其标准和价值通过模仿和其他方式口头传承；其形式包含在语言、
文学、音乐、舞蹈、游戏、神话、礼仪、习俗、工艺美术、建筑及其他艺
术之中。②以上这些国际法均从保护主体、保护客体、保护范畴等方面对
"folklore"，即民间文学艺术进行界定。

除了上述国际法对这一概念的相关界定外，很多国家尤其是一些非洲
发展中国家的国内立法也对"民间文学艺术 (folklore)"进行了界定。例
如，1966年非洲的突尼斯最早立法保护本国的民间文学艺术，制定了《文
学与艺术财产保护法》(以下简称《突尼斯版权法》)中对民间文学艺术
(folklore) 界定为由祖辈遗留下来并通过习俗、传统维系的艺术遗产以及民
间创作的任何方面，比如民间故事、写作、音乐与舞蹈。③1994年，突尼斯
政府又重新修订并在第7条第3款规定："民间文艺，系指代代相传的，与
习惯、传统及诸如民间故事、民间书法、民间音乐及民间舞蹈的任何方面相
关联的文化遗产。"④深受《突尼斯版权法》的影响，非洲其他一些发展中国
家包括摩洛哥、尼日利亚、玻利维亚、多哥等国都在20世纪70年代到90

---

① 参见郑成思《民间文学艺术作品及我国对其保护方式的建议》，载郑成思主编《知
    识产权研究》(第3卷)，中国方正出版社1997年版，第85页。
② 参见张耕《民间文学艺术的知识产权保护研究》，法律出版社2007年版，第13—
    14页。
③ See Law No.94-36 of February 24,1994 on *Liteary and Artistic Property of
    Tunisia*,Article 7.
④ 郑成思：《民间文学艺术作品及我国对其保护方式的建议》，载郑成思主编《知识产
    权研究》(第3卷)，中国方正出版社1997年版，第94页。

年代先后通过版权法对民间文学艺术（folklore）进行保护。1988 年，尼日利亚在《版权法》中规定："民间文学艺术是指由群体或个人创作的体现群体共性和传统基础的创作物，反映该群体的期望，是对其文化、社会地位、准则及价值观的充分表现，并以口头方式、模仿或其他方式加以流传。"①1990 年，安哥拉在《作者权法》第 4 条规定："民间文学艺术"系指我国地域内的，可推定为某地区或某部族共同体之不知名作者所创作或集体创作的、代代相传的艺术及科学作品，其构成传统文化遗产的基本要素。"②1991 年，多哥《版权、民间文艺及邻接权保护法》第 66 条规定："民间文学艺术是本国遗产的有独创性的合成。本法所称的民间文艺，包括一切多哥人或多哥部族共同体的匿名、不知名或者姓名被遗忘之作者，在我国地域内创作的、代代相传的、构成我国文化遗产的基本内容之一的那些文学与艺术作品。"③此外，相比较民间文学艺术文化遗产较丰富的一些非洲的发展中国家而言，一些发达国家基于国家利益的考量只是从文化遗产和民俗的角度，而不是从知识产权立法的角度对其进行保护，例如美国的《民俗保护法案》，其中也对民间文学艺术进行了界定，即"美国境内各群体所特有的家族的、种族的、职业的、宗教的和地域的文化表现形式"，其范围包括"风俗、信仰、技巧、语言、文学、艺术、建筑、音乐、游戏、舞蹈、戏剧、宗教仪式、庆典、手工艺"④等。

基于以上分析，在知识产权保护语境下，民间文学艺术的定义具有复杂性、多样性和地域性特点，不同国际组织、不同国家基于不同的利益需求

① 张耕：《民间文学艺术的知识产权保护研究》，法律出版社 2007 年版，第 15 页。
② 郑成思：《民间文学艺术作品及我国对其保护方式的建议》，载郑成思主编《知识产权研究》（第 3 卷），中国方正出版社 1997 年版，第 93 页。
③ 郑成思：《民间文学艺术作品及我国对其保护方式的建议》，载郑成思主编《知识产权研究》（第 3 卷），中国方正出版社 1997 年版，第 94 页。
④ 顾军、苑利：《文化遗产报告：世界文化遗产保护运动的理论与实践》，社会科学文献出版社 2005 年版，第 87 页。

和保护目标对民间文学艺术的定义出现各种分歧和差异。总体而言，民间文学艺术概念的界定在一定程度上受《突尼斯版权法》的影响，将其等同于民间文学艺术作品，也就是著作权法中所对应的作品形式。时至今日，各国政府、地区性论坛、国家间论坛和非政府组织论坛以及学术界一直都没有停止过关于"民间文学艺术"这一术语的含义和范围的讨论。

（二）民间文学艺术表达（expressions of folklore）

1981 年，世界知识产权组织和联合国教科文组织联合成立了"关于保护民间文艺表达的知识产权问题的政府间专家委员会"。1982 年，该委员会在广泛研究民间文艺知识产权保护问题的基础上，通过了《保护民间文艺表达免受非法利用与其他损害行为的国家法律示范条款》(*Model Provisions for National Laws on the Protection of Expressions of Folklore Against Illicit Exploitation and other Forms of Prejudicial Actions*，以下简称《示范条款》)，该示范条款在第 2 条界定了其保护客体为"民间文学艺术表达（expressions of folklore）"这一新的概念，并对其内涵和外延进行界定，即指由一国的某社群或是能体现该社群传统艺术诉求的个人所发展和保有的传统艺术遗产的特征性因素所构成的成果。民间文艺表达主要包括以下四种表达形式：第一，口头语言表达形式（verbal expressions），如民间故事、民间诗歌和谜语；第二，音乐表达形式（musical expressions），如民歌及民间器乐；第三，行为表达形式（expressions by action），如民间舞蹈、游戏、艺术样式和仪式；第四，有形表达形式（tangible expressions），诸如民间艺术品、乐器、建筑艺术形式等。前三种形式无论是否固定在有形物上均属民间文学艺术表达形式。[①]《示范条款》最具特色与突破性、创新性

---

① 　参见王鹤云《保护民族民间文化的立法模式思索》，载郑成思主编《知识产权文丛》（第 8 卷），中国方正出版社 2002 年版，第 179 页。

的是对法律保护客体的界定，即"民间文艺表达"这一术语的提出和运用，它也是最早采用这一术语的国际立法例。这一概念所强调的是一种不同于民间文学艺术本身内容、内在精神或思想等方面，它更强调一种外在的表现形式，这又与著作权保护"内容—形式"（idea-expressions）二分法中的"形式"相对应起来。

此后，"民间文艺表达"开始被越来越多的立法文本使用，1999 年修订后的《班吉协定》则放弃了原协定中"民间文学艺术"（folklore）这一较广义的定义，换用"民间文学艺术表达"（expressions of folklore），附件 7 第 2 条的第 20 项将"民间文学艺术表达"（expressions of folklore）定义为："由社区或满足社区愿望的个人创造或传承，体现传统艺术遗产特色要素的产品，包括民间传说、民间诗词、民歌和器乐、民间舞蹈、宗教仪式中具有艺术表达性质的庆典活动及民间艺术产品。"① 之后，这一概念还被世界知识产权组织在其相关研究与立法建议中采用。

2000 年 10 月，世界知识产权组织成立了致力于保护传统文化和传统知识的国际专门组织，即"知识产权与遗传资源、传统知识和民间文学艺术政府间委员会"（WIPO-IGC）。当时，WIPO-IGC 同时使用了"traditional cultural expressions"（传统文化表达）和"expressions of folklore"（民间文学艺术表达）两个概念，并特别注明两者属于同一语义。② 2006 年 10 月，世界知识产权组织发表了《保护民间文学艺术草案》，该草案第 1 条规定："传统文化表达"或"民间文学艺术表达"是指表现、现实或体现传统文化和传统知识的、任何有形或无形的表现方式及其组合。其标准是：（1）属于创造性智力活动的产物，包括个人和集体的智慧创造物；（2）具有反映某一群体的文化和社会特征与文化遗产的特性；（3）由拥有相关权利或义

① 张耕：《民间文学艺术的知识产权保护研究》，法律出版社 2007 年版，第 13 页。

② See WIPO/GRTKF/IC/37/7，http://www.wipo.int.

务的群体或个人根据本群体的习惯法和惯例来维持、使用或发展。① 这是世界知识产权组织综合国际社会多年讨论民间文学艺术的研究成果后所做出的最新定义。

民间文学艺术表达 "expressions of folklore" 中的 "expressions" 明确其保护客体不是 "民间文学艺术作品"，而是民间传统文化的 "表达方式"，这与上文提到的 1976 年《突尼斯示范法》、1977 年《班吉协定》《1989 年建议案》以及早期一些国家的国内立法中所对 "民间文学艺术" 的界定是 "作品" 和 "创作物" 的保护完全不同。"民间文学艺术表达" 这一概念典型特点是扩大了此前 "民间文学艺术" 的保护范围，不仅包括有形的 "作品" 和 "创作物"，还包括没有固定的有形载体的无形表达，如 "样式" "仪式" 等。与有形的 "作品" 相比，无形的 "表达" 更强调某一族群或是能体现该族群传统艺术诉求的个人在 "拥有" 基础上的 "发展" "创新" 而形成的艺术，更强调关注和维护族群自身的权益。

（三）传统文化表达（traditional cultural expressions）

如前文所述，2000 年 10 月世界知识产权组织新成立的 WIPO-IGC 同时使用了 "traditional cultural expressions"（传统文化表达）和 "expressions of folklore"（民间文学艺术表达）两个概念，并特别注明两者属于同一语义。② 尽管当时 WIPO-IGC 认定这两个概念是同一语义，但事实上针对 "传统文化表达" 这一概念理解争议颇多，2003 年世界知识产权组织发布的一份文件中指出："Traditional cultural expressions 作为中

① See WIPO，The Protection of Traditional Cultural Expressions/Expressions of Folklore: Draft Objectives(WIPO/GRTKF/IC/10/4ANNEX)，published on October 2，2006，p.11.http://www.wipo.int/edocs/mdocs/tk/en/wipo_grtkf_ic_10/wipo_grtkf_ic_10_4.pdf.

② See WIPO/GRTKF/IC/37/7,http://www.wipo.int.

性词使用，理由是因为许多社区以及明确表示对 folklore 的消极内涵予以保留。"① 一种观点就认为，基于词语属性来看，许多拉美国家认为 "folklore"（民间文学艺术）一词似乎带有贬义，"traditional cultural expressions"（传统文化表达）作为一个中性词则更受欢迎。② 另一种观点则持相反态度，认为 "传统文化表达" 意味着 "土著文化"，这种理解使得一些文化保护团体对 "传统文化表达" 一词的含义持保留意见。③ 还有较为中立的观点认为 "传统文化表达" 为相对正式法律术语，而 "民间文学艺术" 则是其对应的稍通俗一些的概念。④

其实，早在 20 世纪 70 年代，"传统文化表达"（traditional cultural expressions）这一术语就曾经使用过。为增进世界各国文化交流和相互间的尊重和了解，1970 年 11 月 14 日，联合国教育、科学及文化组织大会第十六届会议在巴黎通过了《关于禁止和防止非法进出口文化财产和非法转让其所有权的方法的公约》，首次使用了 "传统文化表达" 这一术语，旨在对传统社群或族群在长期生产和生活实践中所创造出来的知识、技术、文化和经验等的总和进行概括性描述。

针对 "传统文化表达" 和 "民间文学艺术表达" 术语使用的争议，世界知识产权组织指出这并非要限制各国使用其他术语，或要求各国一致同意使用它们，而是明确指出一个适当的术语或术语的选择，以及辨清它们所要证明的主题思想，各方如何使用相关术语最终取决于国家和地区层面上的决

---

① Consolidated Analysis of the Legal Protection of Traditional Cultural Expressions/Expressions of Folklore,http://www.wipo.int.
② 参见［加纳］A.O. 阿梅加切尔《著作权保护民间文学艺术——措辞的矛盾》，张林初译，《版权公报（中文版）》2002 年第 2 期。
③ 参见张曼《论非物质文化遗产保护中的传统文化表达》，《电子知识产权》2009 年第 7 期，第 26—29 页。
④ 参见张曼《论非物质文化遗产保护中的传统文化表达》，《电子知识产权》2009 年第 7 期，第 26—29 页。

策者和有关社区。① 这一观点说明也得到了 2003 年在巴黎通过的《保护非物质文化遗产公约》相关观点的支持。② 以此，"传统文化表达"这一概念的使用具有相对的开放性，以及依据情境使用的自由性，这些也为理解"传统文化表达"这一概念提供借鉴。

基于此，大多数学者不纠结于"传统文化表达"内涵的界定，而注重其外延涵盖内容。例如，有学者认为传统文化表达指涉传统农业知识、科学知识、技术知识以及生态知识，包括相关药物和医治方法的医疗知识、与生物多样性相关的知识，以及以音乐、舞蹈、歌曲、手工艺品、故事、艺术品等形式出现的"民间文艺表达"，即包括传统技术性文化知识和民间文学艺术这两个领域。③ 这是从概念外延来理解，传统文化表达要比民间文学艺术表达的范畴更为宽阔。还有学者认为"传统文化表达"就是指"全世界众多团体、部落内所产生的综合大量风俗、传统、艺术表达方式、知识、信仰、产品以及生产过程的总体"④。世界知识产权在《知识产权与遗传资源、传统知识和传统文化表现形式》这一文件中通过列举方式来描绘"传统文化表达"的外延，分别是：语言表现形式，如故事、传说、诗歌、谜语、标志，以及名称、词语、符号和指示等语言元素；音乐表现形式，如歌曲和器乐；动作表现形式，如舞蹈、戏剧、艺术形式的仪式等，不论其是否已成为物质形式；以及物质表现形式，如素描、绘画、雕刻、珠宝、经书器皿、纺织品、设计、毯、雕塑、陶器、陶土作品、工艺品、镶嵌品、刺绣、

---

① See WIPO/GRTKF/IC/6/3,http://www.wipo.int.
② 《保护非物质文化遗产公约》"第十二条：清单"："一、为了使其领土上的非物质文化遗产得到确认以便加以保护，各缔约国应根据自己的国情拟订一份或数份关于这类遗产的清单，并应定期加以更新。二、各缔约国在按第二十九条的规定定期向委员会提交报告时，应提供有关这些清单的情况。"
③ 参见熊莹《"传统文化表达"保护的路径探析》，《江西社会科学》2011 年第 12 期。
④ 张曼：《论非物质文化遗产保护中的传统文化表达》，《电子知识产权》2009 年第 7 期。

筐篮编织、木工、服饰；乐器、建筑形式等。这也强调从外延来解释和区分"traditional cultural expressions"（传统文化表达）和"expressions of folklore"（民间文学艺术表达）两个概念的细微差别。

（四）传统知识（traditional knowledge）

"传统知识"（traditional knowledge）也是学术界、许多国家法律以及国际组织、国际研讨会广泛使用的一个概念。而"传统知识"这一概念的提出实质上是伴随着对"民间文学艺术"概念的争议和分歧而产生的。1996年2月，世界知识产权组织举办的民间文学艺术保护世界论坛上，针对"民间文学艺术"这一概念展开讨论，一些西方代表认为"民间文学艺术"这一术语主要关注艺术、文学和表演作品，并通常理解为普通大众所拥有的历史的、静态的、古旧的传统，而不能显示动态的、鲜活的、活态的、不断随时代发展的传统文化艺术。而非洲的发展中国家代表则认为"民间文学艺术"的概念范围较为广泛，不仅包含文学、艺术，甚至还包括文化遗产和传统知识等，这与西方对此概念的理解是相矛盾的。澳大利亚土著代表又认为，如果将"民间文学艺术"概念界定得过于狭隘，则暗示了一地本土文化的落后。因此，防止歧视和保护少数群体分委会的专员埃丽卡－伊雷妮·达埃斯（Erica-Irene A. Daes）女士提出"本土文化和知识财产（indigenous cultural and intellectual property）"这一术语。① 自此，"传统知识（traditional knowledge）"这一术语就被提了出来，并被广泛使用。

"传统知识"这一概念有广义和狭义之分。世界知识产权组织在较早的研究中均采用广义的定义，"传统知识"是"指以传统为基础的文学、艺术

---

① See Megan M.Carpenter, "Intellectual Property Law and Indigenous Peoples:Adapting Copyright Law to the Needs of a Global Community", *Yale Human Rights & Development Law Journal*, 2004, p.5.

或科学作品、表演、发明、科学发现、设计、标识、名称或者符号、未公开的信息，以及其他所有来自工业、科学、文学或艺术领域的智力活动中产生的基于传统的知识创新创造"。①英国知识产权委员会 2002 年 9 月公布的《知识产权与发展政策的整合》则认为："尽管还没有一个公认的定义，但是传统知识包括例如基于传统的创造、创新、文学、艺术或科学作品、表演和设计。这种知识通常是代代流传的，通常与特定的人民或领土有关。"②

　　从以上对传统知识的描述来看，基本都是从广义角度来解释的，并明显将民间文学艺术纳入其中。那么，传统知识的外延更为广阔，其广义上可包括：第一，基于传统而创造的智力成果，包括传统的农业知识、科学知识、技术知识、生态知识、医药知识；第二，与传统社区的生存和发展有密切联系的传承资源，例如与生物多样性相关的知识；第三，民间文学艺术表现形式，例如音乐、舞蹈、歌曲、手工艺品、外观设计、故事和艺术品；第四，从语言的要素形式存在的传统文化表达，例如名称、地理标志、符号等。可见，传统知识强调时空域上是诞生于传统环境之下，隶属于特定的族群或文化社区，具有世代传承和沿袭的特性，拥有鲜明且完整的体系。这可以理解为，传统知识不仅意味着它必须是古老的、旧有的，而且意味着它可以依据情境的变化而有所创造和创新，是拥有古老根基却活跃于现代的知识体系。同时，传统知识在某种程度上横跨和涵盖了文学艺术表达和科学技术两个领域，不仅包括属于民间文学艺术范畴的文学、艺术及相关表达，而且包括利用可做医药和食物的动植物的传统技术知识。基于此，广义的传统知识比民间文学艺术、民间文学艺术表达和传统文化表达等概念的外延更为宽泛，与后几者是种属关系。在现行知识产权制度框架之下，传统知识的保护几乎涉及现行知识产权体系的绝大多数领域，包括专利权、版权、商标权、

---

① ［印］甘古力：《知识产权：释放知识经济的能量》，宋建华等译，知识产权出版社 2004 年版，第 97 页。

② 杜瑞芳：《传统医药的知识产权保护》，人民法院出版社 2004 年版，第 8—9 页。

商业秘密权、植物新品种权、反不正当竞争等领域。

鉴于传统知识的范围甚为宽泛，很难统一地在单一的法律制度框架之下进行周全而细致的保护，因而，世界知识产权组织也开始逐渐探讨传统知识的狭义定义，把传统知识限定为传统技术性知识，定义其为传统部族在千百年来的生产生活实践中创造出来的知识技术、诀窍和经验的总和，包括农业知识、生态知识、医药知识（包括有关的医药治疗方法）、与生物多样性有关的知识。从而明确地把民间文学艺术排除在外。对此，世界知识产权相关文件中通过枚举的方式来说明传统知识的类型，例如泰国土医用一种巴豆属植物（泰语：plao-noi）治疗溃疡；桑人（San）外出打猎时用蝴蝶亚仙人掌充饥；中东用传统水利系统进行可持续灌溉，如阿曼和也门的阿夫拉贾（aflaj）灌溉系统，伊朗的卡纳特（qanat）暗渠系统；克里人和因纽特人对哈德逊湾地区某些物种的季节性迁徙情况拥有特殊的知识，以上这些都可以被界定为传统知识的范畴。

2004 年 3 月，世界知识产权组织的"知识产权和遗传资源、传统知识及民间文学艺术政府间委员会"召开第六次会议通过的文件《传统文化／民间文学艺术表达：政策和法律选择》中使用了狭义的"传统知识"概念，指出"传统知识是传统部族在千百年来的生产生活实践中创造出来的知识、技术、经验的总称"。即把传统知识和民间文学艺术等加以区分。[①] 同时，在联合国教科文组织的一次会议上，著名学者格雷厄姆·达特菲尔德（Graham Dutfield）在其相关研究报告中指出："传统知识一般是指与自然环境相联系的知识，而并不涉及如艺术作品、手工艺品和其他文化创作和表现形式

---

① See The Secretariat of WIPO，Revised Version of Traditional Knowledge Policy and Legal Option，Intergovernmental Committee on Intellectual Property and Genetic Resources，Traditional Knowledge and Folklore，Sixth Session(Geneva March 15 to 19,2004)，paragraph 6，p.58.

（这些东西倾向于被认为是民间文艺的元素）。"① 目前，"传统知识"这一概念的内涵和外延较为清晰，在没有特殊说明的情况之下，它在更多情况下均指代狭义内涵，这样更有利于有针对性地运用相应的法律工具和法律政策。

（五）非物质文化遗产（intangible cultural heritage）

从概念术语的表述来看，非物质文化遗产是与物质文化遗产相对应的概念，非物质遗产的保护问题是相对于物质遗产而言的，并与之互为补充，互为诠释。对于物质文化遗产的保护始于战争年代，1862 年美国内战爆发后，当时美国南北军队在武力攻击的手段、攻击对象、战俘待遇等问题上都存在不人道的战争行为，为减轻战争的残酷性和规范军队的武力战争行为，纽约哥伦比亚大学的教授弗朗西斯·利伯尔（Francis Lieber）针对美国内战提出一套《美国野战军管理令》（*Instructions for the Government of the Armies of the Vinited States in the Field*），后称为"利伯尔法典"（Lieber Code）。此法典共 157 条，其中第一次尝试性地表述了文化遗产和文化财产的重要性及其在战争中免受破坏的思想，并希望通过一些限制性规定来保护那些具有历史和文化价值的传统文化资源。在此基础之上，20 世纪 50 年代形成了专门的国际法公约，即联合国教科文组织在 1954 年通过的《关于发生武装冲突时保护文化财产的公约》（也称为"1954 年《海牙公约》"），它则是第一个专门用来保护文化遗产的具有国际社会统一性的公约，特别强调对古迹遗址、珍贵典籍和其他教科文遗产等有形文化资源的保护。1970 年，联合国教科文组织通过了《关于禁止和防止非法进出口文化财产和非法转让所有权的方法的公约》，公约运用枚举的方式列举了 11 种文化财产的形式，通过促成国际社会达成共识来实现对有形物质遗产的

---

① 杨鸿：《民间文艺的特别知识产权保护》，法律出版社 2011 年版，第 35 页。

保存和保护，防止其因各种原因破坏。1972 年，联合国教科文组织启动了世界文化遗产保护工程，并通过了《保护世界文化和自然遗产公约》（简称《世界遗产公约》），为全世界文化与自然遗产保护工作奠定了国际法基础，《世界遗产公约》第 1 条明确指出："文化遗产"只包括"文物""建筑群"和"遗址"三类。因此，在当时特定的历史语境之下，所谓的"文化遗产"是指文物、建筑群和遗址这一类具有考古、艺术、人类或科学价值的有形的物质类自然和文化遗产，而不保护无形的非物质文化人类遗产。

那么，对于非物质文化遗产保护的法律制度的探索可追溯到 1950 年日本颁布的《文化财保护法》，这部法律首次提出文化遗产两分法，即"有形文化财"和"无形文化财"，受其影响 1962 年韩国颁布《文化财保护法》，也开始了对无形文化遗产进行保护。20 世纪下半叶，现代工业交通业迅猛发展，全球经济趋于一体化，人口逐步向城市迁徙聚集，文化交流、文化融合和文化冲突比以往任何时候表现得更为显著，这使得传统国家几千年来以一代代口传心授为主要传承方式的传统民族民间活态文化资源发生了急剧的流变和消亡。从 20 世纪 80 年代起，此前签署《世界遗产公约》的缔约国开始呼吁国际社会采取积极的拯救措施，并制定国际性标准文件。联合国教科文组织总干事、日本籍无形文化遗产专家松浦晃一郎指出："口头与非物质遗产包含了人类无限的感情，这是一个民族一个社会赋予生命价值的感动，无论是这个民族的语言、传统知识，还是她的物质文化生活方式、价值体系，抑或是反映客观现实的艺术和语言均囊括于其中。作为全社会的一分子，我们应该担负起整理和保护文化传统财产、创建历史性文件、丰富我们的社会宝库的重任，共同为互利互谅、和平共处而努力。"①1989 年 11 月，联合国教科文组织第 25 届大会上通过了《关于保护民间传统文

① 余晋岳执行主编：《世界文化与自然遗产手册》，上海科学技术文献出版社 2004 年版，第 161—162 页。

化的建议》(*Recommendation on the Safeguarding of Traditional Culture and Folklore*)。该建议不仅指出大量蕴含丰富文化特性的口头遗产正在消失，而且强调应当采取必要的措施和法律手段对无形文化遗产进行保护，尽管建议案中并没有明确使用"非物质文化遗产"的概念，但它为后来出台《保护非物质文化遗产公约》奠定了基础。1997 年 11 月，联合国教科文组织第 29 次全体会议上通过的《宣布人类口头与非物质文化遗产代表作申报书编写指南》，"人类口头与非物质遗产"(masterpieces of oral and intangible heritage)的概念在世界范围内得到确认。次年，联合国教科文组织第 155 届执行局大会上通过了《人类口头及非物质遗产代表作宣言》，并宣布人类口头与非物质遗产代表作的评审规则，且指出传统的民间文化是指来自某一文化社区的全部创作，这些创作以传统为依据，由某一群体或一些个体所表达，并被认为是符合社区期望的，作为其文化和社会特性的表达形式、准则和价值通过模仿或其他方式口头相传。它的形式包括：语言、文学、音乐、舞蹈、游戏、神话、礼仪、习惯、手工艺、建筑艺术及其他艺术。除此之外，还包括传统形式的联络和信息。① 在此基础之上，2001 年，联合国教科文组织宣布了第一批人类口头和非物质遗产代表作，共 19 项，并通过了《世界文化多样性宣言》，强调世界各国各民族包括"非物质文化遗产"在内的全部文化遗产对于维护人类文化多样性的重要意义，呼吁加强对非物质文化遗产的保护。2002 年，第三次文化部长圆桌会议通过的《伊斯坦布尔宣言》强调非物质文化遗产的重要性，它是文化多样性的熔炉，又是可持续发展的保证。

　　以上这些都为推动进一步出台正式的关于非物质文化遗产保护的国际性公约做好了实践前提和理论准备。2003 年 10 月，联合国教科文组织

---

① 参见刘红婴《非物质文化遗产的法律保护体系》，知识产权出版社 2014 年版，第 5—6 页。

第 32 届大会上通过了《保护非物质文化遗产公约》(*Convention for the Safeguarding of the Intangible Cultural Heritage*)①,正式以"非物质文化遗产"的新概念来代替"口头和非物质遗产",并设立《人类非物质文化遗产代表作名录》,这是迄今为止联合国有关非物质文化遗产保护最重要的文件。公约第二条就对"非物质文化遗产"的概念进行了界定:"'非物质文化遗产'指被各群体、团体、有时为个人视为其文化遗产的各种实践、表演、表现形式、知识和技能,及其有关的工具、实物、工艺品和文化场所。各个群体和团体随着其所处环境、与自然界的相互关系和历史的条件不断使这种代代相传的非物质文化遗产得到创新,同时使他们自己具有一种认同感和历史感,从而促进了文化多样性和人类的创造力。在本公约中,只考虑符合现有的国际人权文件,各群体、团体和个人之间相互尊重的需要和顺应可持续发展的非物质文化遗产。"②据此,非物质文化遗产所涵盖的内容包括:(1)口头传统和表现形式,包括作为非物质文化遗产媒介的语言;(2)表演艺术;(3)社会礼仪、节庆等实践活动;(4)有关自然界和宇宙的知识和实践;(5)传统手工艺。

在此基础之上,我国也及时出台对非物质文化遗产保护的相关政策文件。2005 年 3 月,由国务院办公厅颁布的、代表了中国政府意见的、具有权威性的《关于加强我国非物质文化遗产保护工作的意见》中的附件《国家

---

① 按照规则,在第 30 个缔约国批准这项公约 3 个月后,公约将正式生效。2006 年 1 月 20 日,罗马尼亚向联合国教科文组织总干事提交了接受《保护非物质文化遗产公约》的证书。罗马尼亚的接受证书,使批准该公约的国家达到 30 个。因此,按照公约第三十四条的规定,公约将在第 30 个接受、批准和加入书交存 3 个月后,即 2006 年 4 月 20 日生效。至生效时,已经先后交存证书的国家分别是:阿尔及利亚、白俄罗斯、不丹、中国、克罗地亚、多米尼克、埃及、阿拉伯联合酋长国、加蓬、印度、冰岛、日本、拉脱维亚、立陶宛、马里、毛里求斯、墨西哥、蒙古国、尼日利亚、阿曼、巴基斯坦、巴拿马、秘鲁、阿拉伯叙利亚共和国、中非共和国、韩国、罗马尼亚、塞内加尔、塞舌尔和越南。

② 王文章主编:《非物质文化遗产概论》,文化艺术出版社 2013 年版,第 51 页。

级非物质文化遗产代表作申报评定暂行办法》对"非物质文化遗产"做了这样的界定：非物质文化遗产是"指各族人民世代相承的、与群众生活密切相关的各种传统文化表现形式（如民俗活动、表演艺术、传统知识和技能，以及与之相关的器具、实物、手工制品等）和文化空间"。这里的"文化空间"兼具空间性和时间性，即定期举行传统文化活动或集中展现传统文化表现形式的方式。由此，"非物质文化遗产"的范围包括：（1）口头传统，包括作为文化载体的语言；（2）传统表演艺术；（3）风俗活动、礼仪、节庆；（4）有关自然界和宇宙的民间传统知识和实践；（5）传统手工艺技能；（6）与上述表现形式相关的文化空间。① 为了继承和弘扬中华民族优秀传统文化，促进社会主义精神文明建设，加强非物质文化遗产保护、保存工作，2011 年 2 月，《中华人民共和国非物质文化遗产法》正式出台，其中第 2 条明确"非物质文化遗产"是指各族人民世代相传并视为其文化遗产组成部分的各种传统文化表现形式，以及与传统文化表现形式相关的实物和场所。包括：（1）传统口头文学以及作为其载体的语言；（2）传统美术、书法、音乐、舞蹈、戏剧、曲艺和杂技；（3）传统技艺、医药和历法；（4）传统礼仪、节庆等民俗；（5）传统体育和游艺；（6）其他非物质文化遗产。属于非物质文化遗产组成部分的实物和场所，凡属文物的，适用《中华人民共和国文物保护法》的有关规定。

　　综上所述，非物质文化遗产是人类主要通过民间口头传播的无形文化遗产，与物质文化遗产相比较它更强调的是活态文化和口传心授，它不仅是一个民族精神和智慧的结晶，而且代表着民族古老的生命记忆和心理认同。非物质文化遗产这一概念的提出以及其所表达的内容、内涵都是与物质类文化遗产相对应和互为补充。非物质文化遗产保护更侧重通过各国政府相互合

---

① 参见王文章主编《非物质文化遗产概论》，文化艺术出版社 2013 年版，第 52—53 页。

作，设置非物质文化遗产代表作名录和数据库建设等行政手段加以保护。

二、术语比较与发现

通过对以上相关概念术语产生的背景、所表达的内涵和外延进行归纳和总结，我们不难发现，在概念界定难以形成统一共识的情况下，概念内涵界定的差异会导致概念外延的范围不同，而外延范围的不同会直接影响到保护对象的差异，进一步影响到对其保护的制度规制和法律法规的异同。依据概念产生和发展的背景来看，"民间文学艺术"（folklore）、"民间文学艺术表达"（expressions of folklore）、"传统文化表达"（traditional cutural expressions）和"传统知识"（traditional knowledge）等术语是在世界知识产权组织或其他区域性知识产权组织主导下，在知识产权制度框架之内围绕如何准确表述保护客体而不断进行争论和探索的过程中提出的，其中也不乏相互联系、重合之处。"非物质文化遗产"（intangible cultural heritage）这一术语是在联合国教科文组织主导下，为保护濒临流失甚至灭绝的无形文化遗产而提出的，是与此前提出的物质文化遗产保护相对应，它更强调各个国家政府通过运用国家强制力量——行政手段和政府公权力来实现本国非物质文化遗产的保护、传承、利用和发展。尽管上述概念提出的背景和主导力量有所差异，但是在保护传统文化艺术资源等方面，联合国教科文组织与世界知识产权组织始终保持着良好的合作关系，一方面，联合国教科文组织积极推动在知识产权框架之下加强对非物质文化遗产保护的探索和实践；另一方面，世界知识产权组织也在遵守《非物质文化遗产保护公约》的使命和前提下，研究知识产权意义上的传统文化艺术的保护。

基于此，我们试图以界定相关概念的主体为本，比较这些概念所指向的外延和范围。如表 1-1 所示：

表 1-1　传统文化艺术相关概念外延范围比较

组织机构	联合国教科文组织（UNESCO）	世界知识产权组织（WIPO）			
概念术语	非物质文化遗产（intangible cultural heritage）	民间文学艺术（folklore）	民间文学艺术表达（expressions of folklore）	传统文化表达（traditional cutural expressions）	传统知识（traditional knowledge）
外延范围	口头传统，包括作为文化载体的语言	以口头或书面形式表达的文学作品，如故事、传说、寓言、叙事诗、编年史、神话	口头语言表达形式（verbal expressions），如民间故事、民间诗歌和谜语	语言表现形式，如民间故事、民间诗歌和谜语、记号、文字、符号和其他标记	——
	传统表演艺术	艺术风格与艺术产品，如舞蹈、音乐作品、舞蹈与音乐作品结合的作品、哑剧	音乐表达形式（musical expressions），如民歌及民间器乐；行为表达形式（expressions by action），如民间舞蹈	音乐表现形式，如民歌和器乐；行动表现形式，如民间舞蹈	——
	风俗活动、礼仪、节庆	宗教传统仪式，如宗教典礼、宗教礼拜的地点、祭奠礼服；传统教育的形式，传统体育、游戏、民间习俗等	行为表达形式（expressions by action），如游戏、艺术样式和仪式	行动表现形式，如游戏、艺术形式或礼仪；无论是否已被浓缩为某种物质形式	——
	有关自然界和宇宙的民间传统知识和实践	科学知识及作品，如传统医药品及诊疗法知识，物理、数学、天文学方面的理论与实践知识；技术知识及作品，如冶金、纺织技术知识、农业技术、狩猎、捕鱼技术知识等	——	——	传统部族在千百年来的生产生活实践中创造出来的知识技术、诀窍发明、信息、实践、技能、经验的总和，包括农业知识、生态知识、医药知识（包括有关的医药治疗方法）、与生物多样性有关的知识

组织机构	联合国教科文组织（UNESCO）	世界知识产权组织（WIPO）			
概念术语	非物质文化遗产（intangible cultural heritage）	民间文学艺术（folklore）	民间文学艺术表达（expressions of folklore）	传统文化表达（traditional cutural expressions）	传统知识（traditional knowledge）
外延范围	传统手工艺技能	以手工或者以其他方式制作的造型艺术品、装饰艺术的风格	有形表达形式（tangible expressions），诸如民间艺术品、乐器、建筑艺术形式等	以及有形表现形式，如民间艺术作品，特别是绘画、素描、雕刻、雕塑、陶土艺术、赤陶、镶嵌、木工、金属器皿、珠宝、筐篮编织、刺绣、纺织品、织毯、服饰；工艺品；乐器以及建筑形式	——
	与上述表现形式相关的文化空间	——	——	——	

基于以上对与传统文化艺术相关、相近的概念进行比较中，我们可以发现每一个概念呈现和解决的是不同的问题，尽管概念之间有相互重合的地方，但不能简单地理解为概念之间是上下位或种属关系，它们在不同的语境之下各有侧重点。但也可以发现无论何种概念，其客体指向均具有艺术性、古老的、群体性、民族性、传统性这些共同特点，概念界定的差异也是为了能更科学合理地运用知识产权法或其他行政措施来保护传统的、古老的、民族的、群体的文化艺术资源。因此，我们可以看出，在知识产权制度背景之下，这些概念之间运用相关范畴和类型的知识产权法进行保护的范围有交叉，保护对象有差异。例如，非物质文化遗产中所涉及的文化空间就不在知识产权法律制度保护的框架之内，非物质文化遗产中所包含的具有典型"时

间性"与"观念性""无明确主体"等特征的文化遗产都是知识产权制度力所不能及的。

　　综上所述，无论从概念的界定和范围的列举中，都存在一种不可避免的困惑：由于传统文化艺术具有多元多样、时空跨度大以及传承相对不稳定等明显特征，其范围和边界呈现动态和模糊状态，企图给它划定一个界限分明的定义是相当困难的，这也是开展传统文化艺术知识产权保护研究客观存在的困难和问题。

三、传统文化艺术的内涵指向

　　当相关或相似的概念或术语难以获得共识时，下定义最好的办法就是一要概括出定义所独有的特征，以便据此进一步明晰概念所涵盖的客体范围，二是采取具体的枚举方式，这样有助于矫正和补充抽象概括表述的不足，在此基础上，有针对性地提出恰当合理的保护措施。因此，为了更有效地利用现行知识产权法律制度，我们应在传统文化艺术内涵界定与外延概括上避免两种倾向：第一，过于开放的概念界定，即概念范围的划分过宽或过广，例如将宗教信仰、文化空间、民间游戏、传统知识等内容也纳入保护范围，这是与知识产权尤其是文化艺术通常运用的著作权法保护的宗旨是不相符的。就目前的相关制度类型而言，一些属于传统文化艺术范围内的某些特殊保护对象也在其他的单行法中受到特别保护或行政保护，如医药、古代建筑等，除了享有版权保护外，还可以再受医药行政保护和文物保护等，这也可以理解为其他法律法规对传统文化艺术知识产权保护的恰当补充；第二，过于窄小的概念界定又会造成某些本应当纳入知识产权保护的传统文化艺术被遗漏，这主要是针对一直以来被遗漏的或未被记录的，却广泛流传的、在族群内众人皆知的古老的传统文化艺术，例如，某种独特的具有民族特色的图案外观设计、传统服饰、传统制作技艺等，这些也应当给予保护。

对于"传统"的含义，世界知识产权组织在《知识产权与传统资源、传统知识和传统文化表现形式》强调"传统"不是因为古老，而是强调与某一群体、社区、民族、国家有内在的历史的联系，它是在一个群体、社区、民族或国家中形成、发展、延续、代代传承甚至通过特定的习惯传递体制。简言之，"传统"不仅仅是指古老，更强调内在的与主体所拥有的特定的历史的关系使得文化艺术变得"传统"。中华民族五千年的文明史创造了丰富多彩、辉煌灿烂的传统文化艺术，它不仅在我国历史上流传悠久，拥有深厚的群众基础，特别是在绘画、书法、音乐、舞蹈、戏曲、建筑、雕塑、工艺美术、传统服饰等方面具有独特的艺术感染力，彰显高度的文化凝聚力，而且它蕴含着五千年文明古国深厚的文化底蕴，浓郁的民族风格淳厚的艺术内涵。

为了便于有针对性地开展研究，在知识产权保护视域下，本书所界定的传统文化艺术意指在漫长的历史实践和生产生活实践中所创造的，由生活在特定区域的群体或个人世代传承的，反映独特的价值理念、生活情趣和审美观念，具有典型艺术特色和文化内涵的文学、美术、音乐、舞蹈、戏曲、传统设计、传统技艺等精神智力成果。

首先，传统文化艺术内涵要彰显独特的"艺术性""传统性"和"民族性"。所谓艺术性，强调的是对现实世界和社会生活的表达程度，是精神追求和审美价值取向、智力与情感、内容与形式等不同特质的统一；所谓传统性，强调的是古老旧有、历史继承、世代相传的表现；所谓民族性，则凸显由来已久的，具有共同生活地域、语言、经济和社会文化生活的社群或共同体，培育出共同的民族情感和审美情趣，有其形成、发展、壮大甚至消亡的历史过程。就我国的传统文化艺术而言，大致分为：传统文学（古老的传说、流传已久的民间故事等），传统美术（绘画、雕塑艺术、工艺美术、建筑艺术、书法艺术等），传统音乐艺术（传统民间小调、传统器乐演奏、传统说唱音乐等），传统舞蹈艺术（传说乐舞、祭祀舞蹈、古代武舞、有记载的民间舞蹈杂技等以肢体造型、动作、表情表现出来的人体语言艺术），传统戏剧艺术（秧歌、皮影戏、傀儡戏、说唱艺术、各种地方戏曲、宗教戏剧等），传统曲艺艺术（评书、鼓词、弹词、快板、快书、相声等多种说唱艺术形式），传统技艺（剪纸镂刻、印染织绣、棉毛葛麻织、刺绣挑花、陶瓷制作、金属工艺、家具、漆饰工艺、传统服饰图案、扎彩等）。这些传统文化艺术都饱含和彰显独具特色的文化内涵和审美意蕴。

其次，传统文化艺术内涵能凸显"传统"与"现代"的对立统一性。传统与现代指代因时空建构的两个前后相继、紧密关联的场域，两者并不对立，是相互继承发展、矛盾统一的关系。传统文化艺术是现代艺术创作之"源"和"根"。许多现代文学艺术作品是以传统文学艺术为基础进行创作的，例如将民间传说中的《白蛇传》《木兰从军》等故事拍摄成现代的电影、电视剧作品。加纳著名音乐人科菲·加纳巴（Kofi Ghanaba）在一篇题为《偷猎音乐世界》的文章中写道："在我们的音乐世界里，大家都在侵犯他人的所有权……无论是著名作曲家或是无名小辈都这样。我经常想音乐没有原创。""我在利比里亚领导 ELBC 广播电台时……一天，我听到一位乐师正在演奏一首与歌曲《快乐感觉》极为相似的歌曲……在这个有着 40 多亿年历史的地球上，任何人都不知道这首歌曲的真正来源。我简单地按我母亲唱的那样学会了这首歌曲，随后加入一些个性的东西，于是在全世界受到热烈欢迎。这首歌曲之所以受欢迎，因为她是属于人类历史的。"① 值得注意的是，现代艺术创作或多或少地会受到传统文化艺术的影响和熏陶，通过美术、建筑、音乐、戏剧、舞蹈等各种艺术形式加以表达，这些现代艺术作品几乎都在现代知识产权制度的保护之下，而相当一部分为现代创作提供源源不断的灵感和源泉的传统文化艺术却无法得到有效的保护。因此，传统文化艺术范围和类型的划分要注重"传统"与"现代"的密切关联，传统文化艺术所指

---

① 黄玉烨：《民间文学艺术的法律保护》，知识产权出版社 2008 年版，第 29 页。

代的内容和范畴是指能够为现代艺术创作提供"源泉"的传统艺术形式。

最后,传统文化艺术范围和类型的划分要注重强调"有形"与"无形"的统一。通过以上梳理,不难发现,传统文化艺术的保护是从有形文化遗产(即文物)开始的:无论是1954年《海牙公约》,还是1970年联合国教科文组织通过的《关于禁止和防止非法进出口文化财产和非法转让所有权的方法的公约》,抑或是1972年联合国教科文组织启动世界文化遗产保护工程,并通过的《保护世界文化和自然遗产公约》。传统文化艺术的"有形"成果的存在和保护在绝大多数现代文化中显而易见,这一观点已经从不同的学科角度得到论证,包括人类学、社会学、环境学心理学、社会史学以及艺术史学,等等。然而,传统文化艺术可表现为具体的作品或有形的载体之外,还有众多的无形文化艺术作品,例如,族群中口口相传的歌谣、音乐、戏曲等。1982年通过的《保护民间文艺表达免受非法利用与其他损害行为的国家法律示范条款》第一次将保护范围扩大到了无形文化艺术遗产,其保护对象包括文化艺术的无形表达与有形表达,包括:口头表达、音乐表达、动作表达等无形表达形式和建筑形式、音乐仪器、艺术作品等有形表达形式。今天我们探讨的传统艺术不仅包含有形的艺术作品,还包括无形的艺术表达形式,以此划分范围来寻找与知识产权制度相互契合的保护空间。

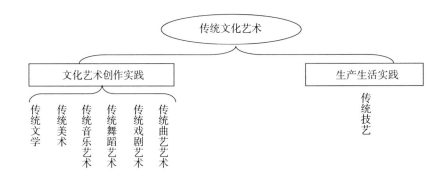

图 1-1　传统文化艺术的范围与类型

　　如图 1-1 所示，传统文化艺术包括传统文化艺术创作实践活动所形成的各类文学艺术作品，包括传统文学，例如传说、流传已久的民间故事等；传统美术，例如绘画、雕塑艺术、工艺美术、建筑艺术、书法艺术等；传统音乐艺术，例如传统民间小调、传统器乐演奏、传统说唱音乐等；传统舞蹈艺术，例如传说乐舞、祭祀舞蹈、古代武舞、有记载的民间舞蹈、杂技等以肢体造型、动作、表情表现出来的人体语言艺术；传统戏剧艺术，例如秧歌、皮影戏、傀儡戏、说唱艺术、各种地方戏曲、宗教戏剧等；传统曲艺艺术，例如评书、鼓词、弹词、快板、快书、相声等多种说唱艺术形式。同时，还有在漫长的生产生活实践中形成的传统技艺，例如剪纸镂刻、印染织绣、棉毛葛麻织、刺绣挑花、陶瓷制作、金属工艺、家具、漆饰工艺、传统服饰图案、扎彩等。由于科学技术的进步，过去主要服务于生产生活实践的各类传统技艺逐步被先进的技术和更为便捷的方法取代，而保留原生态的、以手工劳动制作为主的、具有独特艺术风格的传统技艺作为某种艺术方法或艺术手段保留了下来。

第二节　传统文化艺术的特征与表现

　　传统文化艺术与现代艺术相比较，因具有很多内在规定性而与现代文学艺术相区分，其中最为典型的特征是时空性和传承性，具体而言，从创作空间角度而言，它具有鲜明的地域性和民族性；从创作时间而言，又表现为清晰的传承性和变异性；从创作主体而言，由于历史久远而创作主体无法对应具体的人，是在历代传承中实现的，表现为不确定性或者群体性；传统文化艺术的存在形式经过历代传承，在现实中则更多表现为某种程度的公开性。这些内在规定性框定了与其他现代文学艺术作品相区分，成为知识产权制度介入的考量指标。

一、时空累积下的公开性

传统文化艺术诞生于漫长的历史岁月之中，是由生活在特定地域空间的族群，在当时的自然和社会环境以及生活情境之下创造的具有民族风格和地域特色的各种艺术表现形式，所谓"一方水土养一方人"更是"一方水土养一方文化"。从传统文化艺术诞生的空间场域来看，它属于特定群体在特定空间场域中生成和实践而成的智力成果，特定的空间场域包括自然生态环境、生产生活条件、人文风俗习惯等，在这种特殊的地域文化、自然生态环境和历史环境之中，独特的文化气质和审美情趣，独有的民族性格和信仰就此孕育。同时，传统文化艺术又反过来滋养和培育着生活在这片土地上的族群，给予他们源源不断的精神动力和智力支持。传统文化艺术成为维系本民族生存、发展和壮大的根本纽带和动力源泉，成为本民族区别于其他民族的民族特征和基本文化标识。

从时间维度来看，传统文化艺术具有长期性，最典型的表现就是历史悠久、世代相传、拥有百年历史等。很多国家在相关的法律法规和政策文件中明确将时间的久远作为传统文化艺术的衡量标准。从漫长的时间维度来看，传统文化艺术来源于民族或族群世世代代的生产生活实践中，又每时每刻融于生产生活中，因此，它与宗教信仰、婚丧礼仪、风俗习惯、生活方式、生产劳动、生存环境息息相关，同时又是这些因素充分交融、补充、借鉴和整合后艺术化的成果，在表现形式上复杂多样，既可以是具有固定物质载体的书画、剪纸、篆刻、曲谱等有形的存在形式，也可以是口传身授、具有某种共同的价值蕴意、口头说唱、普遍流传等无形的精神智力表现存在形式，或同时呈现有形与无形合二为一的状态。例如过年时贴的窗花剪纸有两条鱼图案，无形表达的是中国人希望"年年有余"的吉意，有形表达的是中国传统的剪纸艺术，集有形与无形于一体。对于很大一部分传统艺术缺乏有形载体，又缺少固定文字记述，它"活"在祭师、民间艺人或传承人身上（口头或表演），成为名副其实的活态文化，是一种典型的口头和非物质文化遗产。

在这样的时空累积之下，传统文化艺术自然而然在一定的地域和族群中具有了相对公开性。众所周知，一般的文学艺术作品在发表前通常来说是相对隐蔽和保密的，这也是为了保护创作人的权利，一旦作品发表之后便具有了公开性，会受到著作权法的保护。相比之下，传统文化艺术则有所不同，其是特定群体共同创作、培育、传承和创新的集合体，共同拥有、共同掌握，处于共有领域，没有刻意的保密措施，共享性高，且与日常生活关联度高，但它也不一定是每个群体成员共知的。伴随社会的发展进步，传统文化艺术也因年龄、性别、阶层等不同而掌握的层次也有所区别，逐渐呈现分化现象，公开性也是在一定的群体内发生。因此，传统文化艺术的公开性具有一定的相对性，既不同于传统公有领域的公共知识，又不同于完全私有化的个人私有知识，既具有一定的社会公开性，又不是完全符合知识产权制度所界定的公开性，这是传统文化艺术的一个典型特征。

二、传承叠加下的群体性

传统文化艺术与现代艺术创作最典型的差异是创作主体存在难以准确认定的问题。一方面，传统艺术创作可能是集体智慧的结晶，是生活在一定区域内的某个民族、本民族的某个村落或某些社会成员等，在漫长的精神生产和知识创新中孕育而成的智力成果。换言之，传统艺术的形成、发展不是靠单个社会成员的智力完成，而是由其所在的社群在长期生产生活实践中共同完成的，即在群体经验基础上形成的。① 另一方面，传统艺术创作主体的群体性还体现在族群的后继者通过传承前人，不断在模仿的过程中加入新的创意和创新，进而在传统艺术创作过程中实现新的演绎和发展，世世代代参与到本民族或本族群的文化艺术的传承发展之中。由此，我们可以看出，传统文化艺术的创作既不是某一个特定主体对个人思想、情感或愿望的表达，也不是某些具有权利清晰明确的创作主体共同完成的智力成果。在代代传承的叠加下，传统文化艺术表现为鲜明的群体性，这一群体可以表现为国家、民族或族群集体等。反过来，传统文化艺术在很大程度上反映了国家、民族或地区的文化面貌，是历史与时代在一定民族发展过程中的结晶和烙印，成为某一国家、民族区别于其他国家和民族的重要标识。

众所周知，知识产权制度对权利主体的认定是具体而清晰的，在此基础上才能有效地界定知识产权创作者、传播者、使用者等不同主体间的权利和义务，实现对精神智力成果的保护、传播、利用、创新的有效管理，平衡不同主体之间的权利关系，达到既能有效维护个人权益，又能促进社会科学文化发展。然而，传统文化艺术经过世代传承，随时代发展变迁，不断进行创作演绎，绵延不绝，在这延续而又缓慢的历史长河中，其文化艺术所表达的思想、精神和情感日益具有了本民族的群体普遍性，文化艺术创作风格、审美语言也日趋成熟固定，形成独有的文化艺术特色，传统文化艺术的创作主体的认定也显得更为困难。尽管《伯尔尼公约》（1971年文本）对此问题有特别的规定："由不明作者创作的作品是隐名作品的一种特例"，使得相当一部分身份不明的传统艺术创作者可以受到著作权

---

① 参见严永和《论传统文化表达的知识产权保护》，法律出版社 2006 年版。

法的保护。倘若传统文化艺术成果有具体的作者，如何对其进行认定？倘若不存在具体的作者，那么谁又能代表权利人来享有知识产权保护的权利并承担其责任？传统文化艺术成果的所有权、使用权和收益权难以进行主体认定和表达，这也成为传统文化艺术的主要特点之一和认定知识产权主体的困难之一。

三、主体模糊下的变异性

玛格丽特·米德（Margaret Mead）在《文化与承诺》中，从文化传递的方式出发，"将整个人类的文化划分为三种基本类型：前喻文化、并喻文化和后喻文化。前喻文化是指晚辈主要向长辈学习；并喻文化，是指晚辈和长辈的学习都发生在同辈人之间；而后喻文化则是指长辈反过来向晚辈学习"。[①] 基于此，我们可以看出，传统文化艺术属于典型的前喻文化，它不仅在历史长河中逐渐积累形成，同时伴随时代的发展和历史的变迁，它还在一代又一代人的继续中传承。当主体表现为某一群体或族群时，传统文化艺术就会在传承中具有更多的不确定性和变异性。

传统文化艺术首先是对"传统"的继承，包括在长期的历史发展过程中逐渐形成的表达风格、创作原则、体裁偏好、艺术语言、审美情趣、欣赏习惯等，这些因素具有相对的稳定性，由此也构成了一个民族特定的文化品质和独有的文化记忆，这些构成了它与其他异族文化相比所呈现的固有的民族特色，呈现出更强的稳定性和延续性。与此同时，传统艺术成果在传承的

---

① 冯英：《从回族文化看民族文化传统的传承特点》，载金星华主编《民族文化理论与实践——首届全国民族文化论坛论文集》（上册），民族出版社2005年版，第512页。

过程中并非固定不变，在时间流变过程中并不是简单的复制，而是以动态"滚雪球"的方式吸纳不同历史时期、不同民族、不同地域的文化，在"传统"的基础上有所变异和创新，经过历代不同族群的加工、融汇而呈现不同的艺术风格和特色，进而产生新的传统文化艺术表现形式。因此，与传统文化艺术传承性和稳定性相比，表现为某种变异性的"活态"传承也是传统文化艺术的又一重要特点。

传统文化艺术的变异性表现为在不断的更新或创新中，有的是传承人基于自己的情感与艺术表现力进行修改，可以说是在继承中的发展；有的因时代的不同而不断变化，以适应新的情况；有的因地理条件的变化而造成方言、气候、风俗、景物等情况的变化因而发生变化；有的因地域的不同而产生了变异，在不同的地方有不同的说法；还有的是因为在流传中发生遗忘，作品变得不完整；等等。伴随时空延展，传统文化艺术总会存在一定程度对旧有要素的变异和增添新元素的创新。著名舞蹈家杨丽萍谈到传统舞蹈动作的继承与创新时说："比如花腰彝，四大腔五大腔，旋律也很美，脚上的动作很多。但是一直是一个圈，这样就会很单调。包括舞台上都会很单调。我就跟她讲，手上的动作可以变化，比如和别人拍，或是拍地，或是加快。这样会更好看，但一点也没有改变它。"[1] 著名舞蹈艺术家资华筠女士对杨丽萍的《云南映象》的评价是"深厚的继承性与非凡的创造力"：一方面，其艺术原动力来自深植于云南沃土的原生态民族歌舞固有的生命力，采精气于众多对民族艺术有着深厚情感、执着信仰，前赴后继地奋斗过、奋斗着并有所作为的文艺家。另一方面，《云南映象》也迸发着非凡的创造力。杨丽萍领衔的创作集体，对散见于云南——自然传衍着的各民族原生态舞蹈进行了更为深入、广泛的开掘，即使对云南舞蹈

---

① 马戎戎：《云南映象：民族文化保护的杨丽萍模式》，《三联生活周刊》2004 年 4 月 15 日，转引自 http://old.lifeweek.com.cn//2004/0415/8425.shtml。

并不陌生的人，也会从《云南映象》中看到新鲜的舞蹈形象和蓬勃的活力。基于采风所下的真功夫，才能对原生态舞蹈的审美取向有独到的眼光，并在深厚积累的基础上准确提炼出它们的优质基因——"系着土风升华"。飞得多高也与大地连着根，飞得多远也没有失去家园的亲情。这种对美的"发现"呈现出非凡的创造才能，将那些深含于民族舞蹈之中——又未被人们经意的基质，予以提炼、浓缩、铺张、强化、升华，有如独具慧眼的智者，将深埋于泥土的珠玉拭去尘埃，适度雕琢，穿缀成链，使其发出本真的光泽——直逼假首饰的"耀眼"，令其相形见绌！① 此外，还有如被称为"百戏之祖，百戏之师"的昆曲，是中国最古老的戏曲声腔剧种，晋剧、川剧、粤剧、滇剧等许多剧种正是以昆曲为基础发展出来的。这些都彰显了传统艺术并不是停留在过去的记忆，而是真正活生生的并且一直处于发展之中的艺术形式。

英国历史学家曾说，在近六千年的人类历史上，出现过 26 种文化形态，只有中国传统文化体系长期延续发展而从未中断过。历史上，不少灿烂文化因为异族的入侵而中断或异化，如希腊、罗马文化因日耳曼人入侵而中断沉睡了上千年；印度文化因雅利安人入侵而雅利安化；埃及文化因入侵者的轮换而不断改变自己的面貌：曾经一度希腊化，后又罗马化，再后又伊斯兰化。中国传统文化却大不相同，魏晋南北朝时期的分裂、十六国时期的五胡乱华，两宋时期契丹、女真的相继南下，乃至蒙古人、满人入主中原，都未能中断中国传统文化；反而是征服者的文化被征服、被同化、被融合。② 由此可见，我国传统文化艺术在漫长的历史演变过程中，具有顽强的生命力

① 参见资华筠《灵肉血脉连着根——〈云南映象〉观后》，《中国艺术报》2005 年 5 月 6 日。
② 参见朱耀廷主编《中国传统文化通论》，北京大学出版社 2005 年版，第 7—8 页。

和应变能力，也恰恰是因为这种长时间维度的传承和变异过程，会被人们普遍认为传统文化艺术就是属于公共领域，这也为传统文化艺术的保护特别是知识产权保护带来众多的难题和障碍。

第二章

传统文化艺术保护的缘起与探索

第一节 传统文化艺术保护的缘起

传统文化艺术是文化概念范畴中较为独特的表现形式，其本身所具有的民族性、复杂性和多元性，以及自身所承载的悠久而厚重的历史积淀，使得传统文化艺术的保护也呈现曲折和反复。在国际社会范围内，对传统文化艺术保护的共识也并非一蹴而就形成的。在漫长的时间推移和曲折的空间变换中，传统文化艺术遭遇了跨越时空的侵占、歪曲、毁坏，甚至消失，那些古老而拥有丰富传统文化艺术的民族和国家在对殖民主义和文化霸权抗争中不断觉醒，世界各国对文化权利、文化多样性以及社会正义的不断反思中逐步生成对传统文化艺术保护的自觉和认识。传统文化艺术保护成为国际社会备受关注的问题，其累积了历史和现实的原因，依托于对维护人权、追求正义等理论的进步和实践要求，最终促使国际社会对传统文化艺术保护达成共识。

一、发展中国家对文化霸权抗争的历史渊源

文化霸权主义深深植根于殖民主义的土壤中，在长达几个世纪的西方殖民扩张和统治中，殖民地国家和民族掀起反对文化霸权，主张文化民族主义的浪潮从未间断。回望历史，15 世纪地理大发现和新航路的开辟拉开了近代殖民扩张的序幕。在资本原始积累时期，欧洲殖民国家通过对外扩张掠夺土地和财富，以及海外贸易和贩卖奴隶等方式，在非洲、北美洲、大洋洲的许多国家和地区建立殖民地，攫取巨额财富。同时，更是将宗教、制度、

文化等传播到殖民地国家。旧殖民主义时代，西方强势文化对弱势文化的扼杀和征服就是伴随殖民者对被殖民地人民武力征服或暴力屠杀进行的。基于征服者的视角，西方世界始终站在强势文化的制高点，对处于弱势的非洲、美洲以及东方文化始终充满鄙视的好奇和无法接受的偏见，更不能也不愿意理解这些文化背后的深刻文化内涵。西方世界没有也不愿意意识到的是，所有知识都可以从其不同的政治、文化和方法论背景来考察，没有任何理论是客观的。^① 正如一位传教士见到印第安人后所说的：“在我们欧洲人看来，他们的装饰和化妆简直莫名其妙。原本一张简单的脸，现在涂抹了红、白、绿、黄、黑诸色……野蛮人的装扮十分讲究。他们不仅美化面孔，还美化了脑袋。他们的脑袋几乎全剃光了，只在头顶处留几撮头发，用来系羽饰、挂小瓷片或是其他类似的小玩意儿。”^② 这些自认为来自文明世界的西方白人，即便是曾经在欧洲遭受迫害的清教徒或者被流放的囚犯，依然拥有无可比拟的自我优越感，视印第安人和土著居民为“残酷的原始人，甚至是撒旦的子孙”，更无法理解祭祀太阳的“太阳舞仪式”等各种印第安土著文化节日背后所蕴藏着的敬畏自然，与自然亲近和谐共处的独特的文化内涵。^③ 伴随殖民扩张和侵略，文化霸权和西方文化强势地位在对殖民地土著居民的长时期“精神洗脑”中日益巩固，少数族群和土著居民所曾拥有的古老的文化资源，独特的文化特性和民族意识逐渐淡化，乃至失真，独具特色的艺术逐渐因外来文化的侵袭而日渐衰微，直至消亡。

18 世纪，英国工业革命开启了西方国家殖民扩张的新阶段。工业革命以先进的机器取代落后的人力，以规模化工厂生产取代个体小作坊的手工生

---

① 参见姜飞《跨文化传播的后殖民语境》，中国人民大学出版社 2005 年版，第 116 页。

② ［法］菲力浦·杰克恩：《印第安人：红皮肤的大地》，余中先译，汉语大词典出版社 2001 年版，第 132 页。

③ 参见艺衡、任珺、杨立青《文化权利：回溯与解读》，社会科学文献出版社 2005 年版，第 170 页。

产，使资本主义生产完成了从工场手工业向机器大工业的过渡和蜕变，这推动了西方殖民者向世界急剧扩张。在非洲、美洲成为西方殖民地之后，西方殖民者将重点转向了历史文明古老而悠久的东方。19世纪末，西方资本主义国家进入帝国主义阶段，瓜分世界的狂潮再现，与军事、政治、经济等侵略相伴随的文化扩张更肆无忌惮，古老民族的古老文化艺术被边缘化、贬低、破坏、消亡。从1415年葡萄牙人在北非摩洛哥建立第一个殖民据点算起，到19世纪末殖民国家及殖民地已经占到了全世界85%的陆地面积，从非洲到美洲、从亚洲到大洋洲，到处都留下了殖民者的足迹。英国经济学家杰文斯在1865年曾这样描述："北美和俄国的平原是我们的玉米地，加拿大和波罗的海是我们的林区，澳大利亚是我们的牧场，秘鲁是我们的银矿，南非和澳大利亚是我们的金矿，印度和中国是我们的茶叶种植园，东印度群岛是我们的甘蔗、咖啡、香料种植园，美国南部是我们的棉花种植园。"在殖民主义的权力构架里，文化渗透和扩张同军事、经济、政治同道并行，通过宗教、意识形态、生活方式、价值观输入等潜移默化的文化渗透的方式，实现对文化弱势方殖民地的文化控制和精神支配，文化殖民或文化霸权逐渐形成，并日益走向强势，并与西方政治和经济霸权相互配合支援，构成了西方霸权主义。总之，利用文化本身的特性对殖民地人民和弱势文化进行手段温和、潜移默化、深入底层的文化破坏和消灭，西方殖民者逐渐探索出运用文化间接的、更为隐秘的甚或"和平友好"的殖民侵略途径。

20世纪两次世界大战结束后，世界格局发生巨变，以美国为首的西方发达国家开启了与旧殖民主义不同的新殖民时代，这里的"新"表现在与旧有殖民主义不同的经济、政治和文化侵入方式和手段上。第二次世界大战削弱了帝国主义国家的实力，亚、非、拉等殖民地人民的力量在反法西斯的战争中日益壮大，掀起了世界范围内的民族独立运动的浪潮，在这样的世界格局下，促进世界和平和发展才是顺应时代发展潮流和世界各国人民的根本利益。对此，以美国为首的西方国家迫于大势，表面上承认亚、非、拉殖民地和附属国人民的独立权利，而实际上仍不曾放弃对新独立国家的政治和经济控制以及文化渗透，重点开掘包括大众文化、文化产业、文化产品等文化输出路径，潜移默化、持续不断地将西方价值观和意识形态输入新独立的民族国家，继续为维护其文化霸权和霸主地位服务，更为其顺利开展经济渗透和政治控制提供保障。后殖民主义批评家詹穆罕默德（Abdul R.JanMohamed）把殖民主义划分为"统治"（dominant）和"霸权"（hegemonic）两个不同阶段，"统治"阶段起作用的主要是物质和制度的力量，殖民者直接以军事占领和殖民统治迫使殖民地人民就范；"霸权"阶段，殖民地人民已经部分或者全部地接受了殖民地的价值体系，包括西方的世界观、道德准则、文化趣味，在这一阶段起作用的便主要是殖民话语力量，殖民者的政治、经济、军事力量退隐到幕后或作为背景因素存在。[①]1978年，美国哥伦比亚大学的巴勒斯坦裔教授爱德华·赛义德（Edward W.Said）出版了《东方学》一书，指出西方世界对东方文化存在根深蒂固的文化偏见，这种偏见构成发达的"殖民话语"的组成部分，并与帝国主义的殖民扩张形成了一种历史的同谋关系：西方与东方的二元对立，暗含了对立中的等级机制与权力结构，是一种西方文化人用来统治、支配东方的殖民话语，因此也是西方文化霸权的体现。赛义德认为文化霸权主义与文化帝国主义是相通的两个概念，文化已然参与到帝国主义的事业中来，"简言之，帝国主义就是建立与维持一个帝国的过程和策略，在我们的时代，直接的殖民主义已在很大程度上完结，然而我们将看到，帝国主义仍以其在政治、思想、经济与社会实践中的特有形式，在普通文化领域中徘徊"[②]。

相比军事帝国主义、经济帝国主义，文化霸权主义对本国与发展中国家的少数民族、土著居民等的民族文化发展产生隐形的巨大的破坏。西方国

---

① 参见张其学《关于"文化霸权"概念的再思考》，《广东社会科学》2005年第5期。
② ［美］爱德华·W.赛义德：《赛义德自选集》，谢少波、韩刚等译，中国社会科学出版社1999年版，第189页。

家凭借经济帝国主义和军事帝国主义的优势构筑了坚固的文化帝国主义堡垒，著名国际政治学家汉斯·摩根索（Hans J.Morgenthau）认为："文化帝国主义如果单凭自己的力量而能获得成功的话，则是最成功的帝国主义政策。它的目的不在于攻占他国的领土，或控制其经济生活，而在于征服和控制人的头脑，作为改变两国权力关系的工具。"[①] 文化的殖民、思想的殖民和精神上的殖民比土地的殖民更可怕。同样，马克思也指出："报刊、教堂讲坛、滑稽小报，总之，统治阶级所掌握的一切工具则人为地保持和加深这种对立……这就是资本家阶级能够保持它的权力的秘密所在。这一点资本家阶级自己是非常清楚的。"[②] 通过文化和意识形态在民族精神和心理上对被奴役人民进行控制就是从根本上实现对殖民地更彻底、更深层次的统治。自二战以来，美国一跃成为世界霸主，半个多世纪以来，美国以"山巅之城"标榜而文化优越感十足，不遗余力地向全世界推广其大众文化，宣传美式民主观念。通过"和平演变"不费一枪一弹赢得了冷战的胜利，通过"颜色革命"在东欧和中亚地区进行政治控制，通过"富布莱特项目""全球文化计划"拓宽对外文化宣传和文化渗透。此外，以美国为代表的西方国家借助现代化的手段和先进的媒介传播途径，通过大规模地制作和输出文化产品，凭借电影、电视、图书、音乐等各种各样的方式和手段不断蚕食少数民族文化和土著文化。冷战以后，整个世界市场向美国产品开放，美国充分利用知识产权制度，并将其与贸易紧密挂钩，美国的娱乐产品、大众文化和电脑软件的国际销售量直线上升，文化科技产品的出口已经远远超过了传统工业品和农产品，成为美国最大的出口项目。西方学者伯努瓦（Alain de Benoist）指出："一件有利于理解文化全球化性质的新奇事物，即资本主义卖的不再

---

① ［美］汉斯·J. 摩根索：《国家间的政治——为权力与和平而斗争》，杨岐鸣等译，商务印书馆 1993 年版，第 90 页。

② ［德］马克思：《马克思致齐·迈耶尔和奥·福格特（1870 年 4 月 9 日）》，载《马克思恩格斯选集》第 4 卷，人民出版社 1995 年版，第 591 页。

仅仅是商品和货物，他还卖标识、声音、图像、软件和联系。这不仅仅将房间塞满，而且还统治着想象领域，占据着交流空间。"① 美国电影产量占据世界 6%—7%，却占据世界银屏播放时间的 50%，非洲、亚洲发展中国家的年轻人穿着象征美国西部牛仔的牛仔裤，吃着麦当劳，喝着可口可乐，看着好莱坞大片，"使美国的敌人也为之着迷"的欧美文化产品铺天盖地地涌向全球，影响和左右着弱势文化国家的人们的思想，将曾经以"冷暴力"著称的文化霸权以更为轻松休闲和易于接受的方式从后台走向前台，构成了当代世界的主流文化和范式文化，对于广大发展中国家的传统文化和民族文化形成了更为巨大的杀伤力。

事实上，美国的文化产品早已超越产品本身的价值，而成为美国输出意识形态、价值观念、思维方式和生活方式的工具，它使得发展中国家和处于弱势文化群体在"无意识"的快乐和轻松中接受和认同美国文化，甚至对本民族的传统文化及价值观念产生怀疑和动摇，从自我怀疑走向了自我否定，最后自我抛弃。美国学者弗里德曼（Jonathan Friedman）也明确指出，文化帝国主义是"帝国主义本质内容的一部分，使特定的以美国文化为中心的西方文化，不断通过文化霸权增加其影响力，使美国的价值观、消费产品，及其生活方式广为流传到世界其他地方"。② 我国学者姜飞在其著作中将文化的新殖民界定为"一种强势文化的霸权性实施"，并将其分为三个阶段，分别是霸权想象、霸权认定和霸权实施。霸权想象意指西方强势文化通过媒介将各种典型的象征符码化植入弱势文化群体之中，激发他们的想象力，构筑想象中的西方帝国；霸权认定则是当弱势文化群体中的一部分人直接接触或感受所谓的强势文化时，过去构筑的想象与现实进行简单置换，使其抛弃"自我"并果断地认定拥抱强势文化；所谓的霸权实施就是由这些人

① 王列、杨雪冬编译：《全球化与世界》，中央编译出版社 1998 年版，第 10 页。

② Friedman J., *Cultural Identity and Global Process*，London：Sage，1994，p.195.

回到弱势群体之中，以"舆论领袖"的地位激发新一轮的霸权想象，当所有这一切都已构筑完毕，则西方媒体和文化产品大举进入之时，即是霸权文化的实施之时。[①] 现在几乎全球每个地方都能感受到美国大众文化的存在，都能体会到美国文化空前的扩张强势。

文化霸权主义衍生出的文明优越论和文化中心主义者为了抬高自己的文化而贬低其他的文化，认为所有与自己的规范、习俗、价值观、习惯和行为模式相偏离的东西都是低劣的、值得怀疑的，甚至通常是变态的和不道德的。[②] 当前，西方国家把控全球范围的文化话语权，将西方文化和西方价值观构筑成世界主流文化，而大多数非西方国家和少数民族的非主流文化或"亚文化"成为被歧视的对象，那些拥有悠久历史的发展中国家的传统文化和艺术更是首当其冲。出于这样的傲慢，西方文化强势国家将那些生长在广大的发展中国家或土著民族的陈旧的、古老的传统文化、传统艺术和传统知识置于公共领域，当作人类共有的文化资源肆无忌惮地享用。

面对潜移默化且来势汹汹的文化霸权主义的侵袭，处于文化弱势地位的各国也日益觉醒，并掀起了与之对抗的民族主义浪潮。如同"人生而平等"一般，各个民族、国家之间应该是平等的，其各民族独有的文化艺术也没有高低贵贱之分，既不能强迫其他民族改变自己的文化，也不应盲目模仿其他民族的文化。1965 年，一位非洲批评家恩克鲁玛（Kwame Nkrumah）就这样看待美国传媒娱乐业及其所代表的西方价值观和意识形态对非洲观众的影响："神气的好莱坞电影是别有用心的，我们只需要听一听非洲观众在看到好莱坞英雄们屠杀印第安土著人或者亚洲人时爆发的喝彩声便可以理解到这一

---

① 参见姜飞《跨文化传播的后殖民语境》，中国人民大学出版社 2005 年版，第252 页。

② 参见［德］马勒茨克《跨文化交流——不同文化的人与人之间的交往》，潘亚玲译，北京大学出版社 2001 年版，第 149 页、第 16—19 页。

武器的有效性。"^①西方文化霸权政策激起了发展中国家甚至某些发达国家的批评和反抗,抵制文化霸权、保护传统民族文化的文化民族主义随之高涨。"民族主义情感,在于文化的熏陶和教化,是一个人心性、精神和情感结构的一部分,从而也是一个人的生存状况和条件。"^②文化民族主义表现为一种维系本民族情感,振兴本民族文化艺术,弘扬本民族文化标识,凝聚本民族文化认同,并以此滋养和培育深厚的民族精神,其核心意旨是在本民族的文化权益是开展世界范围内文化交流的前提和基础。有学者指出,文化民族主义与政治民族主义、经济民族主义一道形成完整的民族主义谱系,在民族主义话语中各有其不同的历史定位。政治民族主义起源于法国大革命,强调按照人民主权原则建设现代民族国家。文化民族主义起源于德国,强调保持民族精神和文化传统。^③总之,对抗几个世纪以来的文化霸权主义,那些拥有历史悠久且丰富多彩的传统文化资源的发展中国家掀起了世界范围内文化民族主义浪潮,他们谋求自身文化独立,特别是在国际社会文化交流以及经济贸易活动中,致力于保护和弘扬本民族的传统文化艺术,积极促进本民族文化发展的国际制度建构,这种对传统文化艺术保护的合理性、迫切性和价值诉求构成了文化民族主义对文化霸权主义反抗之后的理性判断和必然追求。

二、全球化之下文化同质化对文化多样性的现实威胁

文化因其内涵丰富、外延广阔而呈现多姿多彩的文明景象。全世界有70多亿人口,2000多个民族,200多个国家和地区,不同的国家、民族拥

---

① 艺衡、任珺、杨立青:《文化权利:回溯与解读》,社会科学文献出版社 2005 年版,第 308 页。
② 徐迅:《民族、民族国家和民族主义》,载李世涛主编《知识分子立场——民族主义与转型期中国的命运》,时代文艺出版社 2000 年版,第 30 页。
③ 参见康晓光《文化民族主义论纲》,https://www.idpi.cn/xindetihui/94213.html。

有不同的历史、语言、文化、艺术、宗教信仰和价值观等。任何文化都有其独一无二的禀性和气质，这种独特的文化特征是各民族在漫长的历史岁月中形成的对自然、对世界、对人类自身认知的反映。所谓"一花独放不是春，百花齐放满园春"，只有各种文化百花齐放，才会有人类文明的春天。因此，从维护人类文化生态平衡的视角来看，文化多样性有利于人类文明的坚韧、平衡、稳定和强健，有利于不同文化在相互对话、交流和碰撞中不断进步和超越，而单一性则容易破坏生态平衡，进而导致固化、脆弱，甚至畸变。倘若世间只有一种语言、一种文化、一套标准，也就不存在人类文明了。正如季羡林先生所言："一个统一的、单一的'全球'文化，是人类文化发展的歧途，是人类发展的悲剧。"① 香港社会学家胡国亨也认为："将不同地区的文化趋向统一化，等同将其他文化淹没，等同人类文明生存的弹性降低。"② 正因为文化具有多样性，多元文化主体才能在对话、交流过程中相互借鉴、取长补短，实现本民族文化的传承、发展、进步和创新；正因为文化具有多样性，今天信息时代背景下知识经济的发展才有文化源泉、动能和潜力，才能创造更为灿烂的人类文明图景。

坚持文化多样性也是承认各民族最基本的思想权利和价值选择权利。在 2001 年联合国教科文组织第 31 届会议通过了《世界文化多样性宣言》中就明确指出捍卫文化多样性是文化伦理和文化生存的迫切需要。一方面，文化权利是人权的重要组成部分，任何文化都是历经漫长的历史和竞争的考验，都有其存在的合理性，不同民族和不同文化之间不具有价值上的可比性，他们都对人类文明和人类社会的发展做出重要贡献，都具有极为重要的意义，这些不同民族的文化都应当得到尊重。不同民族的民众能够选择自己的母语来表达思想和进行艺术创作，能够受到具有本民族特色的教育和培

---

① 季羡林：《东西文化议论集》，经济日报出版社 1997 年版，第 358 页。
② 贾乐芳：《知识经济与文化多样性》，《唯实》2004 年第 1 期。

训，能够选择享受和从事本民族特有的文化艺术生活和文化艺术活动，特别是尊重少数民族和土著人民的文化权利，这些恰恰是人权内涵的体现。另一方面，从文化实践角度而言，面对文化霸权主义的侵袭，世界上各民族，特别是发展中国家的各民族激起维护本民族文化身份、强化民族文化认同、增进民族文化自豪感的民族情绪，这又进一步促进了更广泛、更坚定的尊重和维护文化多样性的全球行动。从 2001 年《世界文化多样性宣言》敦促各国在承认文化多样性、认识到人类是一个统一整体和发展文化交流的基础上，开展更广泛的团结互助和国际合作，到 2005 年《保护和促进文化表现形式多样性公约》中确认文化多样性是人类的一项基本特性，文化多样性已成为世界各国开展文化交流和相关贸易活动所秉持的基本共识和原则。"文化多样性"的定义也日益具体和详细。《世界文化多样性宣言》中指出：文化在不同的时代和不同的地方具有各种不同的表现形式，这种多样性的具体表现是构成人类各群体和各社会的特性所具有的独特性和多样化。[①]《保护和促进文化表现形式多样性公约》则明确文化多样性是指各群体和社会借以表现其文化的多种不同形式。这些表现形式在它们内部及其间传承。文化多样性不仅体现在人类文化遗产通过丰富多彩的文化表现形式来表达、弘扬和传承，也体现在借助各种方式和技术进行的艺术创造、生产、传播、销售和消费的多种方式。[②] 由此，传统文化艺术作为最能鲜明体现一个民族或一个国家文化特色的文化要素，也是文化多样性的重要组成部分，同时，涉及传统文化艺术的创新、传播、销售和消费等都是尊重文化多样性的重要内容。

　　然而，当我们探讨维护文化多样性的现实正当性时，应当看到它并不仅仅来源于对过往历史的怀旧情结，也不仅仅来源于对民族或国家共同体集体乡愁的纪念缅怀，也不能简单地认为其就是驳斥文化霸权主义背景下狭隘

---

① 参见《世界文化多样性宣言》第 1 条。
② 参见《保护和促进文化表现形式多样性公约》第 4 条。

的文化民族主义的斗争成果，这种现实正当性更主要是由于时代变迁以及经济全球化所带来的文化同质性的威胁。众所周知，全球化已经成为一个突出的历史现象，也成为研究现当代历史和人文社会科学相关问题所不能回避的重要常量。马克思从他所生活的时代出发就敏锐地发现全球化本质上是资本主义全球化。资产阶级开拓了世界市场，所有国家的生产消费都被联系在一起，在资本到达的地方，原有的旧的生产方式被资本主义的生产方式取代。在《共产党宣言》中，马克思、恩格斯就论述了资本主义将带来的全球性变革："一切固定的僵化的关系以及与之相适应的素被尊崇的观念和见解都被消除了，一切新形成的关系等不到固定下来就陈旧了。一切等级的和固定的东西都烟消云散了，一切神圣的东西都被亵渎了。人们终于不得不用冷静的眼光来看他们的生活地位、他们的相互关系。"① 伴随生产的扩大，产品的销路也不断扩大，资本主义国家开始在全球范围内建立生产和销售渠道，在这个过程中，资本主义生产关系也随之进入了全球性的扩张阶段，资本增殖的必然结果就是全球化。因此，全球化本质上是资本主义的全球化，马克思、恩格斯并不认为全球化会给殖民地人民带来福音。在 1844 年《政治经济学批判大纲》中，恩格斯指出："你们消灭了小的垄断，为的是使一个巨大的根本的垄断，即私有制能够更自由地漫无止境地发展起来；你们把文明带到世界的各个角落去，为的是多去新的天地来施展你们的卑鄙的贪欲；你们使各民族结为兄弟，但是是盗贼兄弟。"② 因此，马克思批判资本主义全球化是伴随着暴力和暴力反抗，谴责资本主义全球化过程中的残暴行为，例如马克思 1853 年在《纽约每日论坛报》上发表了《不列颠在印度的统治》就批判了英国对印度殖民统治的罪行，同年还发表了《中国革命和欧洲革命》，深刻而客观地分析了鸦片战争以后的中国社会的特点，揭露资本主义国家对华

---

① ［德］马克思、恩格斯：《共产党宣言》，人民出版社 2014 年版，第 30—31 页。
② 《马克思恩格斯全集》第 1 卷，人民出版社 1956 年版，第 602 页。

战争的侵略本质和血腥暴行。同样，恩格斯也发表了《英人对华的新远征》等文描述了英帝国主义对中国的侵略战争。全球化不仅将世界各国的经济活动紧密连在一起，深刻影响人类的经济发展进程，而且对各国各民族的文化也产生着巨大影响。

美国社会学家罗兰·罗伯逊（Roland Robertson）指出，全球化不是单纯的经济问题、政治问题、社会问题或国际关系问题，而首先是一个文化问题，因为全球化作为一个整体首先是一个社会文化"系统"。[①] 全球化之下的文化的功能超越了原本具有的教化功能、审美功能，衍生出更为丰富的经济功能、消费功能。伴随西方工业化背景下产生的娱乐产业和信息化背景下形成的新媒体文化产业，各种各样的承载着西方文化特点和价值观的文化产品通过全球化的商业途径走向了世界各国。文化与经济紧密地捆绑在一起，经济上的强大衍生出文化上的优势，经济上的强权衍生出文化上的强权，西方国家所拥有的强大经济实力是其文化输出的强大后盾。借助全球化的浪潮，西方文化通过贸易渠道进行单向输出和理性扩张，运用西方文化话语，全方位地消解和吞噬着非西方民族的文化个性和历史传统，发展中国家的思想意识、价值体系、民族文化与信仰受到严重挑战和动摇，甚至人们的潜在欲望、需要和心理受到西方文化的左右，从而使得这些国家的社会发展失去了正常的社会心理基础。因此，文化冲突在更大程度上演变为一种社会心理冲突。[②] 经济全球化是一把双刃剑，一方面可以拉动不同民族、国家去遵循同一经贸规则，参加经济全球化和科技全球化以及金融等领域大循环，形成全球统一的大市场以促进发展。另一方面，它又会消弭不同民族的特点和国家的文化个性，使其丧失自我发展的内涵支撑。更为严重的是，全球化最终可能引发文化趋同和单一文化的危险。在国际贸易和经济发展处于弱势的国家

---

① 参见罗成琰《全球化背景下中国文化的创新》，载《全球化背景下中国文化竞争力研究》，中国时代经济出版社 2004 年版，第 78 页。

② 参见缪家福《全球化与民族文化多样性》，人民出版社 2005 年版，第 226—227 页。

和民族很难在发达国家对其经济生活的干涉和控制中保持独立自主，将渐渐地在经济和文化上不断妥协，并走向与发达国家趋同的道路，丢掉了自己的文化个性和文化差异性，使其传统文化被瓦解，使文化多样性陷入危机。

文化全球化对文化多样性带来了严峻的挑战。有学者认为作为一个概念，全球化就自然而然有了一种含蓄的力量"趋向于单城性"。所谓单城性是一种感觉，即世界在历史上正在变成一个具有单一的社会与文化背景的世界。在过去，如果说有可能把社会、文化进程与实践理解为是一整套地方的、相对来说是"独立的"现象的话，那么，全球化则使世界成为一个"单一的地方"。① 因此，经济全球化强调各国贸易环节中规则统一，标准统一，而表现在文化领域，则会促成文化类型化、单一化、趋同化。例如，从世界语言语种数量来说，据统计，世界上原有的大约 6000 种语言有 20%—50% 已经失传。有科学家指出，在 21 世纪，平均每年将有 20 种语言消亡，到 2100 年，可能将有 90%—95% 的语种消亡或趋于消亡。② 语种消亡甚至比物种的灭绝速度更快，其后果也是严重的，减少了一种语言就意味着减少了一种文化和生存的方式。传统文化的灭失，将导致传统部族身份的丧失、文化记忆失真甚至部族本身的灭失。除了语言以外，少数民族和土著族群的消失速度也是惊人的，据统计，在 20 世纪上半叶，因环境破坏、传统文化灭失等原因，大约有 85 个巴西印第安部落灭绝；在亚马孙河流域，20 世纪平均每年有一个美洲印第安部落消失。③ 伴随少数民族和土著族群的消失，大量的有形或无形的文化遗产和传统艺术也都将不复存在。为弥补和挽救这些渐渐远离世人，终将不复存在的文化艺术，曾经一位充满争议的摄影师爱

---

① 参见［英］约翰·汤姆林森《全球化与文化》，郭英剑译，南京大学出版社 2002 年版，第 13—15 页。

② 参见梅臻《中国民间文学艺术作品的版权保护研究》，载郑成思主编《知识产权文丛》（第 10 卷），中国方正出版社 2004 年版，第 367 页。

③ See Shahid Alikhan and Raghunath Mashelkar, *Intellectual Property and Competitive Strategies in the 21st Century*, Kluwer law International, 2004, p.76.

德华·柯蒂斯（Edward S. Curtis）从 1898 年开始花了 30 年的时间，拍摄
和记录了 80 多个美国印第安土著部落的生活，并整理成 20 卷的名为《北
美印第安人》的巨作，共近 6000 页和 1500 张手工印刷的凹版照片，全面
展现了北美印第安人的生产生活方式、风俗习惯、宗教信仰和文化艺术，包
括毯子的编织、面具的造型、哈瓦赫图案、印第安人的头饰、印第安舞者的
姿态等。此外，一些国家的传统的文化艺术也面临消失的危险，包括建筑、
手工艺品、民间舞蹈、民歌民谣、传统服饰、神话传说、古籍整理等诸多方
面都缺乏必要的保护。具体到我国，如传统木版年画，除专家、学者、外国
人外，很少有人问津；剪纸，现在学习的人主要是农村妇女，年轻人并不重
视它的传承；皮影，原来在大江南北演出，但现在的演出范围越来越小，团
体越来越少。据广西文化部门材料介绍，新中国成立初期，广西地方剧种有
18 个，如桂剧、壮剧、彩调剧、粤剧、丝竹戏、采茶戏、牛歌戏、牛娘戏、
鹿儿戏等，但是到了 20 世纪末，除了桂剧、壮剧、彩调剧、粤剧等少数几
个，其他剧种多已难得一见。如此精彩、丰富、多样、多元的文化艺术不能
被很好地传承保留下来，而经济捆绑下的文化交流就会演化成某一种单一的
文化势力在世界范围内的单向输出，文化趋同化将越来越严重，人类文明生
态将破坏，反过来也会影响到国际政治生态和经济生态的良好发展。在风起
云涌的经济全球化和贸易全球化的背景之下，保留和追求文化多样化的制度
尝试和国际努力是在 20 世纪才开始。法国在 1993 年乌拉圭多边贸易谈判
中，针对美国要求欧洲开放文化产品市场尤其是视听市场的条款时，法国正
式提出了"文化例外"原则，即文化产品不是普通商品，它既有商品的属
性，又有精神层面和价值观层面的内涵。文化不能屈从于商业，贸易自由化
原则不适用于文化产品和文化服务，所以应该将它们从贸易自由化的谈判中
排除。法国强烈反对将文化、视听及服务产品等同于一般商品，任其自由流
通。法国的这一提议在相关国际贸易协定和规则制定中产生深远影响。作为
一个历史悠久、文化多元的欧洲传统国家，法国对本国文化受到全球化的威

胁而深感忧虑。在 1998 年经济与合作组织关于投资的多边协议谈判中，法国继续坚持这一立场，但由于孤军奋战，最终使谈判趋于流产。这里值得补充说明的是，其实，"文化例外"的原则和信条由来已久，最早在 1947 年关税和贸易总协定（GATT）中初见端倪，而且美国曾经也基于自身文化产业的发展提出过相关的举措。1950 年，美国在联合国教科文组织主持订立关于文化资产在国际上自由流通的准则性文件《教育、科学和文化物品进口协定》（简称《佛罗伦萨协定》）时，坚持在该协定之下附加一个修正性的议定书，该附加议定书从文化产业的安全角度出发，规定当某一物品的进口出现相对增长有可能严重损害美国国内同类产品生产时，美国可以完全或部分终止其根据《佛罗伦萨协定》对该项物品所承担的义务，其实质便是一种"文化例外"措施。尽管当时并没有明确提出"文化例外"这一原则，但具体措施已经是这一原则的体现。1988 年，"文化例外"被写进美国—加拿大《自由贸易协定》中，后在加拿大的坚持下，还被移植到美国、加拿大、墨西哥于 1992 年签订的《北美自由贸易协定》中。该协定总则规定取消绝大多数产业部门的投资限制，但加拿大的文化产业（以及墨西哥的石油业和美国的航空与无线电通信）除外。而"文化例外"原则真正作为一项基本原则提出来，并被广泛运用在各种贸易谈判中的是法国。20 世纪 80 年代，法国时任文化部部长雅克·朗（Jack Lang）主张"文化例外"原则，并在此后的各种国际贸易谈判中坚持此项原则，特别是在世界关贸总协定的乌拉圭回合谈判中更是运用得炉火纯青。

进入 21 世纪，法国对这一问题有了新的认识，认为"文化例外"已不再能准确、全面地表达自己针对这一问题的想法，因为文化产品有价值观的一面，也有商业性的一面。特别是 2001 年"9·11"事件让世人看到，缺乏文化方面的理解和沟通是造成某些西方国家与其他地区冲突的一个重要原因。法国并不赞成"文明冲突"的说法，它认为要想实现反恐这一目标，必须加强各民族、国家之间的对话，增进彼此间的文化交流。为了在全球范围内创造条件，让更多的国家接受这一思想，法国总统希拉克（Jacques Chirac）在 2001 年联合国教科文组织大会上正式将"文化例外"原则改为"文化多样性"原则，将有关文化产品问题的讨论从世贸组织转向联合国教科文组织。① 同样，对于传统文化艺术的保护，发展中国家主要运用联合国教科文组织这一国际平台争取权利和利益。2001 年 11 月，联合国教科文组织第 31 届部长级会议通过了《世界文化多样性宣言》，2005 年联合国教科文组织第 33 届会议继续围绕文化多样性进行讨论，又通过了《保护和促进文化表现形式多样性公约》。发展中国家对自身民族文化主权的伸张就是对抗文化领域的西方化、美国化，保护本民族的传统文化艺术，维护本民族文化身份，强化民族文化认同，增进民族文化自豪感。《世界文化多样性宣言》，提出了维护文化多样性的具体措施，如尊重人权和基本自由，特别是尊重少数群体和土著人民的各种权利；充分实现国际人权公约规定的各种文化权利；保证所有文化都有表达和宣传的机会；发展在本国和国际上都有竞争力的民族文化产业；建立政府、私营企业和民间社团之间的合作伙伴关系；等等。② 《保护和促进文化表现形式多样性公约》再次确认文化多样性是人类的一项基本特性，认识到文化多样性是人类的共同遗产，应当为了全人类的利益对其加以珍爱和维护，意识到文化多样性创造了一个多姿多彩的世界，它使人类有了更多的选择，得以提高自己的能力和形成价值观，并因此成为各社区、各民族和各国可持续发展的一股主要推动力。此公约还就文化多样性和相关概念进行了定义，确定了目标和指导原则、公约的适用范围，明确了缔约方的权利和义务，这些为确保文化多样性提供了国际规则的支持。多样性培育创造性，创造性的多元共存包括多种文化群体积极的和动态的共存，不同文化之间"和谐相处"才是理想的完美世界。

---

① 参见郭京花《文化多样性：法国外交新主题》，《参考消息》2003 年 10 月 30 日。
② 参见《世界文化多样性宣言》第 4 条、第 5 条、第 6 条、第 10 条、第 11 条、第 12 条。

保护传统文化艺术与保存文化多样性是相辅相成的，文化多样性有利于传统文化艺术的保护与发展，而传统文化艺术的创新发展又进一步确保文化多样性的普遍存在。因此，当全球化成为历史发展的必然趋势，保护和发展传统文学艺术便成为一项非常紧迫的任务，对民族传统文化艺术的认同以及自觉维护变得突出和紧迫起来，这也是遵循文化多样性原则的实践需要。

三、国际人权视域下文化权利到文化主权的理论演进

保护传统文化艺术本质上是保护文化权利。毋庸置疑，文化权利已是人权的重要组成部分，然而人权这一概念诞生之初是与自然法和自然权利的思想紧密相关的，文化权利成为人权的重要组成部分则是历史和时代发展的产物。西方人权理论兴起于13—14世纪的意大利，第一个明确提出"人权"概念的是意大利诗人、文艺复兴的先驱者但丁（1265—1321）在《论世界帝国》中指出："帝国的基石则是人权"；"帝国也不能做任何违反人权的事。帝国毁灭自己也是一种违反人权的行为，因此帝国无权毁灭自己……毁灭帝国是违反人权的。"[①] 其实，早在1215年《英国大宪章》中就出现以维护少数贵族特权的形式对人权内容的粗浅表述，该宪章中第29条规定："对于任何自由民，除非经过与其地位相同的人们或国家法律的合法判决，不得予以逮捕、监禁、流放和处死。"[②] 中世纪末期，人权作为一项道德原则被普遍接受，但人权的理论化、法律化和国际化则经过漫长的历程。15世纪，欧洲文艺复兴运动进入高潮，提出了以人为中心，提倡人权和个性解放，将以人文主义、人道主义和唯心史观为基础的抽象的人性论传播到整个欧洲，成为资产阶级人权理论最早的思想渊源。17世纪，人权理论开始

---

① ［意］但丁：《论世界帝国》，商务印书馆1997年版，第75—76页。
② 胡仁智：《人权的历史性与法律性探讨》，《法学评论》2001年第5期。

走向系统化，英国在 1628 年颁布的《权利请愿书》(*The Petition of Right*) 提出保障人民的权利和自由。一些资产阶级思想家提出了"天赋人权"观，例如，古典自然法学派的创始人荷兰思想家格劳秀斯在《战争与和平法》中提出"人的普遍权利"，斯宾诺莎在《神学政治论》中提出"天赋人权"的主张，英国资产阶级思想家洛克提出"人类天生都是自由、平等、独立的"的自然权利学说，人权包括人的生命权、平等权、自由权和财产权。再到后来，法国的孟德斯鸠和卢梭，美国的潘恩和杰弗逊都继承和发展了洛克的自然权利学说，并对人权的体系化、规范化建设做出努力。18 世纪，人权理论逐渐成为建立民族国家的基本原则。例如，1776 年美国的《独立宣言》和 1789 年法国的《人权宣言》将天赋人权思想以政治宣言形式确认并作为法律确定下来，人权价值受到广泛重视，各国陆续将人权保护作为一项宪法原则进行规定。综上，不难发现，早期资产阶级人权理论是建立在抽象人性论基础上的自然权利，强调人权是个人权利，其理论预设是将个人与集体、个人与国家对立起来，正如资产阶级启蒙思想家所言"人权，就是个人针对国家的权力"①或者说"天赋人权主要是用来对付国家的"②，早期人权理论对于倡导个性自由、反对封建特权、构建早期资本主义生产方式和生产关系具有巨大理论推动作用。

19 世纪中叶，针对资产阶级人权的阶级实质和虚伪性，马克思一针见血地指出："平等地剥削劳动力，是资本的首要的人权。"③马克思和恩格斯在《德意志意识形态》中深刻地指出："人权本身就是特权，而私有制就是垄断。"④恩格斯在《反杜林论》中还指出："被宣布为最主要的人权之一的

---

① ［英］洛克：《政府论》(下篇)，叶启芳、瞿菊农译，商务印书馆 1964 年版。
② ［法］卢梭：《社会契约论》，何兆武译，商务印书馆 1982 年版。
③ 《马克思恩格斯全集》第 44 卷，人民出版社 2001 年版，第 338 页。
④ 《马克思恩格斯全集》第 30 卷，人民出版社 1995 年版，第 229 页。

是资产阶级的所有权。"① 马克思在《论犹太人问题》中深刻指出："自由这一人权的实际应用就是私有财产这一人权"，而"私有财产这项人权就是任意地、和别人无关地、不受社会束缚地使用和处理自己财产的权利；这项权利就是自私自利的权利"；② 他又说，在资本主义社会中，"人权并没有使人摆脱财产，而是使人有占有财产的自由；人权并没有使人放弃追求财富的龌龊行为，而只是使人有经营的自由"③。马克思主义经典作家在对"人权"的批判基础上表达了马克思主义人权观，即以历史唯物主义的基础上提出"人是一切社会关系的总和"，人权概念中的"人"是具体的、现实的、历史的、阶级的，人权不是抽象的，是具体的，是历史和社会实践发展的产物。"人自由而全面发展"的"人权充分实现"是马克思主义人权目标④，未来社会"每个人的自由发展是一切人的自由发展的条件"⑤，马克思主义所强调的人的自由而全面的发展就是一种积极的人权观，表现为一种自由创造的能动自觉，以及权利和义务的自觉享有和自觉遵守。

20 世纪人权问题日益国际化，特别是两次世界大战将人权国际化讨论推向高潮。备受战争折磨和毁灭的各国无比迫切地企望和平，在这样的背景下，一系列保护人权的国际宣言和条约快速达成，人权问题也成为国际问题和国际法上的一个基本原则。1945 年 10 月生效的《联合国宪章》宣布："欲免后世再遭今代人类两度身历惨不堪言之战祸，重申基本人权，人格尊严与价值，以及男女与大小各国平等权利之信念。"⑥1948 年 12 月 10 日，联合国大会通过并发表了《世界人权宣言》(*The Universal Declaration of*

---

① 《马克思恩格斯全集》第 25 卷，人民出版社 2001 年版，第 372 页。
② 《马克思恩格斯全集》第 1 卷，人民出版社 1956 年版，第 438 页。
③ 《马克思恩格斯全集》第 2 卷，人民出版社 1957 年版，第 145 页。
④ 《马克思恩格斯选集》第 1 卷，人民出版社 1995 年版，第 273 页。
⑤ 《马克思恩格斯选集》第 1 卷，人民出版社 1995 年版，第 273 页。
⑥ 《联合国宪章》序言。

Human Rights）宣布："人人生而自由，在尊严和权利上一律平等。"① 这使得人权的普遍性原则为世界各国所公认。同时，《世界人权宣言》也是第一个提到文化权利的国际性文件，其第二十七条规定："（一）人人有权自由参加社会的文化生活，享受艺术，并分享科学进步及其产生的福利；（二）人人对由于他所创作的任何科学、文学或美术作品而产生的精神的和物质的利益，有享受保护的权利。"1966 年 12 月 16 日，联合国大会通过了《经济、社会及文化权利国际公约》（*The International Covenant on Economic, Social and Cultural Rights*）和《公民权利和政治权利国际公约》（*The International Covenant on Civil Political Rights*），它们是《世界人权宣言》的法律化文本补充，这两个公约的第一条第一款都开宗明义地写明"所有人民都有自决权。他们凭这种权利自由决定他们的政治地位，并自由谋求他们的经济、社会和文化的发展"②，进一步确认了文化权利为人权的基本组成部分。以上三者共同构成了国际人权宪章，人权事业在国际范围内迈出一大步。

20 世纪下半叶，第三世界发展中国家开始纷纷走向国际人权斗争的舞台，人权的内涵也发生了变化，值得关注的是，发展中国家更为注重集体人权和国家主权，这是与西方国家人权理论诞生之初不一样的地方，发展中国家更强调人权必须结合本国历史和现实国情，从本国本民族的实际出发，反对任何以人权为借口而粗暴干涉他国内政的行为。这一时期，在大多数发展中国家的推动下，国际社会将文化权利与发展权、代际权等紧密联系在一起，出台了众多国际性的和区域性的公约、法案。1977 年，第 32 届联合国大会通过了《关于人权新概念的决议案》，这是由发展中国家提出的议案，强调国家主权、民族自决权、发展权等是基本的人权，第一次承认发展权是

---

① 《世界人权宣言》第一条。
② 艺衡、任珺、杨立青：《文化权利：回溯与解读》，社会科学文献出版社 2005 年版，第 363 页。

一项人权。1981 年，非洲统一组织通过《非洲人权与民族权宪章》则首次确认了发展权，并规定人人有自由参加本社会文化生活的权利（第 17 条），人人在与社会其他成员交往过程中，有义务本着宽容、对话和协商的精神，保持和加强非洲文化中积极的价值观，促进社会的道德健康。该宪章还提出一切民族都有在应有的自由与认同中，在平等对待人类共同遗产的同时发展自己文化的权利。1986 年联合国大会又通过《发展权利宣言》，明确指出："发展权利是一项不可剥夺的人权，由于这种权利，每个人和所有各国人民均有权参与、促进、享受经济、社会、文化和政治发展，在这种发展中，所有人权和基本自由都获得充分实现。"①1992 年通过了《关于发展权的加尔各答宣言》并进一步完善了《发展权利宣言》，针对发展权的理念和理想，人权形式以及如何在国际法具体领域中实施进行界定和完善，发展权也完成了由应然人权到法定人权再到实然人权的完善历程。1993 年 6 月 12 日到 25 日，联合国在维也纳召开了第二届世界人权大会，会议通过了《维也纳宣言和文化行动纲领》（以下简称《维也纳宣言》），强调一切人权的统一性和不可分割性，再次确认发展权是一项基本人权也是一项个人人权，它和生存权一样，是最重要的基本人权，并将人权从原来的按种类排序，改为按字母顺序排列——公民的（civil）、文化的（cultural）、经济的（economic）、政治的（political）和社会的（social）权利——就象征性地表明了这一点。②1998 年，在斯德哥尔摩召开了"文化发展政府间会议"，会议的报告《我们创造的多元化》陈述了尊重各个文化和各个文化被其他文化尊重的义务。此外，属于联合国文件的《消除对妇女一切形式歧视公约》《儿童权利公约》也规定了文化权利。经过几个世纪缓慢而复杂的发展，人权这一概念被普遍接受，并依据时代发展变化，人权的内涵和外延也不断充盈起来。学

---

① 联合国大会《发展权利宣言》第 1 条。
② 参见［波兰］雅努兹·西摩尼迪斯《文化权利—— 一种被忽视的人权》，《国际社会科学杂志（中文版）》1999 年第 4 期。

术界通常将人权概念划分为三次迭代。第一代人权是依托于 1789 年法国大
革命，以"自由、平等、博爱"为基础的公民和政治权利为核心，第一代人
权侧重一种消极人权，即保护公民自由免遭国家权力的侵犯，本质上要限制
国家权力。第二代人权的概念内涵和外延更为丰富一些，它依托于 1917 年
俄国十月革命，是以经济、社会和文化权利为人权的核心内容，侧重于积极
人权，即强调人权的平等性和积极性，国家采取积极行动保障公民平等地享
受到经济、社会和文化权利。第三代人权则将发展权、民族自决权充实到人
权的内涵中来，这也是 20 世纪五六十年代亚、非、拉民族解放运动推动人
权理论的充实发展。

　　进入 21 世纪，文化权利与文化多样性紧密契合，文化权利在具体的文
化实践活动中表现为文化多样性的保持和发展，而文化多样性的原则得到了
法理化的支持和论证。例如，2001 年联合国教科文组织通过的《世界文化
多样性宣言》还单列一条提到了"人权，是文化多样性的保障"（第 4 条），
"每个人都应当能够用其选择的语言，特别是用自己的母语来表达自己的思
想，进行创作和传播自己的作品；每个人都有权接受充分尊重其文化特性的
优质教育和培训；每个人都应当能够参加其选择的文化生活和从事自己所特
有的文化活动，但必须在尊重人权和基本自由的范围内"（第 5 条）。[1]2005
年联合国教科文组织通过的《保护和促进文化表现形式多样性公约》在指导
原则的第一项就旗帜鲜明地指出要尊重人权，认为"只有确保人权，以及表
达、信息和交流等基本自由，并确保个人可以选择文化表现形式，才能保护
和促进文化多样性。任何人都不得援引本公约的规定侵犯《世界人权宣言》
规定的或受到国际法保障的人权和基本自由或限制其适用范围"[2]。

　　基于以上历史梳理，在国际人权理论发展的历史视野下，文化权的人

---

① 《世界文化多样性宣言》第 4 条、第 5 条。
② 《保护和促进文化表现形式多样性公约》"第二条　指导原则"。

权属性是毋庸置疑的，并从强调个人权利属性的文化权利演变为具有民族、国家集体属性的文化自决权、文化发展权等文化主权。在国际人权法视野下，作为一种基本人权，文化权利已超越了个人属性而具备了民族、国家和群体的文化主权属性，它既包含个人参与文化生活、文化认同的权利、享受科学进步的权利、参与创造的权利、其创作成果受知识产权保护的权利、受教育的权利、获得信息的权利等，也包括群体、民族和国家等集体享有文化自决权利、文化发展权利以及国际文化合作的权利等。因此，任何国家对人权有尊重、保护和实现的义务，有义务采取"为保存、发展和传播科学和文化所必需的步骤"[①]。然而，相比较于公民权、政治权利、经济和社会权利等种类的人权而言，文化权利又被称为人权中的"不发达部门"[②]，无论是个人文化权还是民族国家的集体文化自决权和发展权等文化主权经常被忽略，这也使得广大发展中国家和文化弱势群体在国际领域通过保护本国本民族的传统文化艺术来不断伸张本国的文化权利，维护本民族的文化主权。

四、社会正义与文化利益公平分配的实践需求

众所周知，传统文化艺术作为一个民族和国家世代传承的文化资源，不仅具有重要的文化价值、政治价值，伴随时代的发展和社会进步，还具有极其广阔的经济价值和金融价值。但是，正如前文所述，旧有的观点将传统文化艺术这种古老的、陈旧的智力成果归于公共领域，属于公共资源，可以随意被他人或他族无偿利用。近几十年来，对传统文化艺术传统知识"直接窃用（straight stealing）"的现象越来越普遍，窃取者从中获得巨额经济利益，而传统文化艺术的发源地、所有者、传承者并没有从中获得应有的经

---

① 《经济、社会及文化权利国际公约》第十五条第二款。

② 黄玉烨：《民间文学艺术的法律保护》，知识产权出版社 2008 年版，第 59 页。

济利益和文化利益。"使创造利益者享受该利益"是现代民商法乃至现代法制的基本精神，而对传统文化艺术的不公平不合理的分配机制伤害了社会正义，无论是基于社会现实，还是法理关怀，都迫切需要对传统文化艺术的加强保护。"法律的目标是防止不正义占据支配地位。事实上，使法律得以存在的，不是正义，而是不正义。只有在不正义不存在时，才能获得正义。"① 因此，只有通过对传统文化艺术进行合理恰当的保护，使传统文化艺术利益的创造者获得适当利益，才能使目前有关传统文化艺术创造者、传播者和使用者的利益分配达到平衡状态，才能使传统文化艺术代际传承之中所形成的利益关系得到合理尊重，这是文化利益和文化权益在实践中实现公平正义的基础和保障。

从古至今，公平与正义一直都是人类社会追求的终极关怀和最高的理想价值，人类社会的制度设计和法律建构无不围绕公平和正义而展开。何为正义？这是一个宏大的问题，古希腊、古罗马时期政治哲学思想中对正义的理解构成了古典正义学说。柏拉图在对城邦起源和城邦政治的哲学思考中提出了对正义的理解，认为正义意味着"适合"与"和谐"：正义存在于社会有机体各个部分间的和谐关系之中。每个公民必须在其所属的地位上尽自己的义务，做与其本性最相适合的事情。② 可见，柏拉图所认为的正义无外乎城邦社会中各个等级各司其职，各守其位；城邦中的公民个人内在智慧、勇敢、节制这三种能力之间和谐一致，井然有序。相比于柏拉图对"正义"形而上的哲学思考，他的弟子亚里士多德则从国家治理和社会实践中将正义与平等、公平联系在一起，提出了著名的"分配正义"和"矫正正义"的正义两分法，前者意味着对共同体中荣誉、财富和其他可分配资源的分配，可以

---

① ［法］弗雷德里克·巴斯夏：《财产、法律与政府》，秋风译，贵州人民出版社 2004 年版，第 88 页。

② 参见［爱尔兰］J. M. 凯利《西方法律思想简史》，王笑红译，法律出版社 2002 年版，第 11—12 页。

是均等的，也可以是不均等的；后者就是让已经错的转变为正确的，恢复业已被扰动的平衡。[①]柏拉图和亚里士多德从城邦德性、个人美德和社会治理为核心的正义观为此后正义理论的发展和演变提供了基石和依据。众多杰出的思想家和法学家，都绞尽了脑汁为正义下定义，并设计了实现正义的种种途径和方式。然而，"正义有着一张普罗透斯似的脸（a protean face），变幻无常、随时可呈不同形状并具有极不相同的面貌。当我们仔细查看这张脸并试图解开隐藏其表面背后的秘密时，我们往往会深感迷惑"[②]。普罗透斯是古希腊神话中善变的海神，这喻示正义具有流变性，不同的时代背景，不同的立场，不同的理论基础，将衍生出不同的正义观。伴随资本主义生产方式的形成和法律制度的完善，正义思想中又逐渐加入了社会契约、自然权利、个人自由、人权保护等要素，正义内涵的不断拓展反映了不同历史时期社会生产方式和生活方式的发展和变迁，但无论正义理念如何嬗变，其内核始终保有分配正义中的公平、平等和合理方式分配利益等因素。这些不同的正义理念，从不同的角度为传统文化艺术的保护提供了法理依据。

在现代正义学说中，美国著名哲学家、伦理学家，哈佛大学哲学系教授约翰·罗尔斯（John Rawls）的社会正义理论最为著名。罗尔斯以洛克、卢梭、康德等社会契约论为基础将正义作为评价社会制度的道德标准，构建了一种替代功利主义的新的思想理论体系，他指出："正义是社会制度的首要价值，正像真理是思想体系的首要价值一样。一种理论，不管它多么精致和简洁，只要它不真实，就必须加以拒绝和修正；同样，某种法律或制度，不管它们如何有效益和有条理，只要它们不正义，就必须加以改造或废

---

① 参见［爱尔兰］J. M. 凯利《西方法律思想简史》，王笑红译，法律出版社2002年版，第25—26页。

② ［美］E. 博登海默：《法理学：法哲学及其法律方法》，邓正来译，中国政法大学出版社2004年版，第261页。

除。"① 这表明任何制度或者法律的制定必然致力于正义这一道德制高点上，否则就是道义的不正确，必须被废止。罗尔斯将其正义理论体系浓缩为两大原则，"第一个原则：每个人对与其他人所拥有的最广泛的基本自由体系相容的类似自由体系都应有一种平等的权利；第二个原则：社会的和经济的不平等应这样安排，使它们（1）被合理地期望适合于每一个人的利益；并且（2）依系于地位和职务向所有人开放"②。简言之，罗尔斯所认为正义的第一原则是自由平等原则，其不为任何经济因素、利益因素所牵绊，包括公民言论自由、思想开放、财产权平等、机遇平等、机会自由等公民最基本的权利，通过赋予社会个体自由与平等，从而实现全社会的公平与正义。正义的第二原则是机会公正原则和差别原则，这是针对社会中所存在的收入和财富分配、权力和责任等不平等的情况下需遵守的基本原则，即对于因家庭出身、成长背景、社会环境、拥有社会资源等偶然因素造成的"最少受惠者"或是"机会较少者"的正义原则，即对"最少受惠者"或"机会较少者"给予更多的惠益、更多的机会。罗尔斯对此表述为："一种机会的不平等必须扩展那些机会较少者的机会"，"所有的社会基本善——自由、收入和财富及自尊的基础——都应被平等地分配，除非对一些和所有社会基本善的一种不平等分配有利于最不利者。"③ 罗尔斯的正义理论一方面强调要追求和维护自由平等的公平的正义观，同时承认不平等情况下要保护最不利者的权利的正义观。这一正义理论又衍生出"代际的正义问题"即从纵向历史来看代与代之间伦理关系的正义形态，既包含了代际之间自然环境和资源的可持续利用，还包括了精神、文化及价值观的传递过程中的正义形态。代际正义问题

① ［美］约翰·罗尔斯：《正义论》，何怀宏、何包钢、廖申白译，中国社会科学出版社1988年版，第3页。
② ［美］约翰·罗尔斯：《正义论》，何怀宏、何包钢、廖申白译，中国社会科学出版社1988年版，第60—61页。
③ ［美］约翰·罗尔斯：《正义论》，何怀宏、何包钢、廖申白译，中国社会科学出版社1988年版，第303页。

站在人类历史长河和人类文明延续的角度强调每一代人都要为后一代人的生存发展存储福利，即"正义储存原则"（just savings principle），"一旦积累的过程开始并继续下去，它就对所有后继的世代都有好处。每一代都把公平地相等于正义储蓄原则所规定的实际资金的一份东西留给下一代。这种等价物是对从前面的世代所得到的东西的回报，它使后代在一个较正义的社会中享受较好的生活"。① 罗尔斯的正义理论原则为我们从正义、公平的角度重新审视文化传承，认识传统文化艺术保护的重要性提供哲学视角，也为完善传统文化艺术法律保护提供理论支持。

基于以上分析，创造传统文化艺术价值的族群没有获得任何利益或获得极少利益，必然违反分配正义中的平等原则和贡献原则。同时，伴随时代的发展和变迁，大量传统文化资源因传承不利而逐渐消失，或被他人滥用而缺乏恰当适合的传承，这也违反了代际正义原则和正义存储原则。无论是横向的创作者、使用者、利用者之间利益分配不公平、不合理，还是纵向的代际之间利益分配不公平、不合理，都是典型的"不正义"。从正义理论来看，使传统文化艺术的来源者和拥有者获得适当利益，既要保障"最少受惠者"或"机会较少者"给予更多的惠益、更多的机会，还要解决好传统文化艺术的代际正义问题，平衡好传统文化艺术来源者和拥有者、与传播者、使用者的利益关系，以及传统文化艺术来源者和拥有者与传承者之间的关系，达到符合正义要求的平衡状态，实现传统艺术保护的正义。

---

① ［美］约翰·罗尔斯：《正义论》，何怀宏、何包钢、廖申白译，中国社会科学出版社1988 年版，第 289 页。

第二节　传统文化艺术保护的演进

一、传统文化艺术"道"与"器"

　　何为文化？这是一个极其复杂的概念，它是一个包罗万象并被广泛使用却又缺少准确统一、界限明确的概念范畴，对于文化的内涵和外延的界定在学界界定超过上百种。《辞海》对文化的解释有广义和狭义之分，广义上的文化是指人类在社会实践过程中所获得的物质、精神生产能力和创造的物质、精神财富的总和；狭义上的文化是指精神生产能力和精神产品，包括一切社会意识形式：自然科学、技术科学、社会意识形态。[①]综合以上，从广泛意义上理解，文化是自然的人化，是人类在改造自然的劳动对象化过程中产生的。文化是人的文化，人因文化而为人，文化将人分立于自然而为社会，并在世代生活中传递而为区别于他的自我标志，是一个特定社会共享的生活方式。正如人称"人类学之父"的英国学者爱德华·泰勒（Edward Tylor）在《原始文化》一书中所指出的那样，"文化，或文明，就其广泛的民族学意义来说，是包括全部的知识、信仰、艺术、道德、法律、风俗以及作为社会成员的人所掌握的接受的任何其他的才能和习惯的复合体"[②]，文

[①]　参见《辞海》，辞书出版社 1999 年版，第 2218 页。

[②]　参见［英］爱德华·泰勒《原始文化：神话、哲学、宗教、语言、艺术和习俗发展之研究》，连树声译，广西师范大学出版社 2005 年版，第 1 页。

化是一切"人化"的事物。① 文化范围极其广泛，不仅包括历史遗址和古迹等物质层面的文化，还包括文学、美术、音乐等艺术，以及语言、礼仪、信仰等智力和精神层面的文化，其所彰显的是特定族群对于宇宙、世界、人类生产生活的体悟和感受，因此，每一种文化代表一整套独特的不可替代的价值体系，它使一个群体区别于其他群体。

从文化表现形式的角度而言，"形而上者谓之道，形而下者谓之器"，"道"无形而虚不可见，意指国家或民族在思想价值和精神层面的表达，包括思想理念、价值取向、思维方式、审美情趣等；"器"有形则实而可见，意指文化在实践活动层面的展现，包括各类文学文艺、制度规范、风俗习俗、生活方式等。"道"与"器"相互依存，彼此影响，"道"寓于"器"之中，而"器"为"道"之表现。

基于文化广泛且繁杂的概念界定，学界通过划分层级来深入理解文化的内涵和外延。许嘉璐先生曾提出对文化理解的三个层次，倘若将文化比作一座冰山，浮在水面之上可见可被把握的部分为表层文化，即人类最易感知的文化，是围绕人的生存以及生产生活所体现的"去取好恶"，这种附着在具体的、有形的且可被感知的物质基础上的"去取好恶"就是表层文化；在文化冰山中，浮在水面上下若隐若现的较难把握的部分则是中层文化，包括风俗、礼仪、制度、法律、宗教、艺术等方面；在水面之下不可见的部分则是底层文化，凸显一个族群内在的思维方式、伦理观、人生观、世界观和审美观等哲学层面的文化。底层文化是最深层次的相对稳定的文化形式，它制约和影响着水面和水面之上的表层文化和中层文化，三个层面的文化彼此互动、相互交织、相互影响共同构成开放变化的文化体系。从这三个层面的角度来看，传统文化艺术属于中层文化，它与表层文化和底层文化息息相关、

---

① 参见李秀林等主编《辩证唯物主义和历史唯物主义原理》(第五版)，中国人民大学出版社 2004 年版，第 114 页。

紧密联系，它是人类认知和把握世界的特殊方式，它以独特的审美语言和艺术表现形式记录和讲述不同历史阶段人们的精神世界和生产生活状态，捕捉和呈现社会发展的细微变化，反映和揭示世世代代民族精神的内核本质。

作为一种独特的文化表现形式，传统文化艺术也存在"道"和"器"两个方面的内容，这也导致传统文化艺术保护的方式方法和手段策略存在不同于物质文化保护的问题。如何对传统文化艺术进行恰当的保护，关涉到传统文化艺术对过往历史的传承和对未来文化艺术的发展。从"道"与"器"的角度来看传统文化艺术内涵，它主要表现在历史长河中传承至今的音乐、舞蹈、戏曲、绘画等"器"的实践层面的维护保护，以及彰显族群深层次的价值理念和精神追求等"道"的理论层面的总结归纳。

从文化概念的分析切入，我们发现，文化内涵丰富多彩、外延包罗万象，其涉及政治、经济、社会发展等方方面面，文化的开放性也注定族群之间频繁的文化交往和文化交流存在诸多的不确定性和风险性。由此可见，传统文化艺术不同于现代文化艺术作品，它面临时代发展和对外文化交流交往所带来的更多的不确定性和风险性，既包括自身历史传承的流变性，也包含外来文化交流所带来的变异性，这是传统文化艺术保护亟须关注的问题。

二、传统文化艺术的现代性演进

"现代性"是一个广泛涉及哲学、社会学、艺术学等学科领域的综合性概念。关于"现代"两个字的界定在学术界向来充满争议，也并未达成一致，主流观点认为其始于欧洲文艺复兴和启蒙运动时期。伴随文艺复兴时期对宗教神权的批判，资产阶级学者转向对人的个性、自由、尊严的关注，开始对世俗化权力的追求，开启了现代性的曙光。然而，伴随工业革命、电气革命、信息革命等科学技术的发展，资本主义现代性为人类带来高度繁荣的现代社会的同时，人也日益被工具化，现代性背后时刻孕育着崩溃和毁灭的危机。何为"现代性"？福柯曾将"现代性"比作一种态度，而不是一个历史时期，是一种超越、发展传统的行为或观念。黑格尔更认识到了现代性对于艺术的现实意义：艺术家拥有创作的自由。马克思从生产力与生产关系的辩证统一的关系出发批判资本主义现代性，在肯定资本主义现代性成果的同时也批判现代性，揭示资本主义现代性的本质。马克思在《资本论》中批判了资本逻辑最终导致人的异化，包括人同他的劳动产品异化、生产劳动本身的异化，人的本质发生异化，人与他人相异化。相比之下，西方马克思主义者对现代性的批判更为激烈，转向科学技术、大众文化和生态危机等批判维度，也开辟了资本主义现代性批判的另一种语境。在人类对现代性的追求和批判中，我们不断反思在现代社会如何保护传统文化艺术，特别是在继承与创新、交流和互鉴中正确厘清传统文化艺术"道"与"器"的关系，使本民族的优秀传统文化艺术能随着时代发展变迁而始终保有原初的精神内核，能富有生机和活力而不会走向保守和反动。

首先，从历时性的角度来看，传统文化艺术现代性演进要平衡好继承与创新之间的关系。传统与现代、传承与创新是当今社会传统文化艺术保护所面临的两大主题。毋庸置疑，传统文化艺术一直面临着历时的现代化问题，这是伴随时代发展、环境变化和历史变迁必须面对的客观问题。传统文化艺术传承是传统文化艺术现代性演进的量变积累，它可以是数量上的增长、形态上的多样，也可以是结构上的组合变化和扩展，维持着传统文化艺术内在的稳定性和精神内核，这是传统文化艺术现代化演进的根本定力。传统文化艺术创新是文化发展和传统文化艺术现代性演进的质变飞跃，它是文化性质上的根本转化，激发着文化传统变迁的自我前进，而这种质变也是在继承传统的基础上积累式的递进，而不可能离开民族既有的文化传统去"创造"出一种"新"的文化。① 传统文化艺术随时代潮流在自身质与量的互动

---

① 参见刘锡诚《非物质文化遗产的文化性质问题》,《西北民族研究》2005 年第 1 期。

之中交替发展，在文化的扬弃中寻求依存和支持，进而获得传统文化艺术生命的延续和活力。基于此，传统文化艺术现代化是传统与现代、传承与创新的辩证统一体，它在外在环境变迁与内在本质趋稳的博弈中、传统与现代的矛盾中、新旧代谢和吐故纳新中，实现了螺旋式提升的自我完善与发展。因此，伴随时代的发展变迁，传统文化艺术的"创新性发展"和"创造性转化"成为在新的历史节点上对传统文化现代化的内在要求。现代文化在文化传统中获得皈依，传统文化在现代化中获得新生。文化本真性"并不无视尤其并不反对文化的变化、创新，而是在承认社群自身有进行文化调适、文化创新的正当性的情况下，保证文化事象基本的一致性"①。传统文化现代化恰是面对时代的变迁、环境的改变，通过继承与创新来获得文化生命力的传递和接力。

其次，从共时性的角度来看，传统文化艺术现代性演进要平衡好与外来民族文化的交流与互鉴。人类社会自形成以来，文明或文化便呈多元发展的趋势。考古发掘发现的旧石器时代晚期至新石器时代的世界各地的绘画、雕刻、泥塑、陶器和住宅等各具特色、风格迥异，说明人类文化的多样性在石器时代便已存在。文明或文化的形成和发展与其产生的生态环境密切相关，各地的生态环境不同，文化也各不相同。纵观古今中外，每一个民族都因自己特有的生态环境和历史源流而形成与众不同的文化。直至 21 世纪的今天，世界各民族的文化仍然千姿百态，丰富多彩。不同的生态环境形成不同的文明体系；而各种不同的文明体系又培育造就了性格不同、价值观念各异的民族。各种文化文明的交流互通、彼此互鉴成为大势所趋，而这种大势背后如何持续保持各民族文明的繁荣与兴盛正是值得深思的问题。如英国历史学家汤因比（Arnold J.Toynbee）所说，文明的衰落在于"内部失去了自

---

① 刘魁立：《非物质文化遗产的共享本真性与人类文化多样性发展》，《山东社会科学》2010 年第 3 期。

决能力"①。基于此，传统文化艺术现代化面临着如何与外来文明共生共长，传统文化艺术在继承与创新中不断从传统走向现代，这一过程中不能忽略来自外来文化的挑战，面对挑战依然能保持本民族传统文化的本真性则至关重要。

当前，伴随世界多极化、经济全球化、文化多样化、社会信息化深入发展，世界各国各民族的传统文化的传承和发展面临如何处理与外来文化的关系。2018 年 11 月 17 日，习近平主席在亚太经合组织工商领导人峰会上发表主旨演讲时强调："我们共同居住在同一个星球上，这个星球有 200 多个国家和地区、2500 多个民族、70 多亿人口，搞清一色是不可能的。这种差异不应该成为交流的障碍，更不能成为对抗的理由。不同文明、制度、道路的多样性及交流互鉴可以为人类社会进步提供强大动力。"文明或文化多样性是人类历史和当代世界的现实，传统文化艺术现代化必然要对现实作出积极回应，坚持继承和创新的辩证统一，既要挖掘和传承传统文化的精华，又要创造性地吸收和融合世界优秀文化成果，实现优秀传统文化和时代发展要求的有机结合，实现民族文化和现代文明的交相辉映。在与世界各国各民族文明交流与互鉴中，推动中华民族传统文化大发展大繁荣，这是对传统文化艺术向现代化转型的时代要求。

第三节　传统文化艺术保护的博弈

如前文所述，作为一种独特的文化表现形式，传统文化艺术保护的方

---

① ［英］汤因比:《历史研究》(中)，曹未风等译，上海人民出版社 1997 年版，第
226 页。

式方法和手段策略要兼顾思想精神、审美价值等无形"道"层面的保护与对具体的诸如书法、音乐、戏曲等"器"层面的保障。同时，伴随历史发展和时代变迁，传统文化艺术的现代化演进使得保护的方式手段要平衡传统与现代、传承与创新之间的复杂关系。对此，目前国际社会进行了两种路径的探索和两种思路、方法的对垒：一种思路是基于保护主体的不同，旨在回答是否将传统文化艺术的来源处和发源地作为保护主体的考量标准，由此衍生出国际化保护与民族化保护两种不同路径。当不考虑传统文化艺术的发源地和来源地，这些传统的古老的文化艺术具有相对的独立性，将它视为人类共同财富，由此，在国际社会，普遍提出对传统文化艺术采用国际化的保护模式，最典型的是 1954 年《海牙公约》；而将这些古老的传统文化艺术的发源地和起源地作为优先考虑的因素时，传统文化艺术作为一个民族或一个国家文化遗产的重要组成部分时，这意味着这些传统文化艺术具有鲜明的归属性，它不仅凸显了传统文化艺术鲜明的民族性，还赋予了特定民族和国家独有的权益和利益。独立的主权国家可以通过本国的法律条款来保障其文化权益，甚至要求传统文化艺术要在国际范围内确认来源，那些不管何种途径已在国外的文化遗产要予以返还，这就形成了不同于《海牙公约》的全新的保护模式，即民族化或国家化保护模式。最具典型性的是联合国教科文组织《1970 年公约》。[①] 第二种保护思路则是基于传统文化艺术保护的手段和途径的不同，而形成不同的保护模式，即倾向于运用法律手段，通过司法途径对传统文化艺术进行保护，形成对传统文化艺术进行普遍的知识产权保护或者特殊法律保护的路径和模式；抑或是倾向于依托国家政府的行政权力，通过出台行政法规或相关管理制度，运用行政手段对传统文化艺术进行保护的路径和模式。

---

① See John Henry Merryman, *Thinking about the Elgin Marbles: Critical Essays on Cultural Property Art and Law*, published by Kluwer Law International Ltd. 2000, pp.66-67.

一、保护主体的国际化与民族化

传统文化艺术是一个内涵丰富且外延广阔的概念，谁是传统文化艺术保护的主体？针对这一问题，目前实践中存在两种不同理念，即立足于全人类整体利益忽略所有者的相对宽泛的保护主体，以及立足于各个国家、各个民族的自身利益，承认传统文化艺术原属国的权益和地位，由各国各民族来作为保护主体。传统文化艺术保护主体的国际化和民族化两种趋势为传统文化艺术保护提供了观察视角。传统文化艺术的国际化保护模式的主体是国际组织或泛化为签署保护条约的各个主权国家。这种保护模式强调站在全人类利益的角度，对那些年代久远的，又考证不明的古老的传统文化艺术应当在国际范围内对其进行保护，各个国家要遵守签署的国际公约。这种保护模式最早发端于战争中对历史遗迹和文化遗产的保护，最具代表性的制度就是《海牙公约》。众所周知，20 世纪人类爆发的两次世界大战给全世界人民带来了前所未有的灾难，在战火纷飞的武装冲突中，古老的文化艺术资源也遭受到严重损害，众多文化历史遗迹和文化财富在战争中被毁灭。为了减小战争对有形或无形文化资源的破坏，保护古迹遗址、珍贵典籍和其他教科文遗产，联合国教科文组织于 1954 年 5 月 14 日由苏联、美国和英国等 50 个国家在海牙签署《关于发生武装冲突时保护文化财产的公约》(*Convention for the Protection of Cultural Property in the Event of Armed Conflict*) 及第一个议定书，史称《海牙公约》。

《海牙公约》强调所有缔约国必须保护所有文化财产，包括本国和位于其他缔约国领土之内的文化财产都必须保护。特别是遭遇战争和武装冲突时，要考虑到那曾属于任何国家或任何民族的文化遗产如遭受到损失，也意味着全人类文化遗产遭受损失，因此每一个国家都需要做出自己的贡献。公约对文化财产进行了界定，主要是指有形的考古遗址、建筑、艺术品、手稿、书籍等，还有承载上述文化财产的图书馆或纪念馆等都在保护之列。

《海牙公约》不仅强调了历史文化资源的重要性，而且强调了对文化财产不问其来源，也不关心其所有权如何，都应当给予保护。《海牙公约》最为突出的特点就是抛除狭隘的孤立的国家民族利益，鼓励应站在整个人类的文化遗产全面利益的角度来审视传统文化艺术的保护问题。以此为基础，国际社会逐渐把这些原则作为普遍的理论予以使用，不限于控制在战时或内部冲突中各方的行为。① 此后，1999 年 3 月，国际社会又通过了《海牙公约》的第二议定书（2004 年生效）为某些文化财产提供"重点保护"，并将所有规则扩展到非国际性武装冲突，建立了专门机构"武装冲突中文化财产保护委员会"来保护文化财产，使其在今后可能发生的武装冲突中发挥更大的作用以保护文化财产。《海牙公约》对武装冲突中文化资源的保护具有里程碑式的意义，充分体现并传递了文化资源保护的国际化思路。

基于以上分析，传统文化艺术的国际化思路的理论前提是强调文化没有国界、没有族界，不管它来源于哪个国家或者哪个民族、哪个地区，它最关键的是属于全人类的文化财富，这为保护古老的文化资源提供了更为广阔的思路，开启了对古老的传统文化艺术进行国际性保护的理念。但是，因为对文化财产所有权及来源的忽视，就造成了某些文化财产因武力冲突、战争或者偷盗等原因被转移到其他国家，这些对其所有国具有重要历史意义的文化财产作为人类共有的财产被其他国家肆意占有，而无须遣送回国。这种保护思路也造成了某些发达国家对拥有丰富文化资源的发展中国家进行文化侵略，并以免于战争破坏的名义侵占、偷盗具有珍贵历史和文化资源，而最终免受苛责和法律道德的追究。

与以《海牙公约》为代表的文化保护国际化模式相对的是联合国教科文组织通过的《关于禁止和防止非法进出口文化财产和非法转让其所有权的

---

① See John Henry Merryman，*Thinking about the Elgin Marbles:Critical Essays on Cultural Property Art and Law*，published by Kluwer Law International Ltd. 2000，pp.66~67.

方法的公约》(简称《1970 年公约》)。1970 年 11 月，联合国教科文组织通过的《1970 年公约》，其在序言中明确指出，"文化财产实为构成文明和民族文化的一大基本要素，只有尽可能充分掌握有关其起源、历史和传统背景的知识，才能理解其真正价值""各国有责任保护其领土上的文化财产免受偷盗、秘密发掘和非法出口的危险""为避免这些危险，各国必须日益认识到其尊重本国及其他所有国家的文化遗产的道义责任"；同时确认"违反本公约所列规定而造成文化财产之进出口或所有权转让均属非法"。该公约也对"文化财产"进行了定义，其主要范畴还是针对具有重要考古价值、关乎本国历史人文价值和科学价值的史前史、历史、文学、艺术等文化财产，并列举了 11 种类型的文化财产。规定"本公约对有关两个国家生效后，根据两国中的原主缔约国的要求，采取适当措施收回并归还进口的此类文化财产，但要求国须向不知情的买主或对该财产具有合法权利者给予公平的赔偿。要求收回和归还失物必须通过外交部门进行，提出要求一方应提供使确定其收回或归还失物的要求的必要文件及其他证据，费用自理。各方不得对遵照本条规定而归还的文化财产征收关税或其他费用。归还和运送文化财产过程中所需的一切费用均由提出要求一方负担"。该公约致力于解决非法过境贸易、走私或盗窃文化财产的问题，并在第二条中明确指出："本公约缔约国承认文化财产非法进出口和所有权非法转让是造成文化财产的原主国文化遗产枯竭的主要原因之一，并承认国际合作是保护各国文化财产免遭由此产生的各种危险的最有效方法之一。"中国政府在 1989 年加入了该公约，致力于保护我国的历史文化遗产，打击各种形式的非法文物贩运以及追索流失在国外的文物，同时与国际社会加强合作，为保护历史文化遗产作出贡献。

1995 年 6 月，国际统一私法协会通过关于国际范围内归还被盗或者非法出口文物公约草案的外交大会，通过了《关于被盗或者非法出口文物的公约》(简称《1995 年公约》)，虽然此公约主要为便利文物的返还和归还，但其底层理念也是尊重国家、民族甚至部落、土著居民或者其他社会团体对本民族或本国文化遗产的所有权。1997 年 3 月，中国政府加入联合国签署的国际统一私法协会《关于被盗或者非法出口文物的公约》。20 世纪 70 年代至 90 年代，联合国签署通过的这两个公约与《海牙公约》所倡导的古老的传统文化艺术资源和文化遗产归全人类共有理念有所不同，更突出强调和保护传统文化资源和文化财产来源地、原主国和归属地，并尊重其原主国的文化权益，并要求缔约国通过建立专门机构，采取恰当的手段和方法保护本国的文化资源，并就此开展相关的教育和宣传工作。如果说《海牙公约》极易造成战争中战胜国或某些发达国家对拥有丰富文化资源的战败国或发展中国家进行文化侵略、侵占和偷盗，而最终免受苛责和法律道德的追究，那么，联合国教科文组织《1970 年公约》《1995 年公约》则确认文化财产原主国的根本利益和文化权益，文化财产原主国可据此追讨流失海外的文物。

与传统文化艺术保护国际化截然相对的文化财产保护观，即传统文化艺术保护民族化的理念，逐步深入人心，尤其是在广大发展中国家普遍受到欢迎，这也成为它们保护本国优秀传统文化艺术和历史遗迹的手段和依据。《海牙公约》是为应对战争或武力等不可逆转的毁灭时，国际社会对特殊状态下的文化遗产或文化财产保护的应激反应，因情形紧急而忽略文化财产的所有者或原主国的利益，而基于全人类的利益给予那些具有重大历史和文化价值的文化财产应急保护，这无可厚非。而《1970 年公约》《1995 年公约》则是在人类历经两次世界大战进入和平和发展年代之后，世界各国对本国本民族的历史文物、传统文化艺术、文化财产等所有权提出普遍且共同的诉求，这也是相应情形下的必然选择。传统文化艺术是一个民族的灵魂，是区别于其他民族的象征和标识，它凝聚着族群和民众对本民族、本国家的历史和文化认同，拥有浓厚深沉的归属情感。倘若这些珍贵且极具民族特色的传统文化艺术资源、文化遗产和文化财产被盲目稀释为人类共同财产而被其他民族和国家无偿占有，不仅仅牵涉文化资源原主国的经济利益，更多的是关涉到这个国家民族的文化权益、民族精神、共同信仰和民族情感的维护，甚至关系到一个民族和国家的生死存亡、文明的传承接续。

综合以上，对传统文化艺术的保护，其立场和价值定位的差异都会导致思路和途径的不同。无论是传统文化艺术保护的国际化取向，还是传统文化艺术保护的民族化取向，都赋予了"保护"不同的含义和价值定位。一方面，立足国际化保护思路是强调人类共同财富的保护接续，避免战时冲突带来损害而保护文化资源；另一方面，立足民族化保护思路是侧重民族利益和文化资源来源国的权益，通过国际贸易对文化资源进行保护。这两种保护思路在国际范围内普遍流行，且也存在相互批判以确立自身合理性的交锋。虽然两者在保护传统文化艺术理念和思路上呈现对立矛盾，但在实践中，两者又相互统一，特别是在全球化背景之下，传统文化艺术保护是需要在国际社会中达成共识，各个国家通力合作，共同努力才能实现的。正如《海牙公约》在序言中表达的那样，"对任何民族文化财产的损害就是对全人类文化遗产的损害，因为每一民族对世界文化皆作有其贡献"，"考虑到文化遗产的保存对于世界各地民族具有重大意义，该遗产获得国际保护至为重要"。[①] 据此，传统文化艺术的保护应当有国际合作的宏观视野，同时也应当遵循民族文化权利维护的微观路径，唯有两者相结合才能实现各民族和各个国家文化权益的维护、传统文化艺术的存续发展和人类文明的世代相传。

二、保护手段的司法化与行政化

如何实现传统文化艺术的保护？采用什么样的方式和手段？针对这一问题，现实中也存在不同的路径探索。最为典型的是以联合国教科文组织为代表的倾向于由各国政府运用国家公权力和政府行政手段进行传统文化艺术保护，还有以世界知识产权组织为代表的，运用司法途径对传统文化艺术进

---

① 黄玉烨：《民间文学艺术的法律保护》，知识产权出版社2008年版，第82页。

行保护，即对传统文化艺术进行普遍的知识产权保护或者特殊法律保护。

成立于 1945 年的联合国教科文组织致力于推动各国在教育、科学和文化领域开展国际合作，以此来推动和建构国际社会的和平。联合国教科文组织针对传统文化艺术保护的相关领域内设立了各国政府间机构和大型合作计划，主要通过行政手段、数据整理、技术支持等方式手段来保护传统文化艺术遗产和资源，这是一种典型的非司法途径的保护方式。例如，1989 年 11 月，联合国教科文组织第 25 届会议通过的《保护传统文化和民俗的建议》中强调政府在保护民俗中应扮演一个决定性的角色，并要在民俗的保存、传播、保护、国际合作等方面尽快采取行动，其中明确的手段包括广泛调研收集，数据整理归档、建立国家档案、博物馆、信息数据库等行政手段和技术支持。此外，2003 年联合国教科文组织通过的《保护非物质文化遗产公约》所建立的非物质文化遗产保护制度就是这一保护方式的典型代表。依据《保护非物质文化遗产公约》第二条第三款，公约提供的"保护"是指确保非物质文化遗产的生存与发展的措施，包括确认、文献化、研究、保存、保护、促进等措施，尤其是通过正式与非正式的教育以及对此类遗产各方面的振兴来进行的。具体而言，公约所强调的保护方式主要体现为确立分类目录、资料整理与保存、技术维护、培育与鼓励传承人等行政与技术手段，而不涉及知识产权类型的司法保护方式。以此公约为基础，各国针对本国的非物质文化遗产和传统文化艺术等相关立法也按照上述保护方式展开。正如有的学者指出："文化遗产法律通常聚焦于保存与文献化，而非禁止未经许可使用的保护。"[①] 我国的学者也明确强调，对于非物质文化遗产的保护属于行政保护

---

① Agnes Lucas-Schloetter, "Folklore", in Silke von Lewinski ed.,*Indigenous Heritage and Intellectual Property :Genetic Resources,Traditional Knowledge and Folklore* , Kluwer Law International , 2004，pp.304-307.

或者说公法上的保护，不应与司法保护方式混同。① 此外，还需要关注的是，非物质文化遗产保护方式中的一个重要内容即保护传承人，这也常被认为是保护非物质文化遗产最有效和普遍采用的方式。这种以国家或政府为主导，运用行政及技术手段为主要内容的非司法保护的方式在世界各国政府普遍推行，在各国传统文化艺术的挖掘调研、数据整理、社会宣传和教育等实践中取得很好的成效。但是，这种保护方式也存在很多弊端，例如，随着传统文化艺术被开发利用并走向市场，涉及传统文化艺术相关利益方受到侵害或损害，特别是在文化产业发展背景之下参与商业化的收益分配，维护经济利益和精神利益等，相关行政和技术手段等则显得保护有限。

世界知识产权组织则是致力于知识产权保护的国际机构，其前身是源自"国际保护工业产权联盟"（巴黎联盟）和"国际保护文学艺术作品联盟"（伯尔尼联盟）的 51 个成员国共同成立的国际组织，肩负着世界范围内保护和管理知识产权的相关事务。1996 年，世界知识产权组织和世界贸易组织签订了合作协定，从而将知识产权相关事务与全球化贸易紧密联系在一起，知识产权保护在政治、经济和文化生活中发挥越来越重要的作用。世界知识产权组织主张运用知识产权司法途径来保障传统文化艺术民事性权利，作为典型的私权保护，知识产权法律保护主要是以通过事先许可为内容的专有权来控制知识产权客体的各类使用行为，涉及明确具有财产权内容的经济权利与精神权利。世界知识产权组织还曾在一份研究报告中，特地区分了"保护"与"维护""保存""促进"的不同含义，认为"保护"是知识产权意义上的，而"维护""保存"等作为行政手段应构成"保护"的"补充"。② 然而，在运用现有知识产权法保护传统艺术时也有局限性，面临很多矛盾和

① 参见严永和《我国民间文学艺术法律保护模式的选择》，《知识产权》2009 年第 5 期。

② See WIPO Secretariat,The Protection of Trational Cultural Expressions:Draft Gap Analysis,WIPO/GRTKF/IN/13/4(b)Rev.,October 11,2008,Annex I,p.7.

冲突的地方。众所周知，现行的知识产权制度是西方国家工业革命背景下的产物，其理论和实践基础是对个人身份以及创新的保护与促进，其法律制度建立的初衷即与传统文化艺术等毫无关系，在知识产权制度的形成和发展过程中，现行知识产权法律制度也并未针对传统文化艺术保护的必要性及其具体方法给予充分考虑，而现行知识产权法关于保护客体的规定对传统文化艺术存在诸多不适应性。对此，世界知识产权组织政府间委员会通过的一份传统文化艺术保护的分析报告在标题中就采用了"差距"以概括该领域中现实状况与理想目标间存在的距离——更具体地说，现行知识产权法的原则与传统文化艺术的保护需求之间的距离。例如在独创性要求、保护主体的特定作者要求、保护时间期限等方面都存在规则的"差距"或者说是冲突和矛盾。[①] 关于"差距"和"矛盾"在本研究的第四章详细论述。因此，一方面，对传统文化艺术提供知识产权类型的保护是必要的；另一方面，通行现代知识产权法又都难以提供周全的保护，而需要某种行政制度和行政手段给予补充。针对传统文化艺术提供知识产权司法保护所存在的"差距分析"，世界知识产权组织也在探索和讨论"特别保护"的司法保护模式，强调有些国家在版权立法中对传统文化艺术等古老的文化艺术资源给予特别司法保护。[②] 同时，在世界知识产权组织另一份研究中则明确将现行知识产权法的修改与特别保护联系起来，还提出独立而又特别的知识产权保护的概念。[③] 这样的司法模式构建，既可保留知识产权在保护上的优势，也可避免给现代知识产权法的既有原则带来过大冲击。基于此，国内外相关研究也提出了相对于现行知识产权制度的特殊法律保护模式。这也是传统文化艺术知识产权司法保

---

① 参见杨鸿《民间文艺的特别知识产权保护：国际立法案例及其启示》，法律出版社 2011 年版，第 67 页。

② See WIPO Secretariat,The Protection of Traditional Cultural Expressions:Draft Gap Anlysis , WIPO/GRTKF/IC/13/4(b)Rev.,October11,2008,Annex 1 ,p.27.

③ See WIPO Secretariat,The Traditional Cultural Expressions/Experssion of Folklore:Legal and Policy Options, WIPO/GRTKF/IC/6/3,paras. 107−108,p.28.

护模式下的一种新探索，以尽量弥补现行知识产权保护的弊端和不足。

综合以上，在具体保护实践和途径中，传统文化艺术保护存在两种常规途径和方法，即传统文化艺术的知识产权司法途径和行政途径。前者是运用现有的知识产权法律制度的传统文化艺术司法保护模式；后者则强调运用国家和政府行政力量，包括国家动员收集、整理、建设信息数据库和建立传承人机制等，以国家财政补贴或者宣传教育等方法维护传统文化艺术的经济利益和精神利益。正如前文曾讨论的传统文化艺术的特征，即空间上的地域性和民族性，时间上的传承性和变异性，创作主体上的群体性和不确定性，存在形式上的复杂性和公开性，这些特征都使得针对传统文化艺术的保护充满了复杂性，无论是基于对传统文化艺术的来源处和发源地考量而形成的传统艺术保护国际化和民族化两种保护模式，还是基于传统文化保护的手段和途径考量而形成的传统艺术保护法律化与行政化两种保护模式，传统文化艺术保护无论多么复杂和烦琐，都已成为这个时代不容置疑和不可争辩的事实。通过以上对传统文化艺术保护的缘起、演进和博弈的深入分析，我们逐步勾勒出以传统文化艺术知识产权保护为主、国家政府行政力量的综合保护为辅的制度模型，尝试将公权与私权有机结合，实现国际保护与民族文化发展平衡，不断提升传统艺术保护的效率和可行性、合理性，这也成为当前各国各民族探索传统文化艺术保护的新探索。

第三章

传统文化艺术知识产权保护的制度选择

　　通过对传统文化艺术保护的渊源追溯发现，为传统文化艺术提供知识产权司法保护在国际社会特别是世界知识产权组织诞生以后成为学界的主要潮流。对具有古老形态的传统文化艺术等是否可以运用知识产权相关制度提供保护，成为国际社会和各国学者讨论的话题。众所周知，知识产权的概念非常广泛，它涵盖一切产生于工业、科学、文化及艺术领域等精神活动而形成的智力成果的法律权利。1967 年 7 月 14 日，缔结于斯德哥尔摩的《建立世界知识产权组织公约》第二条第（8）款规定，知识产权包括与下列相关的权利：文学、艺术及科学作品；表演艺术家的表演、录音制品和广播；所有人类活动领域的发明；科学发现；工业品外观设计；商标、服务标记和商业名称及标志；反不正当竞争保护；以及所有来自在工业、科学、文学或艺术领域智力活动的权利。① 基于此，知识产权在传统意义上分为两部分：工业产权和版权。工业产权是包括发明专利、外观设计、实用新型、商标等所有权的统称；版权也称为著作权，主要是指创作者所进行文学和艺术创作形成的智力成果的专有权保护。伴随时代的发展，后续对于计算机软件、工程设计图、地图，以及数据等符合作品特征的其他智力成果均在著作权保护范围之内。知识产权制度就是保护创作者和其他智力产品及服务的生产者，授予他们在某一定期限内控制和使用其成果的专有权利。

　　当今，现代国家普遍确立知识产权制度，主要有两个方面的考量：第一，基于司法正义的考量，知识产权属于一种私权，国家以法律的形式规定创作者对其创造的智力成果享有的精神权利和经济权利，确保对权利的尊重

---

① 参见世界知识产权组织编著《世界知识产权组织知识产权指南——政策、法律及应用》，北京大学国际知识产权研究中心翻译，知识产权出版社 2012 年版，第 2 页。

和适当保护；第二，基于国家宏观发展战略的考量，知识产权制度在某种程度上具有一定公共政策的属性，在促进经济发展、科技进步、知识创新、文化繁荣和满足民众精神生活等方面发挥重要的制度激励作用，特别是在当前国际经济贸易和国际文化交流交往等各方面都发挥利益平衡和沟通合作的制度效用。作为艺术领域的创作产物和智力活动成果，对传统文化艺术能否运用现代的知识产权制度予以保护一直充满争议。但不可否认的是，传统文化艺术作为知识创造和智力活动成果，拥有知识产权制度所规制的客体的普遍属性。同时，知识产权制度本身也发生着内涵与外延的变迁，原本诞生于西方工业化社会下的为促进技术创新、鼓励发明的知识产权制度，伴随社会的进步和科学技术的急速发展，计算机软件、集成电路图、数据等新的类型的知识产权客体不断出现，产生了不同时代语境下的知识产权范畴和新的知识产品领域。那么，伴随传统文化艺术保护和利用问题的提出，知识产权制度的嵌入成为一种可能和必然趋势。

第一节　传统文化艺术的知识产权属性

知识产权的基本属性是"无形的知识财产权"[①]。具体而言，知识产权属性可以表现为无形性、人身权与财产权的融合性、社会性与国家法定性等典型的属性。传统文化艺术作为一种知识形态的劳动产品或智力产品，本身就具有知识产权"无形"的特征和属性。这里的"无形"是指无论以何种具体形式表现出来，相对于动产、不动产的"有形"而言，它是不占据物理空间

---

① 冯晓青主编：《知识产权法》，中国政法大学出版社 2010 年版，第 10 页。

的，也不会发生类似动产、不动产等在使用过程中发生的有形损耗。传统文化艺术可以通过一定的客观形态或物化载体来呈现，但这种客观形态或物化载体只是传统文化艺术这种无形财产价值的有形呈现，并不是知识产权本身。除了无形性之外，传统文化艺术还具有鲜明的知识产权属性。

一、人身权与财产权的两权融合

知识产权既包括人身权也包括财产权，其相比于其他民事权利中的人身权和财产权的一个典型属性就是知识产权是人身权与财产权相融合，在理论上也称之为"两权一体性"[①]，尤其是在知识产权中的著作权领域人身权与财产权高度融合。作为一种专有权，知识产权中的财产权的理论根基是自然法中的财产权劳动学说，这实际上是继承了约翰·洛克的财产权劳动学说的思想，将劳动本身与财产专有权紧密联系在一起，构建了解释知识产权正当性的理论基础。

约翰·洛克是17世纪英国资产阶级哲学家和政治法律思想家，是自由主义的奠基人，是古代自然法学派的杰出代表之一。他最具代表性的观点也就是对财产权如何产生的分析，他认为："土地和一切低等动物为人类所共有，但是每一个人对他自己的人身享有一种所有权，除他之外任何人都没有这种权利。他的身体所从事的劳动和他的双手所进行的工作我们可以说是正当地属于他的。所以只要他使任何东西脱离自然所提供的和那个东西所处的状态，他就已经渗透进他的劳动，在这上面参与他自己的某些东西，因而使它成为他的财产。既然是由他来脱离自然所安排给他的一般状态，那么在这上面就他的劳动加上了一些东西从而排斥了其他人的共同权利。因为既然劳动是劳动者无可争辩的所有物，那么对这一有所增益的东西，除了他之外就

---

① 冯晓青主编：《知识产权法》，中国政法大学出版社2010年版，第13页。

没有人能够享有权利，至少在还留有足够的、同样好的东西给其他人所共有的情况下，事情就是如此。"① "劳动使他们同公共的东西有所区别，劳动在万物之母的自然所完成的作业上面加了一些东西，这样，他们就成了他的私有的权利了。"② 洛克的财产权劳动学说源于自然法学说，他认为财产权是一种天赋的与生俱来的权利，任何政治社会、国家及其法律如果不对个人的财产权提供保护，那么这个国家、政府或法律都将丧失存在的合法性基础。澳大利亚学者德拉霍斯（Peter Drahos）曾对洛克的学说进行总结：（1）上帝将天堂留给自己，而将地上的一切赐给人类共有；（2）每个人对于自己的人身拥有所有权；（3）每一个人的劳动属于他自己；（4）当一个人将自己的劳动与处于共有状态的物混合在一起时，他就取得该物的所有权；（5）一个人在取得财产所有权时应该留下足够好、同样多的东西给他人；（6）一个人取得财产所有权以不造成浪费为限。③ 洛克的劳动财产学说是他政治学说中最核心的部分，也是最具特色的部分，他将劳动与产权紧密联系在一起，将财产权扎实地建立在对物的创造的基础之上。目前，现代法学学者普遍将洛克的学说作为知识产权正当性的理论基础。有学者指出，关于知识产权法的起源，财产与知识产权的哲学基础是建立在劳动基础上，或者更准确地说，是建立在对物的创造的基础上，某人创造了一个新的物，他对于该物就享有权利。④ 现代英国知识产权法学专家莱昂内尔·本特利（Lionel Bently）也认为，洛克的劳动学说这一自然法思想也是解释版权和其他知识产权正当性的

① ［英］洛克：《政府论》（下篇），叶启芳、瞿菊农译，商务印书馆1964年版，第53页。
② ［英］洛克：《政府论》（下篇），叶启芳、瞿菊农译，商务印书馆1964年版，第20页。
③ 参见冯晓青《知识产权法哲学》，中国人民公安大学出版社2003年版，第22—23页。
④ See Keith, "Natural Law Principle Underlying Intellectual Property", *12 the Southern Africa Law Journal 506*, 1990.

重要理论之一。^①尽管洛克的财产权劳动学说最初关注的是有形财产，但由于该学说被广泛运用在无形财产权的论证上，且与知识产权制度具有巨大的契合性，以至于洛克的财产权劳动学说被视为论证知识产权财产权属性的理论图腾。

从以上分析可见，洛克的财产权劳动学说也被运用在传统文化艺术产权属性的理论论证中。按照洛克劳动财产理论分析，既然"劳动赋予了拥有财产的最初资格"，并且是"几乎所有价值的源泉"^②，劳动对其劳动成果的自然权利理应扩展到智力成果领域。那么，作为劳动必要组成部分的，且比简单体力劳动更复杂、更具创造性的智力劳动或曰脑力劳动，传统文化艺术的形成是一代又一代族群或群体所积淀的思想和智慧的体现，其最终的文化艺术成果具有天然的产权属性，而创造和传承传统文化艺术的特定族群或个人应当对其劳动成果享有知识产权。除了财产权外，传统文化艺术还拥有鲜明的人身权。众所周知，传统文化艺术是独特的思维活动和智力活动的结果，反映了创造者独有的思想智慧、精神世界、人文素养、审美艺术、知识智力结构等，其智力活动创造者的身份，无论是群体还是个人都不能被其他任何人代替，这种权利为传统文化艺术创造者所专有，也是知识产权人身权的体现。人身权利的相关内容在知识产权法中处于相对重要的地位，这也是知识产权与其他一般财产所有权的重要区别之一。

总之，创造和从事传统文化艺术作为一种脑力劳动，是人类劳动的一种形式。依据财产权劳动学说，传统文化艺术天生具有产权属性，这一点已毋庸置疑。传统文化艺术内容丰富，包罗万象，包括美术、音乐、戏剧、雕塑、舞蹈、设计等各种形式的艺术表现形式，它是各民族审美风格和审美心

---

① See Lionel Bently and Brad Sherman ,*Intellectual Property Law*, Oxford University Press, 2001，pp.31-32.

② ［美］列奥·施特劳斯：《自然权利与历史》，彭刚译，生活·读书·新知三联书店2003年版，第248页。

理的写照，也是各民族各国世代流传的宗教信仰、风俗习惯、历史变迁、人文传统、思维逻辑等的积淀和缩影，具有无可替代的人格属性和人身权利。由此，传统文化艺术尽管古老，但它依然具备鲜明的人身权与财产权"两权一体"的融合性，这也是知识产权作为一种独立的民事权利的典型属性。知识产权的获得和知识产权的享有应当不因其客体的创造地点不同、领域不同或知识是基于传统的当地创造还是基于现代科学技术的普遍创造的不同而受到歧视。人类的一切智力成果，不论它们的获得方式如何，只要它们具有产权属性，都应当获得知识产权的保护。① 从这个角度而言，传统文化艺术的知识产权保护并非对新客体的挖掘或是新问题的凸显，而是传统文化艺术原本具有的知识产权属性使然。

二、私权性与国家法定有机统一

知识产权具有私权属性，这在我国国内立法和国际立法中均已被确认，特别是在世界贸易组织乌拉圭回合达成的《与贸易有关的知识产权协议》（TRIPs 协议）中充分肯定知识产权保护的必要性和重要性，并再次确认知识产权是一种"私权"。所谓"私权"是指具体的、特定的私人权利，是与公权相对而言的，私权是传统意义上的个人民事权利；"公权"则是强调国家、政府等公权力机构基于社会公共利益的权力形式。

理解知识产权的私权属性可以从知识产权产生的历史背景和实践变迁来看，知识产权诞生之初是封建统治者授予的一种特权。以著作权为例，著作权最初称为"版权"，肇自 15 世纪印刷术的普及，"版权"顾名思义是一种印刷出版的权利，就是指封建社会统治者授予书商和印刷出版商印制书籍

---

① 参见古祖雪《基于 TRIPS 框架下保护传统知识的正当性》，《现代法学》2006 年第 4 期。

的一种特权。作为统治者授予的一种特权，它又必然与当时封建统治者的统治利益相契合，因此，版权与审查权紧密联系在一起，凡是印刷出版的图书必须送封建统治者审查。既然最初的原始版权特指统治者授予印刷出版商的垄断权，那么这项权利最初与作者本身的权利关系不大，而与言论或新闻审查有紧密关联。18世纪初，伴随资产阶级革命风起云涌，封建王室授予印刷出版商垄断的"特许权"在"人生来自由平等""私有财产不可侵犯""天赋人权"等资产阶级自由思想启蒙下逐渐失去合理性和法律效力，广大市民阶层掀起了各领域的私权化运动，并对"版权"这一特权提出要关注作者的人格权，并对因其作品而该享有的精神权利和经济权利提出诉求。面对来自新崛起的社会力量的挑战和压力，英国王室被迫废除了书商和印刷出版商的垄断特权，这极大触动了原书商和印刷出版商的根本利益，同时社会上大量非法翻印图书的盗版行为迅速蔓延，而这又使得书商和印刷出版商士气大涨，借机要求政府官方给予其印刷图书一定形式的法律保护，提出他们应享有对作品物化的书籍和作品的所有权，并不断向国会施压。

面对利益格局的深刻变动以及由此带来的社会秩序突变，作者与书商、印刷出版商的权利争夺与势力对抗，又与英国王室和议会之间的权力博弈交织在一起。1709年，英国安娜女王颁布《为鼓励知识创作而授予作者及购买者就其印刷成册的图书在一定时期内之权利的法》（也称"安娜法令"）废除了皇家颁发许可证制度，首次确认了作者对于自己作品的印刷出版的支配权，是版权保护的主体，并对作者实行有限保护，作者可授权书商或出版商，而未经作者授权而印制或销售的图书便构成侵权。安娜法令也成为世界上第一部版权法或著作权法，确立了近代意义上的著作权思想，并对以后世界各国的著作权立法产生重大影响。鉴于时代局限性，当时所提及的作品表现形式仅限于印刷或手写方式，因此，安娜法令内容不多，所涉及的保护主体、权利期限、侵犯惩罚等都相对简单，该法所保护的作品仅限文字作品及以书面形式出现的美术、音乐作品，对于文学艺术作品的公开演出、改编等其他邻接权以及一些特别形式存在或民间口头流传的作品都未提及。

在安娜法令颁布后，关于在具体实践中如何平衡作者、书商和印刷出版商之间的利益也出现了很多的争议，本质上是对著作权究竟属于什么样的一种权利、具有怎样的产权属性并不清晰。而此后发生的两例典型版权案例为安娜法令的实施确立判例标准。1769 年英国发生的"米勒诉泰勒"案（米勒案）和 1774 年"德纳森诉贝克特"案（德纳森案）这两个判例作为安娜法令的权威解释，不仅确立了文学艺术作品的私权属性，还是确立了"现代著作权法的核心原则独创性和思想表现两分法的先驱"[①]。1729 年，安德鲁·米勒购买了汤普森的诗作《四季》的权利，他在 1763 年来自特威德河贝里克郡的书商罗伯特·泰勒出版该作品的复制品后，寻求法律救济，试图证明自己拥有汤普森《四季》的一项普通法权利。该案的主要问题是作者及其受让人在其创造物出版后是否在普通法上仍保有一种永久性财产权。经过广泛讨论后，王座法院大法官以三比一多数裁决支持普通法文学产权。米勒案裁决后，当事人双方均未上诉。五年后，普通法文学产权的地位在德纳森案中又被议会重新进行审查。由于案情及涉及问题类似，且涉及的还是同一个作品——汤普森的《四季》，因此德纳森案事实上可以视为米勒案的上诉。在德纳森案中，德纳森出版了《四季》的复制品。而从米勒处购买《四季》权利的贝克特在王座法院提起著作权侵权诉讼。在首席大法官巴瑟斯特勋爵根据米勒案颁发对德纳森出版《四季》的永久性禁令之后，德纳森上诉至议会。在裁决这个问题之前，议会寻求法官意见。大多数法官承认普通法权利，多数认为甚至在出版之后普通法权利仍然存在。尽管法官给出的意见是支持伦教出版商的，然而议会全体在决定这件事情时却支持德纳森，反对

---

① Katle Sykes, Towards a Public Justification of Copy-right, 61 U.T.Fac.L.Rev.at p.10.from LexisNexis.com.

永久性普通法著作权。[①] 作为一个整体事件，米勒案和德纳森案首先涉及了作为著作权制度的前提的脑力劳动和体力劳动及其所产生的结果即产出的不同，而这种不同是著作权甚至知识产权制度不同于其他制度的基础。[②] 其次，版权的存在是以作者对其脑力劳动的成果享有所有权，但这种所有权应当拥有一定历史期限。

米勒案和德纳森案的争论焦点在于"文学艺术作品是否拥有永久普通法著作权"，其间既有大量支持作品永久普通法文学产权的法律认识，也有大量反对作品永久普通法文学产权的法律意见，这一争论焦点使得关于著作权保护时间长度的狭隘技术争论转向更一般的文学艺术产权的哲学问题的讨论。只有文学艺术的财产权性质被清晰准确地确定了，才有可能进一步讨论这种财产权的保护时限问题。因此，米勒案和德纳森案涉及的首要问题也是文学艺术产权是否具有正当性的问题，即具有私权属性的问题。反对作品永久普通法文学产权的一派认为私有产权的特征是基于有形的物理的"占有"或"拥有"的状态，这是自然法长期以来确立的原则，而文学艺术等作品缺乏有形的或长期物理的存在而不存在被"占有"或"拥有"的状态，因此不能作为财产的一种形式。对此，支持作品永久普通法文学产权的一派则将"占有"或"拥有"才是私有产权的本质特征进行否定，认为"劳动"才是界定财产权的根本特征。如前文所述，劳动亦可分为体力劳动和脑力劳动，体力劳动产生物质的产品，脑力劳动则形成各种形式的文学艺术作品，从这一角度而言，文学艺术产权具有正当性，是财产权的一种形式，具有私权属性。

以上从知识产权发展历程中看到，这一权利在诞生、发展过程中对其产权属性充满争议和辩论，尽管最终对其私权属性达成共识，但在这个过程

---

① 参见王太平、黄献《安娜法的权威解释：英国米勒案和德纳森案》,《电子知识产权》2006 年第 4 期。

② 参见刘春田《知识财产权解析》,《中国社会科学》2003 年第 4 期。

中国家政府的公权力在其中发挥重要作用。无论是封建社会时期皇家颁发许可证制度，还是在资本主义社会以国家制度和法律的形式加以确认，国家政府公权力对知识产权这一私权进行法定的授权、审查、注册等行政管理。如前所述，知识产权的客体是一种智力成果，与有形实体相比具有无形性的特征，知识产品一旦公开，其创作者很难像对有形财产一样占有并行使权利，私权属性也就难以保障，这就必须由国家或政府官方授予专有权，进行法律保护，例如专利权和商标权需经过国家行政机关行政审批确认，著作权也有相关行政机关实行版权登记制度，等等。众所周知，人类智力成果的范围十分广泛，并非所有的智力成果都要获得知识产权保护，同时也没有任何一个国家或政府能保护一切形式的智力成果，能否获得知识产权保护不仅取决于国家法律要求，还取决于一个国家的经济发展情况和公共政策等要素。知识产权的种类、内容均由国家法律直接规定，创作人或当事人不得自由创立，这也是很多法学家提出的"知识产权法定主义"理论。[①] 作为一种脑力劳动，传统文化艺术具有鲜明的知识产权属性，但从知识产权的诞生来看，这种私权属性与国家法定专有权有着千丝万缕的联系；作为无形财产，传统文化艺术与其他有形的物质财产权相差迥异，传统文化艺术与一个国家或民族的历史传统、文明延续、文化发展和公共精神生活紧密相连。由此，传统文化艺术尤为典型地表现出产权属性与国家法定有机统一的特征，而这也是知识产权属性最为典型的表现。

三、社会性与集体人权相互引证

洛克的劳动财产学说为分析传统文化艺术具有产权属性的正当性方面

---

① 参见郑胜利主编《北大知识产权评论》（第2卷），法律出版社2004年版，第51—66页。

构建理论依据，同时他也强调："既然劳动是劳动者无可争辩的所有物，那么对这一有所增益的东西，除了他之外就没有人能够享有权利，至少在还留有足够的、同样好的东西给其他人所共有的情况下，事情就是如此。"① 也就是说，劳动取得财产权应当满足给予其他人留下"足够的、同样好的"作为前提，这也提出了对私人财产权与他人或社会之间权利关系的考量。任何精神和智力成果的诞生从某种意义上来说都是社会文明和智力积累的延续和发展，同时又是促进整个社会文化繁荣和文明进步的重要因素，同样也为后续文化艺术成果创新提供了基础和条件。正因如此，知识产品或智力成果具有产权属性的同时也构成了社会财富的重要组成部分，具有鲜明的社会性。

　　作为脑力劳动的智力活动成果，传统文化艺术表现为一种无形财产，"财产"一词的内涵和外延背后都隐藏了丰富的社会权利关系。18 世纪英国经验主义哲学家休谟则认为："财产权可以定义为，在不违反正义的法则和道德上的公平范围内，允许一个人自由使用并占有一个物品，并禁止其他任何人这样使用和占有这个物品的那样一种人与物的关系。"② 古典制度经济学家麦克劳德也指出：财产这个名词的真正和原来的意义不是指物质的东西，而是指使用和处理一件东西的绝对权利。财产的真正含义完全是指一种权利、利益或所有权。③ 休谟和麦克劳德都从财产的性质进行深入分析，将"财产"从"人与物的关系"升华为"人与人之间的关系"，是人与人的权利和利益之间的关系。彼得·达内豪斯指出：财产是一个人与另一个人或一个人与其他很多人之间的权利义务关系。基于此，从财产的本质上可以认识到"财产"和"权利"是紧密相连的。如法律经济学家罗伯特·考特、托马斯·尤伦指出，财产是一组权利，这些权利描述一个人对其所占有的资源

---

① ［英］洛克：《政府论》（下篇），叶启芳、瞿菊农译，商务印书馆1964年版，第53页。

② ［英］休谟：《人性论》，关文运译，商务印书馆1981年版，第345页。

③ 参见［美］康芒斯《制度经济学》（下），于树生译，商务印书馆1962年版，第19页。

可以占有、使用、改变、馈赠、转让或阻止他人侵犯。① 财产的内涵也由原有的具体的物的概念上升为抽象的权利和利益关系来理解，人们开始从具体与抽象、绝对与相对、私人与公共等的不同关系之中来解释财产所形成的法律关系。作为特殊的无形财产，传统文化艺术意味着一组复杂的社会权利关系，在这一"权利束"中隐含着无形财产的生产、使用、分配、占有等权利关系，以及财产权利关系所对应的义务范畴，具有深刻的社会功能性。

在漫长的历史文化发展长河中，知识产权通过调整各种复杂的权利关系而促进社会文明和科技进步。作为一种无形财产权，知识产权包括各种智力、精神和艺术成果，凸显独有的精神品质、思想理念和审美性格，又关涉大众精神生活和文化权利、人类文明传承和进步，它不同于其他有形财产所涉及的权利关系，因此，知识产权与人权之间具有十分密切和复杂的联系，甚至国际社会将知识产权本身拓展为人权的重要内容。众所周知，《世界人权宣言》(1948)、《经济、社会及文化权利国际公约》(1976)、《公民权利和政治权利国际公约》(1976) 号称"国际人权宪章"三大柱石。此后，1992年在联合国环境与发展大会上签署的《生物多样性公约》(CBD)，确认为保护地球上多种多样的生物资源，各国对本民族遗传资源、传统知识等加强保护，也被很多业界人士称为"第四大柱石"。《世界人权宣言》第一条至第二十八条、《经济、社会及文化权利国际公约》第一条至第十五条、《公民权利和政治权利国际公约》第一条至第二十七条规定了包括政治、经济、文化、财产、劳动、人身、婚姻等方面的广泛人权内容。《世界人权宣言》及其他主要国际人权公约中，知识产权被赋予了人权的禀性——知识创造者对其创造性劳动成果享有受保护的专有权利，社会公众为了其自身发展也享有分享他人的创造性智力劳动成果的权利，这两项权利都是国际社会所确认与

① 参见［美］罗伯特·考特、托马斯·尤伦《法和经济学》，张军等译，上海三联书店、上海人民出版社 1994 年版，第 125 页。

保障的基本人权。例如《世界人权宣言》第二十七条规定："（一）人人有权自由参加社会的文化生活，享受艺术，并分享科学技术进步及其所产生的福利。（二）人人对由于他所创作的任何科学、文学或美术作品而产生的精神的和物质的利益，有享受保护的权利。"①《经济、社会及文化权利国际公约》第十五条第一款也做了类似的规定。除此之外，《美洲人类权利和义务宣言》、英国知识产权委员会《整合知识产权与发展政策》等地区公约和国家政策对人的劳动、财产、文化等基本权利保护的规定，也包含了知识产权的内容，逐步确立了知识产权的人权属性。在全球化和商品化日益发展的背景下，人权和知识产权正在不同的场合以人们意想不到的方式相互影响着，知识产权的人权意义，既包含了对知识财产的专有保护，也包含了社会公众对知识财产的合理分配与利用，这两个方面对立统一的关系共同构建了现代知识产权法大厦的支柱。

知识产权被纳入人权范畴后，知识产权正当性被赋予了新的内容。1996 年 1 月，世界贸易组织通过了《与贸易有关的知识产权协定》（TRIPs 协议），将知识产权与国际贸易紧密结合在一起，这成为西方发达国家灵活运用知识产权制度，维护自身权益，释放知识产权制度张力的重要标志。1998 年 11 月，为纪念联合国《世界人权宣言》发表 50 周年，世界知识产权组织与联合国人权事务高级专家联合展开了"知识产权与人权"为主题的研讨会，这也是第一次针对人权和知识产权之间内在的制度冲突和本质联系进行公开讨论。2000 年 8 月，联合国经社理事会促进和保护人权小组委员会在其第 52 次会议上通过《知识产权与人权》决议。按照该决议的要求，联合国人权高级专员于 2001 年 6 月 27 日提交了报告《〈与贸易有关的知识产权协定〉对人权的冲击》。联合国促进和保护人权小组委员会通过的决议

---

① 艺衡、任珺、杨立青：《文化权利：回溯与解读》，社会科学文献出版社 2005 年版，第 359 页。

指出："由于《（与贸易有关的）知识产权协定》并没有反映所有人权的基本性质和整体性，包括人人享有获得科学进步及其产生利益的权利、享受食物的权利和自我决策的权利，所以知识产权协定所体现的知识产权制度同国际人权法之间存在着明显的冲突。"①2001 年 11 月 9—14 日，世界贸易组织第四次部长级会议在多哈召开，就《与贸易有关的知识产权协定》做了进一步讨论，并最终通过了举世瞩目的《多哈宣言》，该宣言的通过是解决知识产权与人权冲突的一个历史性突破。2003 年联合国教科文组织通过的《保护非物质文化遗产公约》便是参照国际人权公约，尤其是《世界人权宣言》《经济、社会及文化权利国际公约》以及《公民权利和政治权利国际公约》制定的。

就此，伴随土著民族、少数民族或发展中国家人权意识的觉醒及其积极开展运用人权来维护自己文化权益的行动，作为人权重要内容的知识产权又逐步与民族、国家文化自决权、文化发展权等集体人权紧密关联。众所周知，发展权与自决权作为基本人权已逐步为国际社会所认同，是世界各国各民族借以实现自身平等、和谐地发展的重要权利。世界知识产权组织把促进传统部族和传统社区的发展作为传统知识保护的政策目标之一。在世界知识产权组织主持的关于传统知识、民间文学艺术、遗产资源保护的讨论会上，土著组织的代表就明确指出传统知识、民间文学艺术和遗传资源同他们的群体和土地有着精神上、文化上甚至是宗教上的密切联系。剥夺土著民族的这些知识和资源，将侵犯土著民族的民族自决权。②传统文化艺术是一方土地上的一个族群或群体创造并世代传承、不断创新所建构的文化艺术宝藏，其创作主体表现为某一族群或群体，这构成了现代社会中主权国家或特定民族的文化根基，成为主权国家或独特民族的标识，以及谋求文化认同感和文化

① 　黄玉烨：《知识产权与其他人权的冲突与协调》，《法商研究》2005 年第 5 期。

② 　参见张耕《民间文学艺术的知识产权保护研究》，法律出版社 2007 年版，第 82 页。

发展的重要内容。因此，传统文化艺术表现为一种集体人权，与主权国家追求自身政治、经济和社会的发展紧密联系在一起，也与被压迫民族反对文化帝国主义和文化殖民主义，确立自身独立地位密切相关，是主权国家发展权与自决权的重要表现。

综上所述，无论是从国际政治意义上后起民族国家对自身国际政治地位的确立，还是从人权和文化权益的确认与保障、人类社会整体利益和维护文化多样性的迫切要求等方面来看，传统文化艺术知识产权保护已不单纯是一个文化艺术产权问题，还关涉一个国家和民族对内文化传承、发展、创新、繁荣的社会问题，对外涉及政治主权、经济利益、文化权益、国际关系，甚至人类文明的传承发展等战略问题，是知识产权社会性和集体人权有机统一的表征。

第二节　政策视角下的知识产权制度的典型特征

知识产权制度通常会与公共政策这个概念联系在一起，那么应当如何认识这两者之间的关系？目前，学界内存在截然不同的两种观点。一种观点倾向于将知识产权制度视为一种特殊的公共政策，包括"知识产权制度就是一种公共政策""知识产权制度就是一种公共政策的工具""知识产权制度在公共政策体系中也有一项知识产权政策"等观点。① 知识产权公共政策是在国家层面上制定、实施和推进的，通过制度配置和政策安排对知识资源的

---

① 参见吴汉东《中国应建立以知识产权为导向的公共政策体系》，《中国发展观察》2007 年第 5 期。

创造、归属、利用以及管理等进行指导和规制的公共政策选择和安排。① 另一种观点则与之相对，认为知识产权制度是围绕知识产权这一私权，主要依据法律规范来进行知识产权的调整与规范的法律制度，不能简单将其定义为一种特殊的公共政策，并提出知识产权制度是与公共政策紧密相关的法律制度。② 对于这一问题的争论，最基本的核心问题是关涉知识产权的本质和特征是什么？如前文所述，论证知识产权是否属于一种自然权利，是充满争议的。古典自然法学中认为自然权利是与生俱来的、不可转让的、不可剥夺的。前文以洛克的劳动财产权理论是知识产权最基本的法理依据，脑力劳动也是劳动的一种，付出劳动被赋予相应的个人专有权，因此，人们普遍认为知识产权也是一种自然权利，违反这个权利就是侵权，就是犯错误，权利是不能被侵犯的。但仔细辨析又会发现，知识产权与财产权等权利在特征上有所不同，知识产权本身又自然且必然地与社会、与他人发生更多更为复杂的权利关系。因此，知识产权这一种权利是国家等公权力机关授予的，极少具有生而为人与生俱来的道德特点。③ 从知识产权制度建构和目的来看，知识产权制度首先涉及一个社会文化发展和人们精神生活等公共领域，关系到社会精神生活和人类文明的发展延续；同时，知识产权制度还关涉经济问题，与社会的发展创新、科技进步等密切相关，而不是一个单纯道德上的对与错的问题。知识产权制度既关涉文化问题，又关涉经济问题、社会的整体发展等，对于知识产权界定的范畴和权利调整就更为复杂，知识产权制度在

① 参见吴汉东《利弊之间：知识产权制度的政策科学分析》，《法商研究》2006 年第 5 期。
② 参见李顺德《知识产权基础性法律问题研究》，载《实施国家知识产权战略若干基本问题研究》，知识产权出版社 2012 年版，第 21 页。
③ See Robert Weissman，"Along, Strange TRIPS: The Pharmaceutical Industry Drive To Harmonize Global Intellectual Property Rules, and The Remaining WTO Legal Alternatives Available to Third World Countries"，*The University of Pennsylvania Journal of International Economic Law*, Vol.17,1996,pp.1086−1087.

一定程度上与经济政策、文化政策、产业政策、社会发展政策等各类公共政策密切相关，在国家发展战略与之涉及和应对各种具体问题之时，知识产权制度也天生具有了鲜明的政策性质和公共政策功能，产生了一定的公共政策绩效。

政策是国家机关、政党及其他政治团体在特定时期为实现或服务于一定社会政治、经济、文化目标所采取的政治行为或规定的行为准则，它是一系列谋略、法令、措施、办法、方法、条例等的总称。^①可以判断的是，知识产权制度通过合理确定人们对于知识和信息的权利界限，调整人们在创造、运用知识和信息过程中产生的利益关系，激励创新，推动经济发展、技术进步和文化繁荣。知识产权制度外延相对于知识产权立法本身来说宽泛得多，知识产权制度不仅包括知识产权立法，还包括知识产权执法、知识产权行政管理、知识产权公共服务、知识产权文化建设、知识产权教育等诸多方面，是对知识产权创造、保护、管理与运用进行规制和指导的系列措施。世界贸易组织制定并缔结的《与贸易有关的知识产权协议》（以下简称"TRIPs 协议"），其中的第 7 条和第 8 条也提出了知识产权制度具有鲜明的政策属性与功能的理论。TRIPs 协议第 7 条规定了知识产权保护的目标，明确了知识产权制度作为公共政策的作用，提出知识产权制度的利益平衡理论。TRIPs 协议第 8 条规定了 TRIPs 协议的基本原则，承认各成员方有权采取适当的措施维护公共健康或者其他公共利益，防止知识产权的滥用，当然这些措施必须和 TRIPs 协议的规定保持一致。TRIPs 协议第 7 条和第 8 条首次在国际知识产权条约中正式提出了知识产权制度的公共政策理论，允许各成员国制定与 TRIPs 协议相协调的知识产权公共政策。知识产权制度在一些发达国家已经拥有了数百年的历史，发达国家在运用知识产权制度促进本国经济、技术和文化发展方面积累了丰富经验，但是，对于发展中国家

---

① 参见陈振明主编《公共政策分析》，中国人民大学出版社 2003 年版，第 43 页。

而言，其知识产权公共政策普遍只有几十年的历史，很少有发展中国家对制定和运用知识产权制度有直接、丰富和成熟的经验，发展中国家应更具有自觉意识将知识产权制度和本国的政治、经济、文化和社会的发展紧密联系在一起。因此，从政策视角下来看知识产权制度，我们才能更深入地了解知识产权制度背后所具有的典型特征，才能更深入把握传统文化艺术传承发展与知识产权制度的契合性。

一、蕴含国家发展战略的公共属性

知识产权本质上是一种私权，这在洛克的劳动财产学说中得到理论上的论证。在具体国际贸易实践中，TRIPs 协议也明确其知识产权本身所具有的私权属性。但是，作为一种私权，知识产权与国家这一公共政治主体之间具有极为密切的关系。首先，从知识产权制度诞生来看，知识产权最初是作为国家对于发明创造者或传播知识者授予的一种特权出现的，授予特权只是一种为了达到目的的手段，而不是目的本身。知识产权从本质上来看是国家授予的一种权利。例如在具体的实践操作中，倘若要维护文学、艺术和科学领域内的著作权（旧称版权），那么这个作品须被国家认为是拥有独创性并能以一定形式表现的作品，同样，倘若要获得一项发明专利，那么这个发明须被国家认为具有新颖性、创造性和实用性。基于此，各国政府可以依据本国的文化事业发展与繁荣状况决定版权保护期限，以及建立相关的合理使用制度；各国政府还可以依据本国科学技术发展的要求，决定到底授予还是不授予专利，授予多长的保护期，在什么条件下授予，或者撤销专利授予。创造者或者发明者在智力成果享有知识产权权益的同时必须认识到著作权和专利等知识产权的授予是具有一定条件的。基于此，有很多专家学者也认为，知识产权并不是一种自然的权利，而是国家赋予的一种权利，从本质上而言，知识产权是一种公共政策。① 从这个角度而言，知识产权是国家授予个人、群体或者企业的人身权和经济上的权利，并不能仅仅从私权的角度和属性来关注知识产权本身，而从国家为何授予以及授予权利的目的来充分理解知识产权制度本身所具有的公共属性。

其次，保护知识产权并非目的，知识产权制度设计是通过保护知识产权、明晰产权界定，进而激励创新、鼓励技术进步、推进文化繁荣、实现人类文明演进等关乎宏大命题的公共目的。知识产权制度是通过保护知识生产者和创造者因创造知识产品而获得的人身和财产权益，以鼓励和激发其生产更多的知识产品，最终目的是服务于国家和社会，促进经济、技术和文化的发展。在知识产权制度的具体实践中，我们会发现，一方面著作权及其邻接权等鼓励文学艺术作品的创作，专利和商标等为各类技术创新提供保护，鼓励社会加大研发投入创建品牌，通过保护知识产权权利人的个人利益来激励创新推动本国的经济发展、技术进步和文化繁荣；另一方面，知识产权制度又明确通过技术转移和技术扩散，推动知识和信息的传播，维护公共利益。例如，著作权法中会明确相关合理使用的对象和范畴，著作权的保护期限以及邻接权等；专利制度中又谨慎确定专利保护的客体，严格限定专利的保护期，完全公开专利技术；商标制度又旨在建立公平竞争的市场秩序，提供高质量的商品和服务，保障消费者的公平选择权；此外，知识产权制度中所规定的研发例外、教育研究目的的例外、合理使用、强制许可和法定许可的例外等，都是在保护权利人知识产权权益的基础上，维护国家和社会的公共利益，从个人权利和公共利益两方面共同推动经济、技术和文化的发展，为一国的经济、技术和文化发展提供动力。因此，我们不能作为一种目的来关注知识产权制度本身，相反，应当关注知识产权制度如何才能为国家的宏观发

---

① 　See Susan Sell, "Intellectual Property And Public Policy In Historical Perspective: Contestation and Settlement", *Loyola of Los Angeles Law Review*, Vol.38, 2004, p.273.

展战略、经济发展、技术进步、文化繁荣和减轻贫穷做出贡献。知识产权制度本身不是一种目的而是一种彰显和关涉国家与社会宏观发展战略的制度安排。正如 TRIPs 协议第 7 条规定的，知识产权制度既要考虑知识产权生产者的利益，又要考虑知识产权使用者的利益，知识产权保护不仅要推动技术的创新，还要促进技术的转移和扩散，实现权利和义务的平衡，进而推动经济和社会的全面发展。

此外，知识产权制度的历史变迁始终是以国家利益最大化为出发点的。纵观知识产权制度发展史，知识产权制度早在 19 世纪就已经被当作一种公共政策来贯穿在国家宏观发展战略中，以谋求国家利益最大化，并在不同的历史时期，依据本国内经济、科技和文化发展的实际状况来不断调整知识产权保护水平。例如，美国刚独立时还是主要的知识产权进口国，为了激发本国公民的创新积极性并极大地维护本国的国家利益，美国将专利仅仅授予本国公民。1836 年，外国人要支付的专利费是美国公民的 10 倍，直到 1861 年外国人才被给予非歧视待遇。同时，在版权保护方面，美国在 19 世纪不保护外国作者，随意盗印外国文学，特别是盗印英国文学作品极为泛滥，英国著名作家狄更斯对此提出强烈的批评。因此，尽管美国第一部版权法颁布于 1790 年，但直到 1891 年才开始保护外国作者的作品，1955 年美国才加入世界版权公约。然而，当美国逐渐成为世界上知识产权产品的最大出口国时，美国政府立即调整政策，要求加入《伯尔尼公约》，并在分析报告中指出，《伯尔尼公约》是国际公认的提供最高水平版权保护的多边公约，一方面可为美国的作家、艺术家以及各类版权产品在国际上得到最高水平的保护提供保障，另一方面将保障美国能够有效地积极地参与到国际版权政策的制定及其管理过程中，并最大限度地保护本国国家利益最大化。纵观知识产权制度的发展历史，不管是故意的还是非故意的，知识产权保护一直是以知识产权公共政策作为表现形式的。① 知识产权制度是一个社会政策的工具。②
是否保护知识产权，对哪些知识或信息赋予知识产权，如何保护知识产权，
是一个国家根据现实发展状况和未来发展需要所做出的制度选择。③ 从知识
产权制度的横向比较来看，知识产权制度依然具有一定的变通性、灵活性和
制度弹性。不同国家的知识产权制度具有一定的差异性，各国都在寻找一种
最符合本国利益需要的知识产权制度设计，其根本目的是符合本国的利益需
要，推动本国的经济、技术和文化发展。最典型的就是发达国家和发展中国
家由于经济、技术和文化的发展水平不同，知识产权保护水平也迥异。发达
国家由于在科技和文化产品方面占有优势，属于知识产权出口国，因而极力
谋求较高水平保护的知识产权制度，以此谋得国际贸易中本国国家利益最大
化；而对于发展中国家而言，高水平的知识产权保护在一定程度上会限制技
术、信息和文化的扩散和传播，因而损害本国的经济和科技的发展。因此，
围绕如何实现国家利益最大化，各国知识产权制度的研究者和相关公共政策
制定者都在全面考量其公共属性，仔细考量究竟是把知识产权制度作为获取
国外市场讨价还价的政策工具，还是要维护本国各方利益平衡，打造自由竞
争、鼓励创新的经济环境；何种程度的知识产权保护最适宜；如何根据本国
的经济、技术和文化发展水平和产业优势构建最优的知识产权制度等一系列
问题。知识产权不是一种绝对且无限的权利，知识产权制度也不是墨守成规
的经验窠臼。即便是在当前发达国家主导的 TRIPs 协议之下，依然可以有
策略性地运用 TRIPs 协议的弹性空间，依据本国的国情和优先考量事项的
不同，制定符合本国利益的知识产权制度，其根本都是为了维护国家的根本

① See Christopher May and Susan K.Sell, *Intellectual Property Rights:A Criticl History*,
New York : Lynne Rienner Publisher, 2006,p.109.
② 参见刘华《知识产权制度的理性与绩效分析》，中国社会科学出版社 2004 年版，第
46 页。
③ 参见吴汉东《知识产权本质的多维度解读》，《中国法学》2006 年第 5 期。

利益，都是以国家利益最大化为出发点。

综上，知识产权制度在国家宏观的发展战略中是一项重要的制度安排，它与国家的文化政策、财政政策、经济政策、教育政策、人才政策、科技政策、产业政策、税收政策、金融政策等密切相关，各项制度和政策协同促进，共同发力才能起到更好的效果。具体到传统文化艺术的知识产权保护而言，知识产权制度又与文化产业政策、文化经济政策、文化人才培养和教育政策、优秀传统文化传承政策等紧密相关，只有各方联动，相互支撑配合，才能实现中华优秀传统文化的传承弘扬和创新发展，才能实现我国文化大发展和大繁荣的战略目标。

二、平衡权利与利益的工具属性

知识产权制度在政策功能上发挥协调、分配和平衡各方利益的重要作用。如前文所述，知识产权个人权益与公共利益之间的平衡关系是知识产权制度首要调整和维护的最基本关系。在充分保障知识产权人的人身权和财产权的前提下，知识产权制度更重要的是保障国家科技进步和文化发展的公共利益，因此，在权利范围、保护期限以及权利例外等方面的制度安排均是平衡和调整个人利益与公共利益这两者之间的关节。其次，从中观层面分析，知识产权制度可以被理解为一种产业政策，表现为政府对文化市场的一种制度性干预。例如，国家鼓励文化产业创新，大力支持文化领域的繁荣发展等，其保护期限和权利要求范围等都是政府可以调整和把控的重要环节。如果将版权保护或相关专利保护期设置过长，权利要求范围过宽，那么意味着知识产权保护水平较高较强，在一定程度上阻碍了文化领域后续跟进发展的动力。相反，相对窄的权利要求范围在一定程度上可鼓励他人在已有知识成果和专利发明基础上进一步研发探索产生新的智力成果，或者在较为宽松的版权环境下对后进入文化领域的创新和发展设置较少的限制。从知识产权人的角度可以发现，版权人期待和寻求尽可能宽的权利要求范围和尽可能长的保护期限以保障自身的权利，而竞争者或其余社会公众则期待尽可能缩小权利要求范围。基于此，知识产权的行政管理机构和政府部门则从经济发展和文化产业结构调整的视角平衡和调整权利要求范围，一方面平衡知识产权人和竞争者之间的利益关系，另一方面从本国文化产业的技术发展状况来制定适宜的政策措施，以实现间接管理和调整国家产业发展，例如在本国技术水平比较高的产业领域可以采取高水平的知识产权保护，而在技术水平比较低的产业领域采取比较低的知识产权保护，以利于保护弱势产业，促进优势产业的可持续发展。

以上是基于国家发展的视角看知识产权制度与政府制定公共政策之间如何平衡利益和权益的关系。在国际范围内，全球化背景下的国际贸易、技术合作以及文化交流日益频繁且深入，国际知识产权保护尤为重要，特别是调整和平衡发展中国家与发达国家之间的利益和权益成为各国关注的重要方面。绝大部分发展中国家作为技术的进口国，科学和技术基础结构能力很弱，能够从现有的知识产权制度框架体系下获得的收益很少，而发达国家主导建构的 TRIPs 协议在全球获得了对本国技术和文化产品等相关领域高水平的知识产权保护，并从中渔利颇丰，甚至成为阻断和要挟发展中国家发展的政治和经济底牌。同时，值得关注的是，广大发展中国家和原住民或土著群体的传统文化艺术、遗传资源和传统知识却没能获得相应的保护，这样的国际知识产权保护制度是不公平、不平衡的，这也成为当前广大发展中国家不断申诉并争取的权益内容。总之，各国需要制定有利于利益平衡分配的知识产权制度来促进本国的经济发展、技术进步和文化繁荣，国际知识产权制度也同样承担着平衡协调好各方利益的职责。

回望知识产权国际公约的发展历程，国际知识产权制度也存在依时而变，依各国实力和策略而调整变迁的轨迹。伴随知识产品在世界各国之间的流动，各国知识产权制度的差异极易引起不同国家之间对于知识产权保护的摩擦和争端，而各国的经济文化发展水平不尽相同，又使得国际社会对知识产权保护的观念存在巨大分歧。最为典型的就是，知识产权制度在国际贸易中的地位和作用，在19世纪中后期知识产权制度被认为是自由贸易的对立物；百年之后的20世纪中后期，发达国家重新定义知识产权制度，将其与国际贸易紧密挂钩，成为自由贸易的核心组成部分。[1]众所周知，1883年的《巴黎公约》、1886年的《伯尔尼公约》和1891年的《马德里协定》，这三大公约被认为共同构成了国际知识产权制度的三大支柱，奠定了国际知识产权制度的基本构架，也标志着知识产权保护问题成为一个需要国际社会共同面对和协商的问题。尽管如此，这三个国际性知识产权保护公约也只是构建了制度框架和程序性的规则，并没有对知识产权保护的权利要求和水平做出具体详细的规定，也缺乏相应的操作规程，并允许各国依据国情制定各自的知识产权制度，采取不同的知识产权保护标准。1967年，世界知识产权组织（WIPO）成立，专门负责协调和管理国际知识产权保护相关问题，并与联合国教科文组织（UNESCO）联合共同商讨发达国家与发展中国家各自所关注的知识产权保护的问题，一段时间内发展中国家和原住民或土著群体对于传统文化艺术、民间文学艺术、遗传资源、传统知识等领域的保护逐渐达成相关共识，而这又与发达国家长期以来的利益范围和需求产生冲突。于是，20世纪80年代初，发达国家试图跳出世界知识产权组织和联合国教科文组织的制度框架，开辟新的平台进行利益博弈：1986年，西方发达国家将知识产权问题提上关贸总协定乌拉圭回合谈判的议程，将知识产权问题和国际贸易联系在一起，开始了知识产权谈判，经过多轮的博弈和谈判；1994年，在西方发达国家主导下各国签订了TRIPs协议，协议规定了知识产权保护的最低标准，开启知识产权国际协调和利益平衡的里程碑；以美国为首

---

[1] See Fritz Machlup and Edith Penrose, "The Patent Controversy In The Nineteenth Century", *Journal of Economic History*, Vol.10, 1950, pp.1-29.

的发达国家始终寻求有利于本国利益的高水平的知识产权保护制度，因此
在 TRIPs 协议基础之上，继续不断对发展中国家施加压力，签订了 FTA、
ACTA 和 TPP 等协议，利用贸易优惠条件劝说发展中国家执行比 TRIPs
协议更高的知识产权保护标准，这对发展中国家是很不利的。对此，发展中
国家又通过《多哈宣言》针对公共健康问题进行谈判，获取更多的信息和低
水平的知识产权保护。同时，发展中国家尤为关注传统文化艺术以及传统知
识、遗传资源等领域的知识产权保护问题，通过《生物多样性公约》呼吁国
际社会保护传统知识和遗传资源。此外，在广大发展中国家的推动下，世界
知识产权组织成立的"知识产权与遗传资源、传统知识和民间文学艺术政府
间委员会"（WIPO-IGC）积极推动传统文化艺术等相关领域知识产权保护
调研、讨论和制度建设。由此可见，在国际合作背景之下，国际知识产权制
度极力平衡发达国家和发展中国家之间的利益关系，发达国家关注发明专
利、版权、商标、计算机软件、集成电路布图设计等领域，主张缩小公共利
益的范围，提高国际知识产权保护水平；发展中国家则据理力争，希望保留
一定的公共利益，便于公众获取知识和信息，实现技术追赶，同时，提出对
传统文化艺术、传统知识和遗传资源等领域的知识产权保护的强烈诉求，这
种利益博弈和权益调整不断地进行下去，直至达到新的平衡。

综上所述，知识产权保护总是处于争论和变化之中，这种争论和变化
贯穿和体现在知识产权制度的发展变迁之中；这种争论永远没有终点，每次
争论都会达到暂时的平衡，表示争论暂时被解决，一旦平衡被打破，又开
始新的争论。还是以 TRIPs 协议为例，其已意识到利益平衡原则的重要性，
做出了一些限制和例外的规定，即 TRIPs 协议的弹性空间，包括：TRIPs
协议前言规定，知识产权是一种私权，但是也承认各国知识产权制度维护
公共利益的目标。TRIPs 协议第 1 条第 1 款规定，各成员方可以根据本国
的经济技术发展阶段和本国国情采取 TRIPs 协议规定的最低标准知识产权
保护。TRIPs 协议第 7 条规定，知识产权保护和执法应当为促进技术创新、

技术转移和技术扩散做出贡献，不但要有利于技术的生产者，而且要有利于技术的使用者，应当为社会和经济的发展做出积极的贡献，在权利和义务之间保持平衡。TRIPs 协议第 8 条规定，为了实现社会、经济、技术和环境发展的目标，各成员方可以对知识产权进行一定的限制，维护公共利益，只要这些措施和 TRIPs 协议保持一致即可。TRIPs 协议第 6 条规定，各成员方有权自主决定本国的平行进口制度，只要符合 TRIPs 协议规定的国民待遇和最惠国待遇即可。TRIPs 协议第 13 条、第 I7 条、第 26 条第 2 款、第 27 条和第 30 条规定了版权、商标、工业品外观设计和专利保护的限制与例外。TRIPs 协议第 31 条允许各成员方在符合条件的情况下授予专利强制许可。TRIPs 协议第 40 条允许各成员方规制知识产权滥用行为。TRIPs 协议第 65 条和第 66 条是关于过渡期的规定。此外，TRIPs 协议部分条款中还有一些模糊的、宽泛的、不确定的、以结果为导向的用语，这些具有鲜明的弹性空间的制度设计也体现了知识产权制度所具有的平衡权利与利益的工具属性。

伴随经济发展和科学技术实力的增强，中国也积极参与国际知识产权规则和制度的制定，开始在知识产权国际协调中发挥更大的作用，特别是协商有关传统文化艺术资源、遗传资源和传统知识的知识产权保护和地理标志的知识产权保护等问题。例如，2006 年，中国和巴西、印度共同发起倡议，建议在 TRIPs 协议第 29 条增加一项条款，规定在专利申请中必须公开专利涉及的遗传资源和传统知识的来源。2010 年，在 TRIPs 理事会上，中国和印度对 FTA、ACTA 和 TPP 规定的比 TRIPs 协议更高的知识产权保护标准提出批评。[①] 总之，在公共政策视角之下，知识产权制度在平衡个人权益与公共利益、调整经济产业结构和文化产业发展、平衡国际社会发达国家与

---

① See Council on Trade-Related Aspects of Intellectual Property Rights, Minutes of Meeting, IP/C/M/63, October4, 2010, pp.249-273.

发展中国家之间的利益关系等方面发挥越来越重要的制度功效，这也是我国在 21 世纪实施国家知识产权战略的重要考量。

三、与社会发展互为联动的动态属性

国家公共政策的变迁无时无刻不在进行，伴随国家经济、政治、文化、社会和自然环境的变化，公共政策问题的性质、程度、影响范围也发生变化。同时，公共政策的变革并不是革命性的颠覆，而是随社会发展而进行的渐进式的变迁，是针对国家大政方针和宏观战略变化的调整和修正。知识产权制度具有与时俱进、与社会发展互为联动的动态属性，最典型的表现就是我国相关的知识产权法修订的次数和频率，它始终是与我国经济和社会发展紧密联系在一起的。例如，我国的《中华人民共和国专利法》从 1984 年第六届全国人大常委会第四次会议通过以后，历经了 1992 年、2000 年、2008 年和 2020 年四次修正，专利法的每一次修订都更加突出促进经济社会发展的立法宗旨，彰显知识产权制度动态渐进调整的公共政策属性。改革开放初期，我国国内技术创新成果少，主要靠技术引进和技术合作来推动经济发展，知识产权制度相对宽松，但是，随着我国经济和科学技术水平的发展，技术创新能力的不断提高，大量技术成果不断涌现，我国的知识产权制度的调整也势在必行，适时提高知识产权保护水平，保护自主知识产权创新成果成为制度所需。其中，2020 年专利法第四次修正就恰逢我国经济转换增长动力、转变经济发展方式、优化经济结构的攻坚克难时期，以修法来切实解决经济社会发展中存在的实际问题，增强经济创新动力，激发全社会创新活力。再如，我国的著作权法在 1990 年第七届全国人大常务委员会第十五次会议通过以后，又分别在 2001 年、2010 年和 2020 年进行了三次修正，第一次修正是为了符合 TRIPs 协议的版权保护标准，第二次修正重点加强版权执法，第三次修正则是在数字技术迅猛发展、网络新媒体传播手段多元以及作品新样态多样化的背景之下，对新问题的应对和完善。总之，每次知识产权相关法律的修订都是适应我国进一步扩大对外开放、促进文化产业发展等时代发展之需，这也更加凸显出知识产权制度具有自身动态调整的政策功能和性质。未来，随着我国文化产业的长足发展、对外文化交流的深度扩展以及对传统文化艺术传承发展的重视，著作权法还将继续充实和完善，逐步提高版权保护水平。

除了改革开放以来我国专利法、著作权法等知识产权法的多次修订以外，我国加入世界贸易组织和 TRIPs 协议前后，知识产权制度也呈现与我国对外开放和国际贸易发展互联互动的变迁过程。2001 年，我国正式加入世界贸易组织，自动加入并遵守 TRIPs 协议，这是我国改革开放事业的又一重大步伐和举措，经济运行和法律环境发生重大变化。当时，我国对知识产权保护的政策属性缺乏深度认识，国内的经济环境和知识产权保护的意识观念尚未普及，因此，政府主导的自上而下的知识产权制度建设和实施就显得非常重要。改革开放初期，我国的社会主义市场经济刚刚起步，逐步与国际市场接轨，但由于我国当时技术创新能力还很薄弱，主要依靠向经济和科技发达国家技术引进、模仿先进技术等手段促进本国经济，所以需要支付大量的知识产权许可费和转让费，知识产权执法成本很高，给我国带来了很大的经济负担。此时，倘若采取高水平的知识产权保护，就会导致社会成本的大幅度增加，知识产权保护的收益也相对减少。但是，随着我国现代市场经济的建立以及科学技术突飞猛进的发展，我国技术创新成果不断涌现，越来越多的科技企业投入研发活动中，迫切需要用知识产权制度保护企业的创新成果，这时，知识产权制度在实现经济方式转型方面变得非常重要，我国需要加强知识产权保护，由弱的知识产权保护向加强知识产权保护转变。这一时期，国家公共政策不再是被动地实施知识产权制度和自上而下地贯彻执行，而是基于本国国情和利益的需要主动地调整策略，将自上而下知识产权制度的贯彻实施与自下而上知识产权司法保护相结合，知识产权行政管理部门的制度完善与社会、企业和民众的知识产权保护的司法实践有机统一起来，依据经济、技术和文化发展阶段制定适宜的知识产权制度，尽量减少知识产权制度运行的社会成本，最大限度地促进我国的技术进步、经济发展和文化繁荣。

通过历史的、动态的政策视角来看，知识产权制度不仅仅涉及法律问题，也不单是国际贸易或文化交流问题，更是关系到国家政治、经济和文化发展的政策性问题。伴随知识经济时代的到来，技术、文化等知识产品在国内经济发展和国际竞争中的比较优势日益显现，知识产权制度所具有的鲜明的政策属性也日益凸显，这为我们重新认识知识产权制度本身，以及如何构建国家发展战略下的知识产权制度，如何将制度效能充分发挥等关键问题提出新的思考。

第三节　传统文化艺术问题域与知识产权制度的嵌入

保护传统文化艺术已成为共识，但是究竟采取何种制度形式或何种政策手段达到传统文化艺术保护这一目的则成为目前备受关注和广泛讨论的问题。传统文化艺术不同于其他知识产品，它与民族族群、历史变迁、文明延续等宏大主题和国家公共利益密切相关，它与传承、绵延、发展、创新等人为主动行为紧密相连，它与国际社会政治身份、经济贸易、文化权益博弈相互影响。因此，传统文化艺术保护的问题域极为宽泛，它是一个法律问题，即如何平衡权利人权益与社会公众利益关系；它是一个经济问题，即如何平衡传统文化艺术传承与经济贸易活动之间的关系；它是一个文化问题，即如何平衡传统文化艺术本真与创新之间的关系；它还是一个政治问题，即关涉国际社会各民族、各国家文化主权的问题。任何社会问题和矛盾都没有一劳永逸的解决方案，况且是涉及领域广泛且极为复杂宽泛的问题，制度的选择成为解决问题的关键，而制度本身既要有坚实的理论根基作为支撑，又能紧跟时代发展趋势和文化发展变化，还能以规则形式来汇集各方力量，平衡各方利益。众所周知，知识产权是一种有限的权利，限度内是知识产权保护的权利范围，限度外是公共利益，不受知识产权保护。同时，知识产权也是一种外延可充实丰富的权利，在政策博弈和平衡中可发挥重要作用。无论是国际社会知识产权公共政策，还是各国知识产权制度设计，都在寻找达成某种平衡点的制度路径。作为特殊的知识产权保护客体，传统文化艺术本身所引发的问题域与知识产权制度自身的变迁发展有内在的逻辑自洽。知识产权制度之所以成为传统文化艺术保护较为有利、成本较低的制度选择，是因为它能够很好地嵌入传统文化艺术保护所涉及的各种问题域，并能提供较为合理的平衡保障机制。

一、个人私权与公共利益

如前文所述，传统文化艺术具有鲜明的知识产权属性，但它又不同于其他知识产品，尤其是在平衡个人权利与公共利益方面表现最为突出。尽管某个具体传统文化艺术究其根本是属于某个群体和族群或是传承人等，但从历史文明的传承发展来看，它关系到整个社会、民族和国家的文明演进与广大民众文化精神生活等公共利益。从某种程度而言，传统文化艺术的公共利益属性更为突出，甚至以此而遮掩了其本应具有的私权属性以及个人或群体的权利。不平衡好传统文化艺术的个人权利与公共利益，厚此薄彼或导致传统文化艺术的歪曲、流失和滥用，抑或是导致传统文化艺术不能得到很好的传承发展、发扬光大，这些都不利于传统文化艺术的保护。知识产权是一种私权，但这种私权具有一定的相对性和有限性，它由国家框定了一定的范围和边界，对知识产权这种权利形式进行适当和合理的限制。知识产权制度以保护个人权利为手段，以平衡和观照公共利益为目的。

在知识经济时代，知识产权在激励创新、繁荣文化方面发挥着重要作用，自由地获取各种形式的知识和信息，比如文学作品、科学知识、艺术表达和研究工具，不仅有利于知识的传播和技术的扩散，而且是实现社会公共利益的重要保证，也是实现社会可持续发展目标的必要条件。众所周知，知识生产是一个逐步积累、不断向前推进的过程，人类文明也如滚雪球般不断累积壮大，知识的创造者和生产者是在学习和获取前人知识的基础之上，继而创造出新的知识，推动文明向前发展。正因如此，任何文学艺术创作或是发明创造都不可能凭空产生，都是建立在前人累积的创作和发明的基础之上，而现有技术对于发明者、已有文学作品对于创作者来说，都是进一步创新和创作的基础，是后续创新和创作的重要来源。因此，基于维护社会公共利益的视角，知识产权合理限制和例外原则构成知识产权制度不可或缺的重要组成部分。例如，已经过了保护期的知识产权、不受版权保护的思想、不受专利保护的科学发现、研发例外、不受商标保护的通用名称等制度安排，便于社会公众在一定程度上自由地获取知识和信息以及已有的人类文明成果，从而推动更进一步的知识技术的创新和文化艺术的繁荣发展。

以承认和维护私权而达成社会公共利益之目的的利益平衡成为知识产权制度创制的重要原则。知识产权产品本身是具有社会功能的社会产品，作者的个人利益应当受到保障，但不应被过分失当地考虑，社会公众获取产品的公共利益也应当被给予充分的考虑。基于此，知识产权制度设计和实施中存在此消彼长的两种走向。一种情况是过高要求的知识产权保护制度，它在一定程度上会损害社会公共利益，阻碍经济、技术和文化的发展，因为从有效维护私权利益出发，权利人基于权利不确定性或侵权风险，有权阻止他人获取相关知识资源，这从客观上导致知识技术或文化艺术成果传播成本升高，被他人学习和创新转化的可能性降低。最为典型的知识产权中的专利权，在现实生活中有的专利权人获取专利并不是为了进一步发展技术和产品，而是为了获取竞争优势，先发制人，阻止竞争对手继续开展研发活动威胁自己的产品销售，其目的是终结技术发展而不是促进技术发展。同样，文学艺术创作最根本的目的是繁荣文化艺术生活，为民众提供更为丰富多彩的精神产品，过度保护在一定程度上会损害广大民众最基本的知情权和受教育权，特别是现代文化艺术创作行为需要更多灵感的激发、共情的引导、艺术形式和美感的彼此启发和借鉴，倘若这些创作行为也因侵权风险而望而却步，那么这也丧失了对文化艺术进一步创新发展的支撑和根基。另一种情况是过低要求的知识产权保护制度，这也是不可取的，知识产权保护不足或保护水平太低同样会阻碍知识技术进步和文化艺术繁荣发展。当创作主体的基本权益不能得到保障，艰辛的创造性劳动和付出得不到应有的尊重和回报时，必然会出现因激励机制缺乏而导致"劣币驱逐良币"的现象发生，这必然会阻碍文化艺术的创新发展。

因此，知识产权利益平衡是国内和国际知识产权制度制定的重要议题，决定了知识产权保护水平。传统文化艺术究竟应当是在部分群体或个人中秘而不宣，还是应当在更大范围发扬光大？是静固保守、传统守旧，还是应时而动、创新发展？是过分拘囿于某个群体或个人的私权，还是一定程度顾全整个社会的公共利益？这些问题的解决亟须知识产权制度及利益平衡机制的嵌入，以寻求维护传统文化艺术私权和社会公共利益之间的制度平衡点。

二、文化保护与文化经济贸易

文化艺术与经济发展之间的争辩由来已久，特别是伴随科学技术和媒介的飞速发展，两者演绎出更为繁杂的景象。伴随造纸术和印刷术的普及，各类文化艺术产品走上商品化和产品化的道路。特别是 20 世纪人类文明展现出前所未有的辉煌，也遭遇了极其严重的文明危机。在辉煌与危机中，产生了对文化艺术的重新思考与定位。作为马克思主义的拥趸，西方马克思主义的重要流派之一的社会批判学派法兰克福学派的代表人物西奥多·阿多诺（Theodor Adorno）和马克斯·霍克海默（Max Horkheimer）对 20 世纪 30—40 年代美国风起云涌的大众文化进行描述和研究，写作了《启蒙辩证法》一书并提出了"文化工业"的概念。在现代发达的工业社会中，科技因素使得文化产品的规模化生产成为可能，这也使得大众文化的生产完全使用了类似工业生产流程的方式方法，生产出大量标准化、齐一化、程序化的文化艺术产品。阿多诺认为"文化工业"使得文化艺术生产成为按照一定的标准、程序批量生产、机械复制，从而使程序代替了一切、雷同代替了个性、平庸代替了高雅、低俗代替了崇高，个人在不知不觉中就被消融到文化产品的程序化和齐一化之中，极富生活情趣的个性特点以及创造性都因此变成了泡影，取而代之的是大众媒介极力推崇的样板生活的拷贝。文化艺术作品因缺少了独特的内容与风格，而随之被彻底世俗化、均质化和商业化。阿多诺高呼：艺术已经死亡，美学就是艺术的悼词。不管是德国的法兰克福学派，还是美国媒体批判家马歇尔·麦克卢汉（Marshall McLuhan）、尼尔·波兹曼（Neil Postman）等，都对"文化工业""大众文化"等展开剧烈的批判，然而最终文化艺术伴随科学技术的发展逐步走入寻常百姓家。

与此相对的是，20 世纪 60 年代英国伯明翰大学文化研究中心以研究大众文化、通俗文化和媒体著称的伯明翰学派，由于其成员大多来自中下层社会群体或工人阶级家庭，因此采取了与以往精英知识分子完全不同的视角去对待和研究大众文化，重新估值大众文化和文化产业。代表人物有威廉斯（Raymond Williams）、修森（Andreas Huyssen）、莫莱（David Moley）、赫卜森（Dorothy Hobson）等。他们认为将科学技术运用于文化艺术作品的生产，使得文化知识和艺术得以广泛的传播，解决了英国社会千万人目不识丁的问题，让大众有机会成为受过良好训练、有教养和文化艺术修养的人。最为著名的是犹太学者、著名的马克思主义文学评论家本雅明（Walter Benjamin）所著的《机械复制时代的艺术作品》全面肯定了机械复制技术的发展给文化艺术领域所带来的颠覆性的变革，将文学艺术从所谓的精英的"神坛"上拖了下来，摧毁了文化艺术在极小受众中享有且被大众广泛膜拜的"祭坛"，赋予了现代文化艺术更多新的价值取向、特点和接受方式。总之，"文化工业"将文化艺术送上工业化、商品化、流程化的生产轨道，尽管在学术界，"文化工业"一词此后演变为"文化产业""创意产业""内容产业""版权产业"等不同的表述，但其核心是将文化艺术创造与商品、商品价值、经济利益甚或资本紧密联系在一起。

伴随经济全球化的深入发展和后工业社会的来临，文化艺术的独立性日渐削弱且与经济、资本的关系日趋密切，文化与经济日益"一体化"使得经济上的优越衍生出文化上的优势，经济上的强权衍生出文化上的强权。20世纪70年代，贝尔（Daniel Bell）在《后工业社会的来临》中指出，信息、知识将会成为控制经济的核心而取代工业社会，科技将会成为后工业社会的发展引擎，经济重心从制造业转向服务业，将会出现新的技术精英和新的社会分层，这些都构成了后工业社会的典型特征。在经济全球化的驱动下，贝尔的各种预言在今天已经实现，现实社会已逐步走向尼尔·波兹曼所批判的"文明向技术投降"的大数据时代。21世纪伴随着"第三次浪潮的华彩乐章"的大数据时代的来临，互联网信息技术深刻地改变着人类文明社会，与阿多诺和霍克海默时期那些轰鸣作响的蒸汽机、印刷机、电影机等机械工业介入文化生产所不同的是，那些默不作声、系统缜密的大数据已悄然无息地渗透到文化生产的方方面面。在文化生产数据化的时代，整个文化产业从最原始的大众娱乐标准化、齐一化、程序化的文化生产走向多元化、规模化、集聚化、数字化，生成最为庞杂的产业集聚效应，形成了最为复杂和最具新特点和新业态的产业实践。与此同时，在经济全球化时代下，西方发达国家典型的经济体制和生产方式在全球范围内扩展延伸。正如法国学者雅克·阿达（Jacques Adda）指出：论述全球化，就是回顾资本主义这种经济体制对世界空间的主宰。目前，资本主义的空间拓展已经遍及世界的各个角落，而全球化既是这一空间的表现，也是并且首先是一个改变、调整以至最后消除各国之间各种自然和认为疆界的过程。全球经济整体的各个组成部分之间的不断相互融合，赋予它一种特有的力量。①知识、信息和文化成为最重要的生产要素，并在经济发展中越来越居于支配地位。在经济全球化浪潮中，各个国家或民族的古老的传统的文化和艺术以史无前例的速度和广度得到传播，各国文化艺术以前所未有的规模相互交流、交融渗透。文化产业在经济增长中占有越来越大的比重，特别是当互联网信息技术将世界各国连为一体，独具特色的传统文化艺术资源逐渐具有了与特定社会经济内容紧密相连的属性，直接或间接地参与到经济活动中来。因此，对传统文化资源进行现代化的开发和利用能够产生巨大的经济价值和社会效益，这已经成为当前文化产业发展的新的路径选择，传统文化艺术资源配置的市场化也成为一种可能并逐渐演变为一种时代的潮流，也使得传统文化艺术资源的产业化发展成为某些发达国家所寻求的新经济增长点。

传统文化艺术资源具有极高的经济价值，特别是在手工艺、音乐、建筑、旅游和设计等方面产业化潜力不可低估。因此，在阿多诺"艺术已经死亡，美学是艺术的悼词"的呼喊中，传统文化艺术资源也走上市场化、商品化、产业化的道路成为一种可能和趋势。特别是在一些拥有悠久历史和独特文化特色的发展中国家，民族的传统手工艺制作、生产和销售占本国 GDP 的主要部分，例如在布基纳法索占 70%，在秘鲁占到了 50%，在摩纳哥占到10%。仅在拉丁美洲，大约有 2500 万人从事传统手工艺制作生产和销售。②

---

① 参见［法］雅克·阿达《经济全球化》，何竟、周晓幸译，中央编译出版社 2000 年版，第 3—4 页。

② See Betsy J.Fowler, "Preventing Counterfeit Craft Designs", in edited by J. Michael Finger Philip Schuler, *Poor Peoples' Knowledge: Promoting Intellectual Property in Developing Countries*, the World Bank and Oxford Univerisity Press,2004,p.114.

除此之外，音乐、舞蹈、建筑、设计等传统艺术领域中所具有的美学艺术表达为现当代艺术创作提供重要来源和很多现代艺术作品的参考范式。在电影、电视、互联网等传播媒介日益发达的背景之下，传统文化艺术资源被快速而便捷地转化为现代艺术作品，并在工业流水线上被成规模和成体系地批量生产，走上文化产业化的道路。当这些丰富的古老的具有民族特色的传统文化艺术资源与商业利益相连接，并被其他国家和民族攫取和利用产生巨大的经济利益时，原有传统文化艺术资源的来源国和来源地的经济权益则成为当今经济全球化和技术现代化发展下文化保护必然要关注的重点内容。

当前，伴随经济全球化和文化产业的蓬勃发展，传统文化艺术产业化和商业化也开辟了新对外贸易领域。而主要的知识产权国际条约以及最重要的国际文化贸易体制 TRIPs 协议中，传统文化艺术都不是被覆盖的领域，这也成为业界对于知识产权制度热烈讨论却又充满困顿的方面。不过，伴随《世界文化多样性宣言》指出"应特别注意创作意愿的多样性，公正地考虑作者和艺术家的权利"，《保护和促进文化表现形式多样性公约》肯定了"知识产权对支持文化创造的参与者具有重要意义"。

再回到知识产权制度本身，知识产权制度是科学、技术、文化等精神领域的创造性智力成果的产权制度安排。知识产权制度作为文艺创作、科技进步、经济发展的制度引擎而被誉为创新之法、产业之法，其在保障相关族群对其传统文化享有制止歪曲、侵害，并分享他人商业性利用惠益的权利，会使族群以强烈的自主性和自觉性参与到对本族群文化的维护中。知识产权制度通过授予传统文化艺术的创作者或来源地具有私权性质的权利，从而激励创新，创造经济效益，是天才创造力之火的利益柴薪。而传统文化艺术与其说是一种文化艺术，不如说是一种生活信仰，它是一国或一民族一代代传承的生命情感，成为一个国家或民族的"根"和"魂"，这也注定了传统文化艺术的精神价值的传承和保护优于创新与发展。因此，知识产权制度在传统文化艺术有效激励和协调均衡两个方面都意义重大，一国或一民族对内保护传承，对外国际贸易，运用知识产权制度有利于解决保护与分离、激励与争端的矛盾，有利于在民族认同与国家认同、群体意识与文化安全的冲突中寻求平衡。

在保障传统文化艺术经济利益方面，知识产权制度首先是以确认文化知识产品是一种财产为前提的，它通过授予知识产权人一定时期的独占权，明确知识创造者和所有者所拥有的广泛权利，权利所有人通过行使权利能够获得物质和精神两方面的利益，以此鼓励智力创造活动，从而破除"知识不值钱"的传统观念。众所周知，经济利益是生产知识产品的原动力，知识产权制度恰是通过建立有偿使用制度，引起智力创造者的物质欲望和对经济利益的关心，促进其积极主动地进行知识创造活动以获得某种经济利益。从商品价值形态意义上来讲，传统文化艺术资源是一项巨大的知识财富和智力宝藏，对其进行挖掘、利用和创新自然会形成各种各样、形式种类丰富多元的文化产品和知识产品，这些知识产品在市场经济条件下可以获得巨大的经济利益。因此，明确传统文化艺术的产权关系，确立对传统的古老的文化艺术资源的有偿使用制度是知识产权制度现代化需要探索的重要方面。与此同时，伴随 TRIPs 协议的形成，知识产权制度逐步渗透到国际经济贸易关系之中，以美国为首的西方发达国家，倚仗先进的科技发明，为了自身利益的最大化，极力主张将贸易与知识产权保护挂钩，增强其在多边基础上对侵犯知识产权行为的报复能力。有鉴于此，广大拥有丰富传统文化艺术资源的发展中国家利用国际知识产权国际保护体系可以探索和逐步构建对传统文化资源的现代保护，这也是知识产权制度现代化的一个重要方面。而知识产权制度在传统文化艺术归属、继承、创新和利用中通过明晰产权信息，认定等级，明确相应的产权使用管理和受益管理，进而发挥平衡和协调作用。

三、文化传承与文化创新

从传统文化艺术文化问题域的视角出发，传统文化艺术保护与创新发展是两个不同层面的问题。传统文化艺术的"保护"不仅是"保存""保留"和"保障"，而且要在传承、宣传、弘扬、利用和创新中实现传统文化艺术生命力的生生不息、世代永生。如何平衡传统文化艺术保护与创新之间的关系，这是一个文化问题域。

经济全球化、政治多极化、文化多元化、社会信息网络化是 21 世纪发展大势，这使得世界变成了地球村，全球统一大市场逐渐形成，文化交流与融汇史无前例。然而，经济全球化也是一把双刃剑，在形成全球统一大市场的同时，又消弭不同民族、国家的文化个性，丧失自我发展的内涵支撑，引发文化趋同和单一的危险。在这样的时代背景之下，那些处于弱势地位但历史悠久的传统文化艺术资源被慢慢瓦解，直至消失殆尽；许多传统技能和艺术后继乏人，面临失传的危险；一些独特的语言文字和习俗在消亡；大量传统文化的代表性实物和资料难以得到妥善保护；滥用不同民族传统文化艺术，资源流失的现象十分严重；等等。联合国教科文组织在 1998 年召开的文化政策促进发展行动计划会议中指出："发展可以最终以文化概念来定义，文化的繁荣是人类的最高目标"，"文化的创造性是人类进步的源泉。文化的多样性是人类最宝贵的财富，对发展是至关重要的"。人类社会绵延发展，不同群体、国家和民族的传统文化艺术承载着漫长的人类历史，历经无数次新文化洗礼，形成了各具特色和不同风格的文化遗产，构筑了人类社会深厚的精神宝藏。季羡林先生认为："一个统一的、单一的'全球'文化，是人类文化发展的歧途，是人类发展的悲剧。"[①] 香港社会学家胡国亨认为："将不同地区的文化趋向统一化，等同将其他文化淹没，等同将人类文明生存的

---

① 　 季羡林、张光璘编选：《东西文化议论集》，经济日报出版社 1997 年版，第 358 页。

弹性降低。"① 基于此，对传统文化艺术资源的文化权益的保障变得日益突出和紧迫起来。

　　从文化传承的角度而言，保障不同民族的传统文化权益关乎能否正确把握人类精神面貌和洞察人类文化整体的内涵和意义。传统文化艺术源于历史，是在特定时空和特定的社会生产力和生产方式的基础上形成和发展的，由此构成了世界上不同民族、不同文化的时代性和民族性。传统文化艺术是人们对世界、对历史、对人类的变迁发展总体把握的独特视角，是对特定人群的宗教哲学、精神价值、思想观念等精神性生存价值有更为准确的认识和理解的有效途径。通过绘画、音乐、舞蹈、建筑、手工艺等传统文化艺术资源，我们不仅可以更为深刻地了解它们背后不同民族在不同历史时期的生产生活状态，而且更为透彻地体悟它们背后所颂扬的审美观、哲学观、价值观、道德观和思维方式等，正如著名的民俗学家钟敬文先生指出："民族文化，是一面明亮的镜子，它能照出民族生活的面貌，它还是一种爱克斯光，能照透民族生活的内在'肺腑'。它又是一种历史留下的足迹，能显示民族走过的道路。它更是一种推土机，能推动民族文化的向前发展。"② 因此，随着时代发展和社会变迁，只有自觉地维护世界上不同民族和国家的传统文化艺术的文化权益，以敬重和虔诚的态度唤醒古老传统文化艺术中包含的随时代迁移与变革而被人们忽视或忘却的文化记忆，才可能真正懂得人类文化内涵与意义，展现人类社会发展的人性光芒和人文关怀。

　　从文化发展的角度而言，保障不同民族的传统文化权益关涉文化创新和未来的可持续发展。人类文明的延续需要一个贯通血脉的"基因"和滋养精神之树的"根"，传统文化艺术汇集了数百年甚至数千年民族精神和民族感情的，一旦消失殆尽，人类社会将失去心灵归属的"家园"，人类文化将

----

① 贾乐芳：《知识经济与文化多样性》，《唯实》2004 年第 1 期。
② 钟敬文著，董晓萍编：《民俗文化学：梗概与兴起》，中华书局 1996 年版，第 194 页。

失去可持续发展的"根脉",人类的损失将无可挽回。文化的延续和可持续发展在于文化创新,而文化创新的深度、高度和广度则取决于对传统文化艺术资源的挖掘、运用、继承和发展,这个过程并不是传统文化艺术的简单延续或机械传递,而是通过人们日常的生产生活和消费得以实现的过程。伴随科学技术的发展,传统文化艺术资源的继承和发展呈现新的样态,以跨时空和跨地域的创新态势,以更为丰富和多样的形式融入人们的生产生活中。因此,不同民族和族群的传统文化艺术因素在文化交流和对话中被相互整合、彼此借鉴,甚至移植更新,这极易使得不同民族的传统文化艺术面临畸变和退化。

总之,传统文化艺术资源的挖掘、利用、创新和发展是文化延续的内在要求和必然趋势,与此同时,现代科学技术的支持也为其创新发展提供无可比拟的动能。然而,传统文化艺术面临的危机也是绝对不能低估的,如果传统文化艺术被排挤、被弱化、被扭曲的趋势长期持续并蔓延下去,最终被异质文化驱逐或替代的可能性并非绝对不存在。因此,在当前时代发展和社会进步的历史背景之下,倘若不能自觉维护传统文化权益,文化传承和创新将成为无源之水、无本之木。无论是传统文化艺术在挖掘、利用、创新和发展中所产生的经济利益,还是维系民族血脉、展现国家形象的政治价值,还是保障人类文明传承和可持续发展的文化职能,都彰显了传统文化艺术"保护"超脱文化或艺术领域研究的范畴本身的意义,它为我们寻求传统文化艺术保护的政策、法律、经济行为、制度路径提供思考和探索的方向。

世界知识产权组织知识产权与遗传资源、传统知识和民间文学艺术政府间委员会(WIPO-IGC)在保护传统文化艺术时使用"preserve"和"protect"的不同表述,对传统文化的保护方式进行了区分。"Preserve"指免于损失和消亡,是传统文化艺术保护范畴的概念,"protect"指免于他人不当或未经授权的使用保障,是知识产权保护范畴的概念。

首先,平衡传统文化艺术保护传承与创新发展之间的关系就是要使得对传统文化艺术成果的保护不仅是为了使其不致消灭，还要使其中优秀的传统文化艺术被世代传承，为世人所认识和利用。知识产权法律制度就是通过授予智力创造者以知识产权来达到鼓励创新、促进智力成果推广应用并最终推动社会的进步与发展的目的。其次，来自历史传统和积累的传统文化艺术是人类重要的文化资源和遗产，也是现代艺术作品的重要创作之源。在传统艺术保护中，知识产权制度能够平衡传统艺术创造者、传播者和使用者三者之间的关系，明确界定其权利归属，从而保护传统文化艺术的正当利用和发展创新，避免对传统文化艺术的垄断、滥用、侵权等现象的发生。与此同时，在知识产权法律制度的设计中不仅明晰和授予其专有权，也对其经济权利予以限制，允许传统文化艺术的传承人为创作原创作品而自由地对传统文化艺术加以利用，促进文化的传承和创新。因此，在现行的全球化贸易和市场经济条件下，知识产权制度的运用能够通过界定文化、经济等权利而实现对传统文化资源的传承和创新。最后，激励理论是古典经济学家用以论证公共产品保护合理性的主要理论基础，也是最主要的有关知识产权的经济学理论。知识产权制度诞生之初的主要目的就是鼓励创新、激励新知识生产。同样，传统文化艺术也只有随着时代发展和社会进步不断地适应新环境，不断运用新手段实现创新才能获得生命力。将激励理论运用于传统文化艺术的保护，明确传统文化艺术的产权关系，授予权利人一定的特权和经济权利，有利于传统文化艺术的保存、交流和进一步发展。

在维护传统文化艺术的文化权益方面，知识产权制度在保障传统文化艺术所有者和创造者的人格权和财产权的这些显性权利的同时，更注重保障传统文化艺术本身的正统性、本真性和原生态性等隐性权利。前文所举的随意使用和剽窃某些发展中国家的传统文化艺术资源的行为已经严重地损害了知识产权所有者的物质和精神方面的权益，如果再将这些民族或族群的传统文化艺术进行篡改、歪曲利益，甚至错误运用，就极大地伤害了那些民族或族群的文化权益，伤害了那些民族的民族感情和文化情怀。长此以往，某些发展中国家或弱势民族的传统文化艺术会被歪曲挤压、误解嘲弄、误导传播，进而丧失了对其民族的文化认同和文化自信。正如澳大利亚学者葛兰·艾波林（Graeme Aplin）博士所指出的那样："弱势族群的文化，以一种谨慎的、积极的和文化适当性的方式呈现，而不是以平凡化、误解或是最糟的嘲弄手法来表现，不论对团体自身或在广泛的社群中，都有助于再度唤醒大众对弱势文化和生活方式的兴趣。如果较广大的社群开始欣赏弱势团体的文化，弱势团体的凝聚力和自信心随之增强，认同感也会再度建立起来。"① 基于此，知识产权制度中的人身权利也明确包含反对任何丑化歪曲作品，维护和保障作品的完整权，这极大程度地维护了传统文化艺术在被利用或创新时所应保持的本真性、正统性和原生态性，有助于世界各国和各族人民能够更加客观、公正、平等地认识和评价传统文化艺术，利于文化权益的保护和文化多样性的实现。从这一角度而言，知识产权制度被赋予了保障文化权益以外更多的文化意义，即寻求各国各民族对自己世代传承的独具特色的传统文化艺术的话语权，包括传统文化艺术归属于谁，何时被利用，怎么被利用，如何被创新等问题属于权利主体所掌控。总之，知识产权制度与传统文化艺术的主体意识和文化身份意识紧密联系在一起，有利于各具风格特色的传统文化艺术传承发展和发扬光大。

四、文化安全与文化认同感

文化艺术与政治同属于上层建筑的范畴，反映一定的社会经济基础，同时服务于特定的经济基础，二者辩证统一。通常意义上，我们会以"才为德之资，德为才之帅"来诠释艺术与政治之间的关系，一方面国家形态与社

---

① ［澳］葛兰·艾波林：《文化遗产：鉴定、保存和管理》，刘兰玉译，台湾五观艺术管理有限公司2004年版，第103—104页。

会政治制度的架构彰显了特定的文化传统、价值信仰和思想观念；另一方面，传统文化艺术作为一种特殊的社会意识形态，深刻地影响和塑造了国家的政治制度和政治生态。传统文化艺术形成于漫长而悠久的历史中，通过民族代代积淀和传承而具有其独特的民族性和本土性，成为独立主权国家的文化之根，承载着民族精神之魂，是民族自尊和民族自信的精神归属与力量来源。因此，从国家政治建构而言，一个民族在一定历史时期可以失去它作为政治意义上存在的具体的、有形的国家形态，但是，只要维系它的生命整体的文化血脉还在，那么它就具有恢复自身在国际社会的政治性存在的基础，就有为国家的存在发展奠定坚实的文化认同感的根基；倘若文化之根丧失，那么与之紧密相连的政治共同体也将不复存在。反观中华民族历经沧桑、饱受磨难，却绵延不绝，历久弥新，正是因为代代相传的中华文化将炎黄子孙紧紧地凝聚在一起，正如习近平总书记指出："中华文明有着5000多年的悠久历史，是中华民族自强不息、发展壮大的强大精神力量。我们的同胞无论生活在哪里，身上都有鲜明的中华文化烙印，中华文化是中华儿女共同的精神基因。"① 在经济全球化与政治多极化背景之下，传统文化艺术所具有的政治价值和政治意义日趋显现，并作为一种"软实力"开始参与渗透到国际政治活动之中，并构成当今世界各个国家综合国力和竞争力及影响力的重要组成部分。同时，文化安全也与国家安全、国家主权紧密相连，成为各国政府极为关注的政治问题。

　　美国极为重视文化艺术与政治之间的紧密结合，尽管美国政府宣称并没有一个政府行政部门对文化艺术进行直接管理，但这并不是说美国政府不重视文化工作，也不是无为而治，恰恰相反，美国政府从上至下，从政府到民间，从政治到经济，都有一套完备的对文化艺术实行间接管理的庞大体系，积极推动文化艺术发展，并一直在不遗余力地向外推广美国文化，扩展

① 2014年6月6日，习近平会见第七届世界华侨华人社团联谊大会代表时的讲话。

美式价值观念。美国电影批评家迈克尔·麦德维德（Michael Madwed）曾指出："早在美国以军事和经济手段征服世界之前，好莱坞就已经征服世界，好莱坞电影是我们的先头部队。好莱坞电影反映的美国生活，让全世界爱上了美国和美国明星。"①1999 年，法国外交部长于贝尔·韦德里纳（Hubert Védrine）警告道："美国今天的霸权地位已经延伸到了经济、货币、军事、生活方式、语言和铺天盖地地涌向全球的大众文化产品等领域。这些文化产品左右着人们的思想，甚至使美国的敌人也为之着迷。"②20 世纪 90 年代，美国等西方国家利用西方文化和所倡导的自由思想进行文化输出，倡导"和平演变"，不费一枪一弹致使苏联解体和东欧剧变。当作为世界经济最发达的国家和世界霸主地位的美国将生活方式及其文化观念，通过好莱坞大片、流行音乐、可口可乐和薯条汉堡等美国文化特色的文化产品源源不断地运送到世界各地，并逐渐成为发展中国家方兴未艾的文化景观时，当"使美国的敌人也为之着迷"的文化产品铺天盖地地涌向全球，左右着人们的思想，几乎构成了当代世界的主流文化和范式文化时，当代表西方强势文化的文化产品向全世界输出，并不断侵蚀和削弱以发展中国家为代表的弱势文化时，那些曾经传统的古老的代代传承的传统文化艺术被边缘化甚至抛弃，西方文化霸权主义逐步建构。所谓的霸权实施就是由接受西方文化灌输和影响的这些人重新回到弱势群体之中，以"舆论领袖"的地位激发新一轮的霸权想象，当所有这一切都已构筑完毕，则西方媒体和文化产品大举进入之时，即是霸权文化的实施之时。③英国学者弗里德曼（Jonathan Friedman）也明确指出，文化帝国主义是"帝国主义本质内容的一部分，使特定的以美国文化为

① 艺衡、任珺、杨立青：《文化权利：回溯与解读》，社会科学文献出版社 2005 年版，第 314 页。
② 胡鞍钢、门洪华主编：《解读美国大战略》，浙江人民出版社 2003 年版，第 39 页。
③ 参见姜飞《跨文化传播的后殖民语境》，中国人民大学出版社 2005 年版，第 252 页。

中心的西方文化，不断通过文化霸权增加其影响力，使美国的价值观、消费产品，及其生活方式广为流传到世界其他地方"①。通过文化输出来达成政治目的，从根本上对发展中国家形成一种价值观重塑和政治影响力的重构，这成为后殖民时代的西方霸权主义的典型特征。

由此可见，文化本身就是政治权力的一种存在方式，它所延伸出的话语权、解释权、意义建构权构成了独有的竞争力和影响力。文化享有和传播的地位与存在结构发生任何变动，都意味着一种权力关系的变动和一种政治关系的变动。搭载互联网和遍及全球的传播媒介，文化输出的便利性使得文化艺术的社会功能也日益膨胀，其不仅仅局限于审美功能、经济功能和消费功能，文化艺术逐渐向社会心理和精神信仰等精神层次逐步渗透，具有了更为深刻的教化功能和思想重塑功能，进而能够动摇和破坏被输入一方的文化认同感和底层共识，使得这些国家的政治秩序和社会发展失去了坚固的文化根脉和稳定的社会心理基础，这将直接威胁到国家政治稳定和主权安全。

传统文化艺术所拥有的政治价值显而易见。本书第二章在探讨传统文化艺术保护的缘起时发现，对传统文化艺术的保护和关注隐含着深刻的政治诉求。这种诉求不仅来自处于文化弱势地位的发展中国家，而且还来自一些古老的具有鲜明特色文化艺术传统的发达国家。20世纪50年代，伴随第二次世界大战后的非殖民化浪潮，亚、非、拉地区出现了一批新兴的民族国家，这些新独立的民族国家摆脱了漫长的殖民统治，并努力通过各种途径和方式维护国家主权和独立。而这些新兴民族国家大多拥有悠久的历史和丰富的传统文化艺术资源，展示、保护、弘扬和发展本国传统文化艺术不仅仅是本国文化建设的一部分，更是凝聚本国民众向心力、滋养本民族文化认同感，确立国家形象和政治身份的重要途径。20世纪80—90年代，伴随美国文化产业的兴起和文化产品在全世界范围内的输出，包括欧洲国家在内的

----

① Friedman J., *Cultural Identity and Global Process*，London:Sage，1994，p.195.

很多历史悠久、传统文化艺术资源丰富的国家纷纷开始抵制，最典型的就是法国政府在国际多边贸易谈判中提出的"文化例外"原则。21世纪初，法国政府在"文化例外"原则的基础之上又提出了"文化多样性"原则，并在各国中产生强烈反响和共鸣，在全世界各个级别的国际组织中得到认可。2001年11月，联合国教科文组织第31届部长级会议通过了《世界文化多样性宣言》，2005年第33届联合国教科文组织通过了《保护和促进文化表现形式多样性公约》，不仅确认了文化多样性是人类的一项基本特性，而且强调文化多样性对于地方、国家、国际层面的和平与安全而言更是不可或缺。

从政治视角来看，悠远历史且独具特色的传统文化艺术资源不仅关系到民族精神家园的维护、文化认同感的培育、国家文化软实力的提升，而且关系到文化安全、国家政治稳定和主权安全。正如2016年5月17日习近平总书记在哲学社会科学工作座谈会上的讲话中指出："站立在960万平方公里的广袤土地上，吸吮着中华民族漫长奋斗积累的文化养分，拥有13亿中国人民聚合的磅礴之力，我们走自己的路，具有无比广阔的舞台，具有无比深厚的历史底蕴，具有无比强大的前进定力，中国人民应该有这个信心，每一个中国人都应该有这个信心。我们说要坚定中国特色社会主义道路自信、理论自信、制度自信，说到底是要坚定文化自信。文化自信是更基本、更深沉、更持久的力量。"这一"更基本、更深沉、更持久"的定位恰恰彰显保护传统文化艺术政治价值所在。

再回到知识产权制度本身，现代知识产权制度不仅是调整各国调整本国内智力成果产权关系的重要制度安排，而且是国际社会中各国文化交流和文化经济贸易活动中相互博弈的重要政策依据。以TRIPs协议谈判签订为例，在谈判初期，对于传统文化艺术等相关领域的保护问题，西方发达国家所支持的观点是以知识产权制度中的地理标识作为主要保护途径和手段，认为地理标识最能保护本国的传统文化艺术资源，最终TRIPs协议扩大了国际知识产权保护的范围，地理标识被整合进了TRIPs协议。相比之下，广大的发展中国家由于在国际社会缺少话语权，对于传统文化艺术、遗传资源、传统知识等的相关知识产权保护并没有在 TRIPs 协议中提及。TRIPs 协议签订以后，发达国家和发展中国家关于知识产权制度的国际博弈并没有停止。广大发展中国家开始意识到现代知识产权制度在文化贸易中的重要性，呼吁用传统文化艺术、遗传资源和传统知识的知识产权保护来减少发展中国家在执行 TRIPs 协议中受到的损失，增加国际知识产权谈判协商的筹码，维护发展中国家的文化安全，推动国际知识产权制度从不平衡走向平衡，进而推动国际社会政治生态公平、合理和可持续发展。因此，对于传统文化艺术保护引发的文化安全与文化认同感的问题，现代知识产权制度的嵌入将成为重要的政策选项。

综上，传统文化艺术对于一个国家和一个民族而言具有深厚的文化积淀和情感依附，它不仅是一个民族和一个国家独具特色的文化标识，还是一个民族和一个国家的精神命脉，而且是民族凝聚力和向心力的主要源泉，是一个民族绵延发展、世代传承的"根"和"魂"，还是全球化背景之下文化经济贸易的重要资源和实现各国文化安全、政治稳定和国际社会政治博弈和政治平衡的重要参照。尽管传统文化艺术与一般现代意义上的科技知识和其他文化产品在基本功能和属性上还存在很大差异，但就现行的法律和制度框架来看，知识产权制度是目前调整人类智力或精神成果产权关系最为成熟的制度安排。作为人类智力或精神成果的传统文化艺术，无论是从其自身的属性和特征出发，还是从其所具有的社会功能、文化价值、经济价值和政治意义出发，都表现出与知识产权制度规制内容、客体等存在某种天然的契合，这也构成了解决传统文化艺术保护相关问题的最优制度选择。

第四章

传统文化艺术知识产权保护的制度差距

第一节　传统文化艺术保护与知识产权制度之间的争辩

　　传统文化艺术的知识产权保护之所以成为一个被广泛讨论和争辩的问题，关键在于传统文化艺术这一客体与知识产权制度之间存在着某种天然契合，同时也存在可见的制度差距和矛盾，这些矛盾点和困境构成了知识产权制度发展变迁的内在动力以及传统文化艺术保护的制度建构的着力点。2018 年 8 月，知识产权与遗传资源、传统知识和民间文学艺术政府间委员会（WIPO-IGC）第三十七届会议上在《保护传统文化表现形式：差距分析更新草案》中列举了知识产权制度与传统文化艺术之间具体的技术性限制，即七个差距：(a)"原创性"要求；(b)"所有权"要求；(c)固定；(d)保护期；(e)手续；(f)例外与限制；(g)防御性保护。①草案中还针对以上存在的差距，通过举例加以说明。第一，针对文学和艺术制品，列举了以下事例：(a)由土著居民绘制的包括岩画艺术在内的各种绘画，被非土著个人复制在地毯、印花衣服套布、T 恤衫、女装和其他服装及贺卡上，其后由这些人进行营销出售。传统美术作品还被制作为显示屏壁纸在网上提供。土著人的文身图案也被复制，并用在传统环境之外的其他领域。(b)传统音乐被采样并以数字方式与工业噪音电子舞曲（"techno-house"）的旋律相融合，从而制作为一种受版权保护的畅销"世界音乐"唱片。(c)为满足纪念品市场需求，将一般传统艺术风格的艺术品和手工艺品（诸如编织篮

---

① 　WIPO/GRTKF/IC/37/7,http://www.wipo.int.

子、小型绘画和雕刻形象）用于诸如 T 恤衫、茶巾、餐具垫、扑克牌、明信片、饮品杯垫及冰镇器、日历和计算机鼠标垫等这些非传统型的商品，进行复制、仿制和大规模生产。（d）一件雕刻品使用了一种神圣的传统标志。雕刻家声称对这件雕刻品拥有版权，但土著社区称他在未经同意的情况下使用了该社区的符号。（e）一家文化机构将含有描述入会仪式敏感材料的人种学录音制品用于教育和商业目的。相关社区不是这些录音制品的权利所有人，并且依据知识产权法，没有对此提出反对意见的法律依据。第二，对于传统文化表现形式的表演，具体事例表现为由土著居民现场表演的歌曲和舞蹈被制成录像制品，在其后以 DVD 的形式进行复制或出版并在国际互联网分享。第三，对于外观设计，具体事例表现为非土著居民复制了在手工编织或手工制作的纺织品、地毯、编织物和服装上的外观设计图案，将其商业化。第四，针对秘密传统文化表现形式，具体表现在向人类学家披露的秘密信息被公开，或者博物馆、档案馆和其他此类机关会在不经意间披露秘密信息。第五，对于土著与传统的名称、文字和符号，具体事例表现为非土著实体在公司徽标、体育用品、时装、运动队、比赛和玩具、摩托车、武器和酒类制品上对土著文字、名称与标志进行商业性使用。[①] 这些具体事例背后是知识产权制度与传统文化艺术之间的差距在现实中的展现。综上，传统文化艺术知识产权保护的制度差距具体可以表现为以下几个方面。

一、"守旧"与"创新"原则之辩

"守旧"意指传统文化艺术保护强调要保护真实的、原生态的、原本的、历史所遗存的全部历史文化信息，即遵循文化遗产保护领域的"本真性"原则。早在 1964 年，国际古迹遗址理事会的《国际古迹保护与修复宪

---

① WIPO/GRTKF/IC/37/7,http://www.wipo.int.

章》(又称《威尼斯宪章》)就提出本真性对文化遗产保护的重要意义。之后,1994 年在日本通过了《关于原真性的奈良文件》,将本真性确立为定义、评估、保护和监控文化遗产的一项基本原则。"创新"则强调的是知识产品是智力劳动者创造性思维的结果,而不是对已有智力成果的复制、抄袭。知识产权产生之初的主要动因就是在于鼓励发明创造,旨在确保既能维持新技术发明人的技术优势,又能满足社会对该技术的需要。不同的知识产品创造性程度和要求不同,比较而言,专利发明创造性要求最高,著作权作品通常要求是作者独创性劳动的结晶,商标所要求的创造性则是具有显著性,易于区别。① 正是由于创造性的存在才使知识产品中蕴含的劳动具有价值,这是知识产权法的根本出发点和归宿。

传统文化艺术保护关注的是那些具有"本真性"的传统资源,而知识产权法则注重保护具有创新性的新技术、新作品、新成果。由此,很多学者指出了文化遗产保护与知识产权所追求的目标与价值存在深层次的冲突和矛盾。② 然而,值得关注的是,传统文化艺术是由特定的群体在社会发展的过程中不断适应外在变化,进行自我调整、自我改进、自我延续的动态创新的结果,是一种无形的、活态流变的文化遗产。此"守旧"非彼"守旧",传统文化艺术中所包含的"旧"是强调本真性原则,注重的是传统文化艺术中所包含的内在的思想、精神价值的真实、原生,但传统文化艺术的各种表达方式和表现形式都与知识产权保护客体具有相契合的部分,依然可以受到现行知识产权法良好的保护,本质上并不冲突。在现代著作权法中,"思想—表达二分法"是一项重要原则,即著作权法保护的是有形的具体的文字、音乐、舞蹈、美术等各种表达方式,并不保护无形的抽象的思想、观念、构思和创意等思想。当然,这一基本原则也是符合知识产权激励理论、经济学理

---

① 参见冯晓青主编《知识产权法》,中国政法大学出版社 2010 年版,第 70 页。

② 参见赵海怡、钱锦宇《非物质文化遗产保护的制度选择——对知识产权保护模式的反思》,《西北大学学报(哲学社会科学版)》2013 年第 2 期。

论和维护思想自由及表达自由的权利。对传统文化艺术的各种丰富的外在表现形式给予著作权保护，本质上就是对其隐藏在背后的思想、精神价值等的尊重，客观上也是对民族或本族群作为传统文化艺术的人格权的保护。其次，知识产权法本身也是在与时俱进，不断地发展完善的。就知识产权客体而言，从最初的专利、著作权、商标发展到现在的集成电路布图设计、商业秘密、植物新品种、域名、数据库、商品化权等，与传统的专利、著作权、商标都有扩张的趋势，如基因专利等。① 因此，知识产权法可以在自身理论不断完善的基础上，实现对传统文化艺术的保护。

二、"共享"与"专有"特性之辩

"共享"意指传统文化艺术并非个人独享，而是依赖于人与人之间的传播，经过世代相传、广泛交流、相互学习，最终得以继承、弘扬和延续，呈现活态流变的性质。传统文化艺术产生存在和传承的内在机制就是要让群体中更多的人参与其中，了解传统文化艺术的精神内核，而当群体自觉的传承行为一旦中断，传统文化艺术就面临"死亡"，这从客观上使传统文化艺术具有共有共享的特性。"专有"则是知识产权的特征之一，是指知识产权专为权利人所享有，非经法律特别规定或权利人同意，任何人不得占有、使用和处分，也称为独占性、排他性或垄断性。② 知识产权的专有性源于知识产品独特的商品属性和社会属性，当智力劳动成果进入商品市场流通时，它所具有的无形性加大了人们对其传播进行有效的控制、对其价值进行有效评估的难度。因此，法律要给知识产品以特殊的保护，授予知识产权人专有权，不仅使得知识产权人有机会出卖自己的财产以换取相关利益，弥补自己付出

---

① 参见罗宗奎《非物质文化遗产的知识产权保护——以内蒙古自治区为例》，中国政法大学出版社 2015 年版，第 30 页。

② 参见冯晓青主编《知识产权法》，中国政法大学出版社 2010 年版，第 15 页。

的劳动，而且更有利于激励智力劳动者创新的积极性。2015 年，世界知识产权组织在《知识产权与遗传资源、传统知识和传统文化表现形式》文件中对"公有领域"一词进行分析，认为"公有领域"是知识产权领域的特指名词，指知识产权中没有资格取得私人所有权的部分和任何公众都有权合法使用的内容。它与"公开可用"是两个不同的概念，"公开可用"常见于互联网上的内容和信息，但它不属于严格意义上的"公有领域"。对此，很多国家和民族拒绝传统文化艺术的"公有领域"地位，认为这样会导致他们的传统文化艺术遭到滥用和盗用。

综上，传统文化艺术具有共享性特征与知识产权的专有性特征形成一定的矛盾。需要强调的是，知识产权的专有性也是有限专有，如前文所述，知识产权制度建构中含有重要的公共利益价值目的，通过"以权利换公开，以公开换保护"的途径和方法，既要确保知识产权人的根本利益，又要担负社会公共利益的重任，才能保障技术、思想和信息的及时广泛传播和利用，促进社会经济发展和科学、文化事业的繁荣。因此，从平衡有限专有与最终进入公有领域之间的关系来看，知识产权法是通过"专有"之手段，实现"共享"之目的，这与传统文化艺术的保护并不构成根本矛盾。

三、"群体"与"个人"主体之辩

群体性是传统文化艺术主体特征之一。传统文化艺术是特定社区或群体成员集体智慧的结晶，它的产生与延续不是个人智慧和行为所能够实现的，而是依赖于群体在长期的生产和生活中共同完成的。尽管某些传统文化艺术成果有时表现为某一个人或某一个家族，但在其创造、完善和传承过程中，主要吸收和积累了许多人的聪明才智、经验、创造力和技艺等，是集体创造的产物。因此，作为集体智慧的结晶，传统文化艺术是不可能与法律上所要求的某一个特定权利人联系起来的。相比之下，知识产权保护主体是特定的，即使是数个主体，也是可以确定的。现代知识产权是在西方的自由、平等价值观基础上，孕育于个人主义和自由主义思想之中的[①]，体现在知识产权主体问题上，它要求知识产权权利主体的具体化和个体化，不能容忍主体不明的知识产权权利形式的存在。因而，传统文化艺术的群体性与知识产权确定的个体性存在明显的矛盾，这也是运用现有知识产权制度保护传统文化艺术的重要实践障碍。但是，本章第三节中列举的《乌苏里船歌》著作权案中主体界定的判例，可以为解决这一矛盾提供借鉴。

　　针对绝大部分传统文化艺术中具体创作者无法确定的事实，在现有法律框架基础上，可以首选社区或族群作为知识产权主体的权利人，由该社区或族群就特定文化艺术拥有排他性专有权，对该传统文化艺术进行合理的共同保护、共同开发、共同利用，并阻止或授权外人的商业性利用，这是目前知识产权法判例中确定的解决办法。其次，也有学者提出，可通过确认由某些传统艺术传承人、整理人等作为传统文化艺术的知识产权人，通过其对知识产权的利用和收益，奖励、鼓励、回报其对传统文化艺术的传承与整理，以助于文化遗产的保存与传播。[②]

四、"永久"与"有限"时效之辩

　　永久性是传统文化艺术保护遵循的重要原则之一，传统文化艺术是不同民族和群体在长期历史过程中创造出来的精神成果，包含着各民族、各地区珍贵的"文化记忆"，而这些"记忆"伴随着时代变迁而被人们忽略或忘却。只有将保护各民族、各地区独特的传统文化艺术作为一项永久性的任

[①]　参见吴汉东主编《知识产权制度基础理论研究》，知识产权出版社 2009 年版，第 151—162 页。

[②]　参见宋慧献《非物质文化遗产保护：知识产权新课题》，《科学时报》2007 年 6 月 1 日。

务，重新唤醒这些"记忆"，才能真正把握本民族所拥有的宝贵智慧和精神命脉，才能理解人类文化整体的内涵与意义，才能充分维护世界文化的多样性，才能确保他们免于被强势文化侵蚀和替代。同样，传统文化艺术具有传承性和流变性，在跨越时空的世代传承中不断地与异域文化进行沟通和交流，逐步实现创新和发展，因此，它始终处于再创作的过程中，这就导致其难以依据知识产权法认定其保护期的始点和终点。因此，传统文化艺术的保护不能设定期限，否则无法达到保护的目标。

知识产权的时间性是指知识产权只在法定的期限内受法律保护，权利人享有的专有权利有时间限制。[①] 也就是说，只能在法律规定的有效期内对于知识产权人的智力成果进行保护，有效期届满后，知识产权自行消失，该智力成果就将进入公共领域，成为社会的共同财富，可以被人们自由使用，法律也不会再对其提供任何特殊的保护，这无疑与传统文化艺术的永久性保护目标相违背。规定知识产权的时效范围是各国知识产权立法的通例，从本质上说，这是由知识产权的社会属性决定的，也就是说，知识产权人对其知识产品享有专有权，但是，任何知识产品最终都要进入公共领域，贡献社会，促进社会发展和进步，这是知识产权制度设计的根本价值追求。正如前所述，知识产权制度建构中含有重要的公共利益价值目的，知识产权有限性的本质也在于平衡知识产权人的专有权利与社会大众永久享有知识财富的利益之间的关系。但是，基于各类知识产权的性质、特征及权利利用方式的不同，知识产权中专利权、著作权、商标权的保护期限也不相同，例如，专利保护期限依据专利类型的不同而有所区别，期限为十年或二十年；著作权中人身权的保护是无期限限制的，但财产权的保护期限也有一定期限；商标权的保护期限则可以在到期后续展；商业秘密的保护期限则取决于保密措施的落实情况。由此看来，尽管知识产权遵循有期限保护的原则，但是，依据不

---

① 参见冯晓青主编《知识产权法》，中国政法大学出版社 2010 年版，第 17 页。

同的知识产权类别，保护期限又具有灵活性和适应性，这也为协调传统文化艺术永久性与知识产权保护时间性之间的矛盾提供解决空间。

五、"抽象"与"具体"客体之辩

"抽象"意指在传统文化艺术的保护客体中，存在大量的没有相应的物质载体和具体的呈现形式的作品，其传承一般依赖于代代相继的口传心授，一旦出现断层，就很难流传下去，如有些少数民族的口头表演艺术、神话传说、没有文字的语言、风俗礼仪习惯等。这一点也正是传统文化艺术非物质性特征的最明显的体现，也是传统文化艺术保护的关键和难点所在。但是，现代知识产权法要求受保护的对象必须体现为一定具体的形式，即须有相应的载体呈现其"抽象物"。例如，著作权保护的作品可以由文字、音符、形体、颜色等进行呈现；专利权保护的技术方案或外观设计也有相应的说明书、权利要求书、发明的产品实物、设计图片、照片、文字说明等呈现；商标更有相应的视觉可感知的文字、图案、颜色或其组合等进行呈现。

尽管有很多传统文化艺术在使用知识产权法保护时缺乏具体的载体要件，但是，传统文化艺术保护依然可以优先选择知识产权法进行保护。首先，传统文化艺术中所包括的绘画、书法、音乐、舞蹈、戏曲、建筑、雕塑、工艺美术、传统服饰等是可以纳入知识产权保护的范畴进行保护的。而该部分是传统文化艺术的主要组成部分。其次，很多不能确定其创作主体、对社会已处于完全公开状态的流传很久的传统文化艺术，并不适合直接纳入知识产权保护范围，但并不妨碍对其邻接权进行保护。如某些民间传说、传统音乐、舞蹈、戏剧、曲艺和杂技等，其本身并不能直接受到著作权保护。但是，依据其拍摄成的电影、电视剧、动画片、表演的戏剧，这些作品都应受到著作权的保护，作品传播者依法享有相应的邻接权，包括出版者权、表演者权、录制者权和广播电视组织权等。此外，知识产权制度框架下的商标保护、商业秘密保护等均可在传统文化艺术保护中灵活运用。

第二节　传统文化艺术知识产权保护困境的历史成因

任何制度和规则都是历史的产物，并处于历史之中，随历史的变迁而不断演变。在漫长的人类历史长河中，人类社会逐步建立族群、民族和国家，并建立各具特色的制度模式，以秩序化的社会生活逐步代替无序化的社会竞争，知识产权制度也是伴随知识产品或智力成果的无序化竞争而诞生的。回归历史，并从历史的在场性来审视知识产权制度与传统文化艺术保护之间的制度冲突和矛盾，自然就不难理解两者之间存在的隔阂与差距。同时，国际秩序在不同历史时期的形成和演变，西方发达国家和广大发展中国家在政治、经济和文化等方面的权力博弈与权利平衡也是知识产权制度与传统文化艺术保护之间形成制度隔阂的重要方面。当前，众多国际组织及其建立的国际秩序将世界各国前所未有地联系在同一个世界体系之中，国际秩序本质上是各主权国家实力的较量。作为维护国际秩序和体系格局稳定的主要手段，知识产权制度日益成为大国之间利益博弈和维护自身权益的重要政策工具和博弈砝码，是国际秩序稳定有序的有机构成。从国际秩序的建构与发展的宏观视野来审视知识产权制度的变迁，能更好地厘清隔阂和差距产生的历史线索，为传统文化艺术实施知识产权保护制度提供宏观视角和历史依据。

一、制度设计的目的背反

从知识产权制度产生的根本目的而言，保护传统文化艺术并不是知识产权制度诞生之初要解决的问题和达成的目的。追根溯源，知识产权制度包括工业产权和版权两个主要部分，最早源于对工业产权的确认和保护，此后伴随印刷术的普及，知识产权又扩展到对版权的确认和保护。知识产权最初表现为一种特权，而这种特权是与发明创造以及新技术的革新和创新所形成的新生事物有关，而并不是对古老的、传统的、旧有的事物的规制和设定。通过梳理包括工业产权和版权在内的知识产权制度产生的历史轨迹，我们会发现，运用现代知识产权制度来实施传统文化艺术保护存在制度设定目标上的矛盾，明晰初始目标的背反，以及是否能够在制度演变和发展中不断实现知识产权制度主体与客体的弥合，这是选择传统文化艺术知识产权保护路径的重要方面。

早在欧洲封建社会时期，为鼓励发明创造，促使社会力量探索新技术、开辟新产业，封建王室和君主授予从事发明创造、技术革新的个人某种特权，这种特权表现为这项发明或创造在某一时期的垄断权。这种特权的形成也只限于君主的恩赐钦点，并没有成文的法律法规。例如，早在1236年英国封建国王亨利三世授予波尔多一市民制作各种色布的垄断权，为期15年；1367年英国爱德华三世曾特许两名钟表匠以经营特权。① 为了引进新技术，吸引留住那些有才能的工匠和把新技术新发明带到本国的人们，英国封建君王就会授予他们一种特权，并为特权限制了5—10年的有效期，个别情况下，也可以给予权利人终身的有效期。倘若他人没有得到权利人的同意就使用了新技术或新发明，政府将会对此行为进行一定的制裁和惩戒，例如可以罚款或是没收销毁未经同意生产的产品。当时，英国君王授予特权的形

---

① 参见冯晓青主编《知识产权法》，中国政法大学出版社2010年版，第19页。

式就是签发一个官方证书，即"letters patent"（字面意思为公开的信），这就是今天"专利"（patent）一词的由来。① 随后，君主或政府对那些引进新技术的人授予特权的做法被广泛应用于整个欧洲，成为各个君主国家获取先进手工业技术的重要手段，形成中世纪欧洲重要的城市经济政策，在一定程度上促进城市经济发展和先进技术的创新，也形成了早期资本主义国家鼓励发明的社会氛围和追求创新的社会风气。

生产力的进步与技术的革新是社会生产关系变革和制度创新的根本动力。众所周知，早在11世纪中国人毕昇发明了活字印刷术，而当时的欧洲的书籍主要还是手抄录在羊皮或桦树皮上，成本非常高，书籍只存放于宫廷或教堂之中，普通民众很难看到早期的书籍。12—13世纪中国的活字印刷术经由阿拉伯人传入了欧洲，欧洲人古登堡受到中国印刷术的启发，研制了活字印刷机，大大提高了书籍印刷的效率，降低了书籍制作和传播的成本。伴随印刷技术的革新，书籍的印刷出版权成为君主和政府所给予的恩赐和特权。欧洲中世纪时期的威尼斯共和国对版权制度做出了重要的贡献，15世纪末，威尼斯共和国授予印刷商约翰·冯·施贝叶（Johann von Speyer）在威尼斯印刷出版的专有权，它是西方第一个由统治者颁发的保护翻印的特许令。1549年，威尼斯政府组织所有的书籍印刷商和销售商建立行业协会，帮助教会禁止异教作品的印刷和销售。② 尽管这种印刷出版专有权与现代意义上的知识产权制度有很大的不同，带有某种特权和垄断权，甚至是典型的政府审查权，但这却是知识产权发展进程上的一次飞跃。

15世纪末，专利制度日益走向规范化和法制化，对于官方签发"开着口的信"的专利官方证书又有了进一步的探索和完善。1474年，威尼斯共

---

① 参见王珍愚《TRIPS协议与中国知识产权公共政策》，中国社会科学出版社2016年版，第74页。

② 参见王珍愚《TRIPS协议与中国知识产权公共政策》，中国社会科学出版社2016年版，第75页。

和国颁布了《威尼斯法》，这部法律为激励创新和技术革新，大力发展城市经济，对所授予的特权进行了标准化设定，例如该法规定："发明者对公开的发明享有专有权；该发明在国内是新颖的；该发明是实用的；统一专利的保护期为 10 年；对侵权给予补偿，任何未经原创者同意的模仿，将给予罚款和销毁；政府可以无须补偿而使用发明专利。"[1] 其中的实用性、新颖性等标准的设定以及保护时限和惩罚措施等内容形成了现代专利制度的雏形。

16 世纪，欧洲文艺复兴达到顶峰，新兴资产阶级势力日益崛起，科学技术和产业革命使社会生产力获得了空前的进步，对技术成果和知识产品的占有、使用会带来巨大的经济收益已经逐渐成为人们的共识，商品生产者比以往任何时候都迫切需要获得最新的技术成果，以创造更大的经济效益。然而，技术发明的转移、公开势必会使竞争优势从发明创造者手中转移到商品生产者手中，关系到商品生产者与技术发明创造者之间的利益平衡。新的生产关系和社会关系的形成势必需要相应的制度和规则给予调整，以确保既能维持新技术发明人的技术优势，又能满足社会对该技术的需要，防止技术垄断。而封建社会具有恩赐性质的特权制度显然无法适应资产阶级自由市场的需要。于是，知识产权制度应时而生。美国学者诺思从制度经济学的角度出发，对专利权的确立给予高度的评价。他指出，不能在创新方面建立一个系统的产权是技术变化迟缓的根源，一套鼓励技术变化、提高创新的私人收益率使之接近社会收益率的激励机制，随着专利制度的建立而被确立起来。[2]17 世纪，代表新型资产阶级利益的英国议会对此前封建君主随意恩赐授予特权，滥用垄断的情况持批评态度，并试图通过立法的途径限制君主的垄断权力。在议会力量推动之下，1624 年，英国颁布了《垄断法案》以限制君主

---

[1] 王珍愚：《TRIPS 协议与中国知识产权公共政策》，中国社会科学出版社 2016 年版，第 75 页。

[2] 参见冯晓青主编《知识产权法》，中国政法大学出版社 2010 年版，第 20 页。

特权，并对如何引进先进技术，鼓励发明创造进行相应的制度设计，包括规定了发明专利权的主体、客体，取得专利的条件和程序，专利有效期以及什么情况下专利权被判为无效的情况，等等。相比较此前的《威尼斯法》，这项法案彻底破除君主特权，以法的精神确立平等主体之间的权利关系，是一部具有现代意义的专利法。

生产力的发展和经济发展深刻地推动和影响法律制度的创新，反过来法律制度对经济行为和经济发展产生巨大的反作用。伴随工业产权等相关法律制度的出台，产权关系界定清晰又激发了相关权利人的内在创新动力，进一步促进技术的革新和生产力的巨大发展。18世纪中叶，英国爆发了以工场手工业中最为发达的棉纺织业为滥觞的工业革命，1733年，机械师凯伊（John Kay）发明了"飞梭"，大大提高了织布的速度，纺纱顿时供不应求。1765年，英国工人哈格里夫斯（James Hargreaves）发明了珍妮纺纱机；1785年，瓦特（James Watt）制成的改良型蒸汽机投入使用，提供了更加便利的动力，得到迅速推广，大大推动了机器的普及和发展。人类社会由此进入了"蒸汽时代"。

伴随专利等工业产权相关法律制度的出台，涉及版权、商标权等法律制度也相应而生。"安娜法令"是1709年英国议会通过的世界上第一部版权法，废除了封建君主颁发许可证的特权制度，确立了作者是版权保护的主体，力图平衡出版商、作者的权利和公共利益之间的关系，是版权发展史上的突出标志和重大飞跃。

18世纪，英国工业革命和技术革命引起了从手工劳动向动力机器生产转变的重大飞跃。这次工业革命之所以是在英国爆发，正是英国早期专利、版权等一系列知识产权制度设计发挥制度优势和效能的结果，与此同时，工业革命的爆发也进一步促进知识产权制度的完善和发展。此外，知识产权制度的完善与英国工业革命的成功在一定程度上促进了欧美各国对工业版权、专利等知识产权制度的追崇和效仿。1789年，法国发生了资产阶级大革命，法国封建特权制度被摧毁。当时英国的知识产权制度的创新和日新月异的技术革新使得激进的法国革命派重新审视知识产品和技术创新，法国人将发明创造确立为一种与人权相关联的自然权利，认为发明创造权利的获得也是人权的体现，无视他人对技术发明的专有权就等于无视人权。基于这一逻辑，技术发明者将他的知识和发明公布于众，那么作为一种契约上的对等与合同上的对价，发明者就应当获得对其发明的保护，这就是知识产权最早的核心理念"以公开换取保护"。1791 年资产阶级大革命胜利后，法国颁布了专利法，这部法律是以英国专利法为榜样，建立在专利是一种自然权利的基础之上的，目的是要激励国内的发明创造活动。这部法律规定所有行业部门的任何发现或者新发明都是属于其原创者的财产，法律保护这些原创者充分享有对这些发现或者发明的权益（第 1 条），并强调引进专利技术，禁止法国专利权人在国外取得专利，两年之内必须在法国境内实施专利。法国专利法与英国专利法的区别在于，法国专利法规定不对新颖性或者实用性进行官方预先审查，对于专利权人是否有权拥有这个发明的问题，待以后有争议的时候，交由法院来裁决。而英国专利法规定必须对新颖性或者实用性进行官方预先审查。1787 年美国宪法授权国会"为了推动科学和艺术的进步，应当赋予作者和发明人在有限的时间内对于其作品和发现的独占权"。此后于 1790 年，美国颁布了全国统一的专利法，这是一部受到了英国和法国相关法律双重影响的专利法。1790 年和 1793 年的美国专利法为本国的发明者提供了强保护，目的就是为国内技术创新提供激励，大力发展本国国内的制造业，以此避免在与英国和法国的贸易中利益受损。

19 世纪中后期，以电机的发明和电力的应用为标志的第二次科技革命使人类从蒸汽时代进入电气化时代。这一时期西方资本主义制度由自由竞争资本主义向垄断资本主义过渡，科学技术知识成为垄断组织攫取高额利润的重要手段。欧洲和北美国家在工业化快速发展的过程中建立了现代专利制度和版权制度，激励国内的发明创造，鼓励技术转移服务于国家经济发展。继英国、法国、美国之后，俄国于 1812 年、荷兰于 1817 年、西班牙于 1826 年、德国于 1877 年、日本于 1885 年先后颁布了自己的专利法，英国还在 1862 年颁布了商标法。这一时期，伴随工业革命对世界市场的全面开拓，国际贸易竞争日趋激烈。基于此，西方国家产生了两种不同观点：一种观点认为要通过专利制度保护发明和创新，认为保护发明能够激励发明活动，从而有利于工业的发展，促进企业家投资创新，而且还能避免对新发明进行保密这种不利于发明活动的措施。另一种观点认为全球需要自由贸易，反对专利制度。① 这种观点认为发明是当代社会文明发展的产物，是客观反映社会技术变化的结果，应当属于公共财产，给予发明专有权保护有害于公共利益，建议全部予以取消。最后，支持专利保护的一方取胜了。从此以后，知识产权保护的支持者认为：知识产权是对知识劳动直接支付的报酬，是和创新联系在一起的个人权利不可剥夺的一部分，更直接地说，是保证资源有效利用的一种经济学上的必要性。这场有关专利的大争论把知识看作财产的观点变成一种广泛流传和可以接受的观点，使得社会普遍接受知识产权权利人拥有的权利，进一步推动了西方国家知识产权制度的完善和发展，奠定了现代知识产权制度的基础，并推动了国际知识产权制度的建构。这场关于专利权的大争论并不仅仅是由于理由有多么重要和合理来决定胜负的，而是政治和经济发展，生产关系和经济环境的巨变对争论的胜负做出了实质性贡献。

19 世纪末 20 世纪初，全球化经济发展水平骤升，国际贸易日益频繁，极具地域特色而缺乏国际统一标准的知识产权制度已不能适应国际贸易的发展需要。各国开始对本国发明人在外国得不到确定的、充分的知识产权保护感到不满和担忧，这种担忧阻碍了国际范围内的技术合作和创新热情。由此，各国开始关注国际知识产权保护，并呼吁加强国际知识产权保护合作。

---

① See Susan K. Sell &Christopher May, "Moments in Law: Contestation and Settlement in the History of Intellectual Property", *Review of International of Politics Economics*, Vol.8,2001,pp.483−484.

1873 年，经过德国和奥地利专利代理人和工程师强烈游说之后，德国政府在维也纳举行了一次代表会议，会议主要目标就是建立一项国际工业产权制度，规定各国将在各自地域范围内对外国发明人进行工业产权保护，最后由 11 个国家签署了 1883 年《巴黎公约》。《巴黎公约》的最大成就就是建立了以开放和自愿为基础的国际工业产权保护联盟，取代国与国之间签订的双边互惠协议，在国民待遇中规定了非歧视原则，在尊重各成员国本国的工业产权法的基础之上，要求各成员方给予外国公民和本国公民同样的权利。伴随工业产权的国际合作的达成，著作权版权的国际合作也成为趋势。早期国际版权保护主要是以双边条约和互惠互利的形式出现，但是这种双边关系造成作者在国外很难获得一致的保护，于是版权领域的国际知识产权保护开始转向多边条约。1878 年，法国著名作家雨果主持了巴黎世博会著作权研讨会，议题包括作者的权利保护和出版商的权利保护。就在这次会议上，通过了一项制定有关保护著作权国际公约的决定，并成立了国际文学艺术协会。1883 年，国际文学艺术协会提出一项保护文学艺术作品的国际公约的草案，这就是后来的《伯尔尼公约》草案。《伯尔尼公约》是历史上第一个多边国际版权公约，在世界范围内建立了保护作者和艺术家文学和艺术作品的联盟，并建立了一些重要的基本原则，包括非歧视原则、国民待遇原则和优先权原则。各国享有自主制定知识产权公共政策的主权，可以自由地制定本国立法，但同时也有义务对公约成员方的外国人提供延伸的法律保护。这些公约既不创造新的实体法也没有将新的法律强加给成员方，它表明成员方之间达成了一种合意，这种合意由国内立法予以保障。

以工业产权保护为主的《巴黎公约》和以版权保护为主的《伯尔尼公约》共同构成了国际知识产权制度的基础，代表着国际知识产权制度从双边主义走向了多边主义。此后，围绕两大公约各自设立"国际局"，之后合并为"保护知识产权联合国际局"，设置在瑞士联邦政府。这是知识产权制度国际保护的雏形和世界知识产权组织的前身。1967 年，两大公约缔约国签订《成立世界知识产权组织公约》，并于 1970 年成立了世界知识产权组织，成为联合国世界事务的专门机构。《巴黎公约》和《伯尔尼公约》后来被整合进了世界贸易组织管辖的 TRIPs 协议，这两个公约直到今天仍然是有效的。

纵观历史，通过对几个世纪国内和国际知识产权制度变迁的梳理，知识产权制度和国际条约建构了相对完善的知识产权保护顶层设计。不难发现，知识产权制度诞生之初其制度设计的初衷是鼓励发明创造，引进新的技术，吸引有才能的工匠或发明家，以此来推动国家经济的发展。无论是专利制度还是版权制度，其目的都是对"新知识、新技术、新发明"的保护，并没有包含保护传统文化或旧有古老知识的内容。因此，基于制度设计的初衷和目的，知识产权制度与保护传统文化艺术在一定程度上存在矛盾冲突和差距，而伴随时代发展和社会变迁，传统文化艺术被重新挖掘利用而出现大量盗用、利用和歪曲使用的现象，并以此谋得不当利益，严重损害了传统文化艺术所有国或所有者的正当利益，此时才出现保护传统文化艺术的深刻而广泛的需求。而基于保护"新知识、新技术、新发明""以公开换保护"的知识产权制度是否能为传统文化艺术保驾护航成为新时期法学、政治学、艺术人类学等学科的研究重点和难点。

二、制度调整的关系矛盾

从制度调整的领域而言，调整特定社会关系的知识产权制度与长期处于公共领域的传统文化艺术之间存在冲突和矛盾。众所周知，知识产权制度是调整基于智力创造活动或工商业标记所产生的社会关系的法律规范的总称，是国家制定或认可的调整社会组织之间、社会组织与公民之间以及公民相互之间在创造和利用知识产品过程中所引起的各种社会关系的法律制度规范的总称。作为一种私权，现代知识产权制度主要调整因智力创造活动而产生的社会关系，其最根本的目的是保护知识产权人智力成果的专有权利，通过对知识产权人的保护，以期激励、推动、深化社会经济、科学技术的不断发展。知识产权制度调整对象主要是涉及因知识产权关系而产生的各种社会关系，或因确认知识产品的所有权而产生的各类社会关系，包括个人或组织。这里的"特定社会关系"首先是指知识产权或智力成果的创造者、所有者、使用者、利用者等相关主体之间的权利关系。知识产权制度明确知识产品或智力成果是一种无形财产，它通过授予知识产权或智力成果的所有人一定时期的专有权来鼓励智力创造活动，从而破除"知识不值钱"的传统观念，形成尊重知识、尊重人才的良好社会风气。因此，从法律上确认知识产品或智力成果归其创造者或合法受让人所有，用法律手段保障所有人对知识产品的所有权，这是知识产权法的本质特征之一，也是调整的第一重社会关系。其次，从商品价值形态意义上讲，在知识经济和信息时代，知识产权意味着一项巨大的知识财富。知识产权人可以通过转让知识产品或智力成果，利用这些知识产品或智力成果来实现一定的经济目的。因此，知识产权制度调整的关系也包括因转让知识产权而发生的社会关系，这是第二重社会关系。此外，知识产权所有者在行使权利的过程中，以及知识产品和智力成果在广泛的运用过程中与他人产生的其他权利关系是第三重社会关系。知识产权制度通过确定权利保护范围、明确侵权表现和应受处罚并给予权利人以必要限制来保护知识产权、协调专有权利与社会公共利益之间的关系，包括因专利、商标等工业产权和因版权而形成的社会关系，以及制止不正当竞争权而发生的社会关系等。具体表现为在确认、转让、行使、保护知识产权的过程中形成的民事关系、行政关系和刑事关系。其内容复杂、范围广泛，但都是因知识产品而产生的。知识产权制度在调整因知识产品和智力成果所产生的特定社会关系过程中，始终以保护知识产品或智力成果所有人的人身权和财产权为主要目的，这是知识产权私权性质的实质所在。

然而，知识产权制度目前的制度设计主要锁定在那些有"创新"内涵的"现代化"知识产品、智力成果、技术方案等保护对象上，而那些同样凝结着人类智力成果却很早归入公共利益领域的传统文化艺术，则因其处于"公有领域"而被拒之门外，任何人都可以无偿地自由使用。这使得传统文化艺术所属的民族、国家和传承人因为得不到现代知识产权制度的保护，而逐渐丧失保持和发展其传统文化的动力。与此同时，传统文化艺术具有复杂多样性，所涉及的社会关系难以界定清晰，这使得对其的知识产权制度构建照猫难画虎。

首先，传统文化艺术内涵丰富，外延广阔。其中，很多像音乐、舞蹈、曲艺、美术、戏曲、杂技等为主的艺术表现形式都是各个民族独特的生产生活的体现，并经过历代人们广泛流传和传承下来，具有相对公开性、不可再生性、表达形式多样性等特点。传统文化艺术在某一国或者某一群体内广泛公开且需要本族群内普遍知晓才能发扬光大，因此，这种本民族族群内普遍公开的知识成果加大了知识产权制度"以公开换保护"的制度实施难度。其次，传统文化艺术作为一个群体性的文化形式，基本上是属于一个村寨，或者一个乡镇，抑或是一个民族的，还有可能是流传于少数传承人之间，这在主体确认上有了很大的挑战。与现行知识产权制度规定的自然人、企业、其他组织较为明确的主体不同，其主体的资格认定很难确定。最后，传统文化艺术成果很多是依靠口口相传或者形体记录的方式进行传承，这种无形特质在很大程度上为其知识产权保护出了个大难题。还有某种艺术形式是与特定民族的生产生活息息相关，且很多艺术形式都有上千年的历史并在不断的使用中被一直保留和传承下来，这又与当前现行的著作权法对相关作品的保护期限规定产生矛盾，以文字作品为例，其保护期限为作者生前及作者死后50年。而很多传统艺术的自然传递和历代传承，让其在期限上有着严重的不确定性和超长性，这也让现行知识产权保护的期限性无所适从。

随着经济全球化的不断深入发展，现代化的生产、生活方式在满足人们的基本生活需求的同时，也给传统文化的发展造成了巨大的冲击。"现代化"的生产和生活方式的不断演进，改变了人们的生产生活方式，而那些植根于生产生活的传统文化艺术正在削弱或已经消亡。"现代化"味道十足的知识产权制度在保护手段和调整对象上表现出对"传统"的冷落，导致利益天平严重失衡，打击了传统文化艺术继承的热情。总之，针对传统文化艺术保护而言，知识产权制度调整的社会关系矛盾是造成这一制度困境的主要原因。

三、制度运用的范围困境

从知识产权制度运用的范围而言，知识产权制度长期被发达国家利用的历史渊源与发展中国家对传统文化艺术保护的现代诉求相矛盾，这也是造成传统文化艺术知识产权保护困境的又一原因。如前文所述，现代知识产权制度发端于西方国家，从诞生之初起就担负起促进国家经济发展的制度使命和政策任务。在知识产权制度国内、国际立法的历史发展过程中，我们可以发现，各个国家的知识产权制度和相关立法均是基于国家利益和经济技术文化的发展一直处在不断变化调适和发展之中，换言之，各国不同的知识产权制度都是为了适应各国不同发展阶段的经济、技术和文化发展需要。各国也都是在寻找一种最符合本国利益需要的知识产权制度。历经第一次工业革命和第二次工业革命的时代变迁，英、美、德等西方发达国家通过调整本国的知识产权制度以从客观上促进本国经济发展和维护本国根本利益，当技术领先时，往往倾向于对本国的创新成果进行强保护，相反，当处于技术跟从的时候，则往往赞成低成本地获得技术资源。[①] 因此，从宏观视角和内容本质而言，知识产权制度与国家公共政策紧密相关，是国家政府发展经济和文化

---

① 参见刘华《知识产权制度的理性与绩效分析》，中国社会科学出版社 2004 年版，第 46 页。

的重要战略安排。

　　作为一项西方发达国家设计且主导的公共政策，知识产权制度在国际贸易实际运用中就会出现发达国家与发展中国家的比较优势和劣势。特别是从 20 世纪开始，随着新技术不断出现和贸易的全球化，世界政治经济发生重大变化，知识产权制度的政策调整倾向也越发明显。20 世纪 80 年代，美国成为世界上最大的知识产权出口国，美国的年知识产权出口量从 1949 年的 9.9% 增长到 1986 年的 27.4%，并且一直在快速增长。美国开始寻求一种新的多边解决机制来在全球范围内扩大知识产权保护，《与贸易有关的知识产权协定》（TRIPs 协议）就是在美国的倡导下缔结的。TRIPs 协议将所有世界贸易组织成员国捆绑在一起，要求其必须履行一个共同的和较高的知识产权保护标准。例如，TRIPs 协议将专利的保护期提高到 20 年，这比很多国家以前提供的保护期要长得多，并且将专利保护的客体覆盖到了发达国家专利制度普遍认可的所有技术领域，包括产品专利和方法专利。与此同时，TRIPs 协议还深入到了各个国家的地域之内，将国际知识产权制度上升到约束和决定各国知识产权国内立法的高度，要求各成员国国内的知识产权制度必须以 TRIPs 协议为基础，各国国内立法必须要符合 TRIPs 协议，与 TRIPs 协议相协调。TRIPs 协议已经成为西方国家维护自身权益最大化，借以打压制约发展中国家的有力工具，然而知识产权保护的国际协调并没有终止，以美国为代表的西方发达国家继续推动签署《双边自由贸易协定》（FTA）、《反假冒贸易协定》（ACTA）和《跨太平洋合作伙伴关系协定》（TPP）等，希望进一步在全球提高知识产权保护水平。《巴黎公约》和《伯尔尼公约》虽然规定了要对发明人和作者提供保护，但是没有规定有效的知识产权执法和强制性的争端解决机制，相比之下，TRIPs 协议更进一步地提高了知识产权保护的标准，同时还规定了有效的知识产权执法程序。

　　基于以上，我们不难发现，在经济全球化和知识经济时代，以美欧为首的西方发达国家借助"胡萝卜加大棒"的政治策略，通过拟定知识产权国际规则，并将知识产权保护与贸易单边制裁紧紧挂钩，形成国际知识产权游戏规则的强势垄断，致使广大发展中国家最终沦为知识产权保护体制建构中的被动接受者，其自身利益不被重视而受到极大损害，进一步拉大了广大发展中国家与发达国家在知识和文化艺术领域的非对称性，造成"信息绿洲"与"信息沙漠"的巨大隔阂和鸿沟。与发达国家相比，传统文化艺术是发展中国家的优势文化资源，本应作为广大发展中国家与发达国家进行经济与贸易博弈的比较优势和底牌。可是，发达国家凭借制度优势，运用有利的国际知识产权规则，将发展中国家的古老悠久的相对公开的传统文化艺术资源据为己有，并以此获得巨大的商业利润，而那些发展中国家及传统族群却没有得到任何实质性回报。广大的发展中国家以及国际上很多非政府组织对此早有表达强烈不满，特别是针对使用他国或他民族传统文化艺术资源形成的知识产权或智力成果施以知识产权保护的事例，被描述为"海盗行为"。然而，某些既得利益者辩称，传统文化艺术是人类共有的公共资源，宣称传统文化艺术本身所具有的古老的、主体不确定的、形式多元等自然属性导致其缺乏现代知识产权所具有的私权属性，因此，任何组织任何个人都有权对其合理开发利用。可见，发达国家和发展中国家就此问题产生严重分歧。而西方发达国家因攫取"积累竞争优势"，日益拉大与广大发展中国家在知识文化资源方面的差距，这催生了知识产权"马太效应"。面对发达国家与发展中国家之间巨大的知识产权"鸿沟"，世界知识产权组织（WIPO）在 2000 年专门成立了"知识产权与遗传资源、传统知识和民间文学艺术政府间委员会"（WIPO-IGC），讨论认为遗传资源、传统知识和民间文学艺术（"民间文学艺术表现形式"与"传统文化表现形式"两个术语在 WIPO 讨论中交替使用）是需要以适当形式的知识产权加以保护的知识瑰宝，而广大的发展中国家、土著群体社区是知识产权决策中发挥重要作用的新生力量。然而，由于部分发达国家的懈怠和消极态度，致使议题进程长期裹足不前。从某种意义上说，现有知识产权框架内的传统文化艺术保护问题，实质上已演变为广大发展中国家与少数发达国家之间政治力量的博弈。

在这样一场政治力量的博弈中需要平衡好法律问题与政治问题，尽管知识产权制度与国家社会公共政策紧密相关，但要解决好这一问题必须充分发动传统文化艺术的所有者、原住民或者社区等族群群体来共同维护自身权益，而要以国家或政府的名义来推动传统文化艺术的知识产权国际规则的制定，并非最佳策略。正如有学者所担心的，在这场博弈中发达国家认为传统文化艺术不符合现代知识产权的基本特征和严格标准，故被视为人类之公共资源，不应给予私权保护。从这个层面上说，如果广大发展中国家对此类争端习惯性地以国家名义施加压力并强行出头，以国家或政府的名义寻求对相应传统文化艺术争端的解决，容易导致看似简单的法律问题泛政治化，在强权政治化的少数发达国家面前反而更加不利于问题的解决；同时，欧美发达国家垄断企业正好以此为借口，极力立证传统文化艺术不具有私权性及知识产权性，可以为传统文化艺术是公共资源寻求到正当的对抗理由。① 因此，在这样一个发展中国家与发达国家政治博弈的背景之下，发展中国家需要挖掘和借助社会力量或民间力量来发挥主导优势。例如，发展中国家则通过《多哈宣言》维护公共健康，通过《生物多样性公约》（CBD）和《关于获取遗传资源和公正公平分享其利用所产生惠益的名古屋议定书》、粮食及农业组织的《粮食和农业植物遗传资源国际条约》、国际植物新品种保护联盟（UPOV）和1994年《联合国防治荒漠化公约》（UNCCD）等保护传统知识和遗传资源，探索 TRIPs 协议的弹性空间。可以预见的是，TRIPs 协议的争议将长期存在，知识产权保护的国际协调将持续进行。就传统文化艺术保护为中心的争端，占有知识产权制度"高地"的发达国家与处于知识产权制度"洼地"的发展中国家也将长期展开争论和博弈，而发展中国家或政

① 参见严永和《论传统文化表达的知识产权保护》，法律出版社 2006 年版，第 241 页。

府以及各种非政府组织、族群或社区群体等在维护自身传统文化艺术的知识产权保护方面将发挥不同的作用。

第三节　传统文化艺术知识产权保护实践探索

传统文化艺术知识产权保护的制度差距在现实操作中是否能有弥合的可能？现实中所涉及的相关司法判例提供了很好的制度参考。例如，《乌苏里船歌》著作权案、安顺地戏署名权案、《和谐共生十二》作品署名权案等相关司法案例，其内容涉及音乐、戏剧、美术设计等不同的艺术领域，面对具体的侵权纠纷问题，当事人均采用了知识产权著作权法来进行维权，具有很强的典型性和参考性。事实上，针对传统文化艺术知识产权保护所存在的制度差距和困境，相关案件的判决过程和判决结果给出了解决方案和判例标准，这也为解决类似的利益纠纷和民事纠纷提供了有益的探索和经验积累。

一、传统文化艺术权利主体判定的实践探索

《乌苏里船歌》著作权案曾经轰动一时，也成为与传统文化艺术或民间艺术作品权益相关切的具有里程碑意义的案例。此案不仅对广泛流传于民间的历史悠久的传统文化艺术能否运用现代著作权法来进行保护作出了肯定回答，而且对创作时间不确定、创作主体不确定且流传于族群或部落的传统文化艺术作品的权利主体给予创新性的探索，这为传统文化艺术保护开辟了著作权保护的典范和法律借鉴。

　　下文简述《乌苏里船歌》著作权案和判决结果。①

　　2000 年 9 月，黑龙江省饶河县四排赫哲族乡人民政府诉歌唱家郭颂作曲演唱《乌苏里船歌》以及中央电视台公开演播该曲、北京北辰购物中心销售该音乐作品光碟的行为，侵犯了赫哲族人民对该民歌享有著作权的案件，即《乌苏里船歌》著作权案。1999 年 11 月 12 日，在中央电视台与南宁市人民政府共同主办的"国际民歌艺术节"开幕式晚会上，郭颂演唱了《乌苏里船歌》一歌，中央电视台公开播演并且一位节目主持人称其为一首创作歌曲。之后，南宁国际民歌艺术节组委会将此次开幕式晚会录制成 VCD 光盘，中央电视台认可共复制 8000 套。北辰购物中心销售了刊载有《乌苏里船歌》音乐作品的有关出版物，其出版物上《乌苏里船歌》的署名方式均为"作曲：汪云才、郭颂"。此事在赫哲族群众中引起强烈反响，他们认为《乌苏里船歌》是郭颂由赫哲族民歌《想情郎》和《狩猎的哥哥回来了》改编而成，其应当是赫哲族的民歌，著作权应该属于全体赫哲族人们所有。

　　《想情郎》和《狩猎的哥哥回来了》均属于乌苏里江流域赫哲族世代流传的传统民间艺术作品，尽管目前已无法考证该曲调的最初形成时间和创作人，但两首曲目最早是在 20 世纪 50 年代末第一次被记录下来。1962 年，郭颂、汪云才、胡小石到乌苏里江流域的赫哲族聚居区采风，收集到了包括《想情郎》等在内的赫哲族民间曲调。在此基础上，郭颂、汪云才、胡小石共同创作完成了《乌苏里船歌》音乐作品。随着《乌苏里船歌》在多个公共场合演唱传播并出版发行获得广泛的知名度和影响力，该作品也通过商业途径获得了销售盈利。基于此，黑龙江省饶河县四排赫哲族乡人民政府于 2001 年 3 月以侵犯了赫哲族族群的著作权为由将郭颂、中央电视台等列为被告一并起诉至一审法院。

---

① 　参见"郭颂等与黑龙江省饶河县四排赫哲族乡人民政府侵犯著作权纠纷案"，北京市高级人民法院（2003）高民终字第 246 号民事判决书。

　　该案件经过两次判决，其中，北京市第二中级人民法院作出一审法院判决，其结果认为：以《想情郎》和《狩猎的哥哥回来了》为代表的世代在赫哲族中流传的民间音乐曲调，应作为民间文学艺术作品受法律保护。原告作为民族乡政府，可以以自己的名义提起诉讼。与《想情郎》曲调相比，《乌苏里船歌》体现了极高的艺术创作水平，其作品整体的思想表达已发生了质的变化。郭颂作为该作品的合作作者之一，享有《乌苏里船歌》音乐作品著作权。但是《乌苏里船歌》曲调的作者在创作中吸收了《想情郎》等最具代表性的赫哲族传统民间曲调，《乌苏里船歌》主部即中部主题曲调与《想情郎》《狩猎的哥哥回来了》的曲调基本相同。因此，《乌苏里船歌》系在赫哲族民间曲调的基础上改编完成的作品。郭颂等人在使用音乐作品《乌苏里船歌》时，应客观地注明该歌曲是源于赫哲族传统民间曲调改编的作品。对此，最终北京市第二中级人民法院判决郭颂、中央电视台以任何方式再使用音乐作品《乌苏里船歌》时，应当注明"根据赫哲族民间曲调改编"；郭颂、中央电视台于本判决生效之日起三十日内在《法制日报》上发表音乐作品《乌苏里船歌》系根据赫哲族民间曲调改编的声明；北辰购物中心立即停止销售任何刊载未注明改编出处的音乐作品《乌苏里船歌》的出版物等。之后，郭颂和中央电视台以四排赫哲族乡人民政府不具备诉讼主体资格，提起上诉。

　　首先，在该案的二审判决中，北京市高级人民法院对四排赫哲族乡人民政府是否具备诉讼主体资格进行认定，判决认为：世代在赫哲族中流传、以《想情郎》和《狩猎的哥哥回来了》为代表的赫哲族民间音乐曲调形式，属于民间文学艺术作品，应当受到法律保护。涉案的赫哲族民间音乐曲调形式作为赫哲族民间文学艺术作品，是赫哲族成员共同创作并拥有的精神文化财富。它不归属于赫哲族某一成员，但又与每一个赫哲族成员的权益有关。该民族中的任何群体、任何成员都有维护本民族民间文学艺术作品不受侵害的权利。四排赫哲族乡人民政府作为一个民族乡政府是依据我国宪法和法律的规定在少数民族聚居区内设立的乡级地方国家政权，可以作为赫哲族部分群体公共利益的代表。故在符合我国宪法规定的基本原则、不违反法律禁止性规定的前提下，四排赫哲族乡人民政府为维护本区域内的赫哲族公众的权益，可以以自己的名义对侵犯赫哲族民间文学艺术作品合法权益的行为提起诉讼。二审判决中针对传统文化艺术作品因历史久远而缺少明确的具体的个体权利主体而确认政府具有诉讼主体资格，这是对此前传统文化艺术知识产权保护的困境与矛盾的一次突破。

其次，二审判决中对"独创性"和改编作品标准的认定进行了确认。著作权法上的改编，是指在原有作品的基础上，通过改变作品的表现形式或者用途，创作出具有独创性的新作品。改编作为一种再创作，主要利用了已有作品中的独创部分。对音乐作品的改编而言，改编作品应是使用了原音乐作品的基本内容或重要内容，应对原作的旋律做了创造性修改，却又没有使原有旋律消失。根据鉴定报告中关于《乌苏里船歌》的中部乐曲的主题曲调与《想情郎》和《狩猎的哥哥回来了》的曲调基本相同的鉴定结论，以及《乌苏里船歌》的乐曲中部与《想情郎》和《狩猎的哥哥回来了》相比又有不同之处和创新之处的事实，《乌苏里船歌》的乐曲中部应系根据《想情郎》和《狩猎的哥哥回来了》的基本曲调改编而成。《乌苏里船歌》乐曲的中部是展示歌词的部分，且在整首乐曲中反复三次，虽然《乌苏里船歌》的首部和尾部均为新创作的内容，且达到了极高的艺术水平，但就《乌苏里船歌》乐曲整体而言，如果舍去中间部分，整首乐曲也将失去根本，因此可以认定《乌苏里船歌》的中部乐曲系整首乐曲的主要部分。在《乌苏里船歌》的乐曲中部系改编而来、其中部又构成整首乐曲的主部的情况下，《乌苏里船歌》的整首乐曲应为改编作品。郭颂关于《乌苏里船歌》与《想情郎》《狩猎的哥哥回来了》的乐曲存在不同之处和创新之处且在表达上已发生了质的变化的上诉理由，并不能否定《乌苏里船歌》的乐曲基本保留了赫哲族民歌基本曲调的事实。郭颂关于《乌苏里船歌》的首部和尾部均为创作、其整首乐曲在结构上为单三部曲式，因而全曲不应认定为改编作品的上诉主张不能成立，维持原判。

综上，本案历经四年之久，也足见此案判决过程之繁杂、论证之严密、判决结论之慎重。本案运用著作权法对世代相传的传统民间文学艺术作品进行保护，其终审结论不仅产生了广泛的社会影响，也在法学界和学术界引起了深入探讨，也为传统文化艺术成果运用知识产权保护提供了宝贵的实践经验，具有积极的借鉴意义。此案终审之后，围绕此案展开的各种学术讨论和社会争论还在继续，其中最为关键的是传统文化艺术能否受到著作权法的保护，对于经过民间采风对传统文化艺术进行再创作的作品能否受到著作权法的保护。

对于第一个问题，田联韬等专家指出，传统文化艺术是全民所有的，著作权归全民所有，不能被个人占有，尽管传统文艺作品是公共产品，即便经历漫长的历史和多年锤炼，由集体创作而成，但它依然可以受到著作权法的保护，这是《乌苏里船歌》案的终审判决书中清晰表明的一点。对于第二个问题，也是普遍存在争议和广泛存在的问题。在本案判决中，《乌苏里船歌》是在赫哲族传统民间文学艺术作品的基础上创作完成的。虽然《乌苏里船歌》具有很大程度的独创性和很高的艺术水平，但仍然属于对赫哲族民间曲调的改编。改编作品著作权人应尊重原作品著作权人的著作权，而不能完全独立地行使自己的著作权。因此，本案最终判决是将《乌苏里船歌》作为传统文化艺术的演绎作品和改编作品著作权纠纷来定义的，它明确澄清的一点就是传统文化艺术是拥有完整著作权的，对它进行的创作属于再次演绎，属于改编作品。

我国许多艺术创作者经常到民间采风和汲取创作灵感，这是现代艺术创作的主要途径。当把传统文化艺术进行改编后以新的创作形式出现时，新的艺术作品亟须将个人权利和集体权利界定清晰。"作曲"和"编曲"虽然只有一字之差，但影响却大不相同，权利界定也完全不同。首先，如果个人拥有了某一传统民间艺术作品的著作权，其他人再改编该传统艺术成果时，就要征得这个人的同意并付费，否则就是侵犯了他的著作权。其次，"作曲"和"编曲"在稿酬和版税上相差数倍。此案件的判决结果使民间采风得来的艺术作品的著作权有了更为明确的指向。

此外，本案判决还以司法实践对传统艺术成果和艺术作品著作权权利主体和诉讼权利主体等方面做出了有益的尝试。法院判决精神体现的传统文化艺术作品的著作权属于特定的民族、族群或者社群，能够受到学界的普遍认可。同时，作为赫哲族群体的利益代表，四排赫哲族乡人民政府可以以自己的名义对侵犯赫哲族传统民间文学艺术作品合法权益的行为提起诉讼，这是权利主体判定的一大进步。众所周知，著作权法第六条规定了"民间文学艺术作品的著作权保护办法由国务院另行规定"，虽然所述保护办法迟迟无法落地，但本案的司法实践还是承认了传统文化艺术可以通过知识产权制度中的著作权保护模式的可行性。该案在获得以上成果的同时，也不免留有遗憾，就是没有解决民间文艺作品其著作权保护期限的问题，以其为基础进行改编是否需要经过权利人许可或收取相关授权费用等问题，这也为深化传统文化艺术知识产权保护提供了新的探索空间。

二、传统文化艺术利用边界的实践探索

2011 年 6 月 1 日，《中华人民共和国非物质文化遗产法》（以下简称《非物质文化遗产法》）生效，《非物质文化遗产法》的颁布具有重要的时代意义，尽管该法属于行政法的范畴，并不自然生成民事权利。但是，它的颁布和实施依然使得包括非物质文化遗产在内的传统文化艺术的保护再次进入国家顶层设计和社会公众的视野。在距离《乌苏里船歌》著作权案十年以后，恰逢《非物质文化遗产法》开始施行的关键节点上，安顺地戏署名权案成为北京市西城区人民法院首例涉及"非遗"的案件，也是我国知识产权保护

领域的新类型案件，曾一度引起社会、法学界专家和非遗保护工作者的广泛关注。此案的最终判决再次说明对于传统文化艺术著作权保护依然存在复杂性和坚决性，任重而道远。

下文简述安顺地戏署名权案和判决结果。[①]

安顺地戏署名权案是贵州省安顺市文体局诉影片《千里走单骑》导演张艺谋、制片人张伟平及出品人北京新画面影业有限公司歪曲侵犯"安顺地戏"这一非物质文化遗产和民间文学艺术署名权的案件。2005 年，由张艺谋执导、张伟平制片、日本著名演员高仓健主演、北京新画面影业有限公司发行的影片《千里走单骑》曾名噪一时。在影片中，作为故事主线的"云南面具戏"，其实是 2006 年被列入我国第一批国家级非物质文化遗产保护名录的"安顺地戏"，它曾被海内外专家誉为"中国戏剧的活化石"。电影播出后，贵州省安顺市文体局以非物质文化遗产保护部门的名义对张艺谋等提起诉讼称，影片《千里走单骑》在拍摄时，安顺市八位地戏民间艺人应邀到云南丽江表演了《千里走单骑》和《战潼关》两场安顺地戏，之后上述表演被剪辑到影片中，但影片却称此为"云南面具戏"，错误地诠释了地方民俗文化，对这一特殊地域性、表现唯一性的安顺地戏形成了误导和混淆，对安顺市独有的"安顺地戏"造成了不良影响，严重侵犯了其署名权。

2010 年 1 月 21 日，为了给"安顺地戏"正名，贵州省安顺市文体局（以下简称"原告"）以非物质文化遗产保护部门的名义，向北京市西城区人民法院（以下简称"北京西城法院"）提起了诉讼，将影片《千里走单骑》的导演兼编剧张艺谋、制片人张伟平、出品方北京新画面影业有限公司告上法庭，争取"安顺地戏"的署名权。立案后，这起案件备受各方关注，更被业界人士称为"中国文艺类非物质文化遗产维权第一案"。

---

① 参见"贵州省安顺市文体局诉张艺谋等侵犯著作权案"，北京市第一中级人民法院（2011）一中民终字第 13010 号判决书。

2011年5月24日,一审法院判决认为,"安顺地戏"作为国家级非物质文化遗产之一,应该受到高度的尊重与保护,这并无疑义;但涉案电影《千里走单骑》将真实存在的"安顺地戏"作为一种文艺创作素材进行一定程度创作,并虚构运用在影片作品中,使表现形式符合电影创作的需要,其演绎拍摄手法符合电影创作的规律,区别于不得虚构的新闻纪录片,并不违反我国著作权法的规定。此外,被告主观上并无侵害非物质文化遗产的故意和过失,客观上也未对"安顺地戏"产生歪曲、贬损或者误导混淆的负面效果。据此,一审法院驳回了安顺文体局的起诉,同时也提醒被告,今后应当增强对著作权法和新颁布的非物质文化遗产法的学习,谨慎从业,尽可能预防和避免此类民事纠纷的再次发生。

一审宣判后,安顺市文体局向北京市第一中级人民法院提起上诉,认为影片《千里走单骑》使用"安顺地戏"却不标注名称,足以说明被上诉人(即一审被告)主观上存在过错。此外,上诉人还提交了日本摄影艺术家拍摄的专题片,证明受影片影响,该摄影家前往丽江寻找面具戏未果后又辗转找到了安顺,这足以说明该影片已经造成了误导观众的实际后果。

2011年9月14日,北京一中院作出终审判决:"安顺地戏"属于民间地戏作品,法院认为安顺地戏已被认定为国家级非物质文化遗产,作为安顺地戏的管理及保护机关,安顺市文化和体育局有资格代表安顺地区的人民就他人侵害安顺地戏的行为主张权利并提起诉讼。但国务院至今未对民间地戏作品作出相应的规定,因此,对于民间地戏作品的诉讼只能适用于著作权法。由于"安顺地戏"既非署名权的权利主体,亦非署名权的权利客体,所以不享有署名权,涉案电影没有侵害安顺地戏的署名权。最终,北京一中院驳回了上诉人的上诉,维持一审判决。

安顺地戏署名权案突破性的判例意义在于对非物质文化遗产署名权的探求。本案争议的焦点是影片《千里走单骑》中对于"安顺地戏"的传统剧目《千里走单骑》和《战潼关》的使用是否侵犯了其署名权。依据对安顺地戏署名权案的最后判决结果得出：第一，明确了传统文化艺术或非物质文化艺术进行再次创作时，署名权的边界和范围。判决结果认为，电影属于艺术创作，而艺术创作本身就是虚构的，不能在现实生活中对号入座，更不能在现实生活中对其追究法律责任。本案中，若影片中的内容就是真实记载"安顺地戏"的故事，则必须署名；但若出于电影拍摄和烘托剧情的需要，将"安顺地戏"作为一种文艺创作素材运用于电影之中，虚构为并不存在的"云南面具戏"的演绎手法，并不适用于新闻纪录片的"不得虚构"拍摄要求，则不署名也不构成侵权。^① 第二，澄清了传统文化艺术或非物质文化遗产的署名权内容。署名权的权利主体是"作者"，权利客体是具体的"作品"，权利内容是在作品上标注作者的名称，他人只有在使用作品而未署"作者"的名称时，其行为才可能构成对署名权的侵犯。而"安顺地戏"作为一个剧种，其仅是具有特定特征的戏剧剧目的总称，是对戏剧类别的划分，因而"安顺地戏"显然并非权利主体（即作者），也非署名权的权利客体（即作品），也不可能获得著作权法署名权的保护。^② 第三，判决结果也在探索维护传统文化艺术和非物质文化遗产权益的途径。从形式到内涵，电影《千里走单骑》这种对"安顺地戏"这一以民间文艺为形式的非物质文化遗产的使用都是实质性的，然而由于使用者在使用过程中自始至终误称之为"云南面具戏"，使得"安顺地戏"失去了向观众表明自己的名称或身份来源的机会。尽管电影创作者在依"创作规律"拍摄时的确并无侵权的故意，但无论从民法自愿、公平、等价有偿、诚实信用的基本原则，还是从著作权法确定的对民间文艺作品保护的规定来看，电影创作者也应当通过某种方式消除因对民间文艺传承者权益的忽视造成的不利影响。尽管这一义务因电影创

---

① 参见邝宪平《"安顺地戏" VS〈千里走单骑〉——非物质文化遗产尚不享有署名权》，《知识产权》2011 年第 10 期。

② 参见吕睿《"安顺地戏"案署名权认定之商榷与演进》，《云南艺术学院学报》2013 年第 1 期。

作者本身的影响力而显得有些道义色彩，但其性质仍是符合法律的公平原则的。[①] 这也是该案最后判决结果中作出涉案电影没有侵害安顺地戏的署名权的结论之后，又专门作出提醒，艺术从业人员应当增强对著作权法和新颁布的非物质文化遗产法的学习，谨慎从业，尽可能预防和避免此类民事纠纷的再次发生，这也是对所有艺术创作界对传统文化艺术或非物质文化遗产进行再次利用和创作过程提出新的从业要求。

时至今日，依然有很多人认为《乌苏里船歌》著作权案的法院判决精神对于《千里走单骑》著作权署名案来说应当是同样适用的，本案的判决引发社会、法学界专家和非遗保护工作者的广泛讨论和研究，客观反映出目前法律规定和司法实践中对传统文化艺术知识产权保护依然存在很大争议和不足，虽然通过立法，设立非物质文化遗产法和著作权法相关制度，并分别从不同侧面对传统文化艺术进行保护，但保护力度和广度仍然不能满足社会发展需求。但是，值得肯定的是，该案在传统文化艺术和非物质文化遗产司法保护的诉讼主体、署名权、侵权责任认定等方面做出了有益探索，对完善相关法律制度、提高执法水平具有非常重要的借鉴意义。

三、传统文化艺术创新判定的实践探索

历史悠久且长期属于公共领域的传统文化艺术能否得到完整且全面的著作权保护，上文中列举的《乌苏里船歌》著作权案和安顺地戏署名权案的司法实践对此进行了有益的尝试和探索，在一定程度上明晰了权利主体是谁、创作边界是否侵权的评判标准。然而，在现实生活中，传统文化艺术创新发展过程中，各种衍生品和再生创作的派生作品能否获得著作权保护，如

① 参见中国社会科学院知识产权中心、中国知识产权培训中心编《实施国家知识产权战略若干基本问题研究》，知识产权出版社 2012 年版，第 209 页。

何处理同一传统文化艺术的不同的衍生品或派生作品之间的权利关系则成为必须面对的问题。

众所周知，贵州黄平革家传统蜡染艺术属于传统少数民族艺术，是黄平革家妇女在长期的生产实践和生活中创造的，自制的一种传统民族民间艺术产品。黄平革家蜡染在色彩表现上以蓝白或黑白为主，多以丰富的纹饰图案构图，线条流畅、工艺精致，构图对称，和谐统一，图案饱含一定的寓意和哲理，具有独特的艺术特色和美学价值。蜡染早在先秦两汉时期，便开始在史料文献中出现；隋唐时称为"蜡缬"，应用普遍，唐代达到鼎盛；宋代以后因蓝印花布的兴盛而使蜡染衰退，并逐渐退至西南山区。明清以后，由于各地修志之风兴起，贵州黄平革家蜡染这一传统民间工艺被频频记入志书，《贵州通志》记载："用蜡织于布而染之，既取蜡，则花纹如织。"足见黄平革家蜡染技术历史悠久。至今，这一古老技艺成为贵州黄平革家人文化传承和精神符号的象征。以黄平革家传统蜡染艺术图案为基础所创作的作品《和谐共生十二》著作权案再次将这一悠久的传统技艺引入公众视野和业界讨论中。

下文简述《和谐共生十二》作品署名权与判决结果。①

原告洪福远从事蜡染艺术设计创作多年，先后被文化部授予"中国十大民间艺术家""非物质文化遗产保护工作先进个人"等荣誉称号，2009年8月其创作完成的《和谐共生十二》作品发表在贵州人民出版社出版的《福远蜡染艺术》一书中，作品参考借鉴了传统蜡染艺术的图案和纹样，但在此基础上进行了创作，不仅对鸟的外形进行了补充，丰富了鸟眼、鸟喙的线条，还对鸟的脖子、羽毛融入了作者个人的独创，使图形更加传神和生动，刻画了花鸟共生的和谐场景。同时，洪福远对作品中间的铜鼓纹的花也进行

---

① 参见"洪福远、邓春香诉贵州五福坊食品有限公司、贵州今彩民族文化研发有限公司著作权侵权纠纷案"，最高人民法院审判委员会讨论通过指导案例 80 号，2017年3月6日发布。

了改变，融合了作者自己的构思，与传统的蜡染图案不同。2010 年 8 月，原告洪福远与原告邓春香签订《作品使用权转让合同》，洪福远将《和谐共生十二》的使用权转让给邓春香，由邓春香拥有该作品的著作财产权。

第三人今彩公司接受被告五福坊食品公司的委托，进行产品的市场形象策划设计，五福坊公司在其生产销售的贵州猪肉干等食品外包装上印了蜡染花鸟图案。为此，原告认为被告侵犯了洪福远的署名权和邓春香的著作财产权，请求法院判令：被告就侵犯著作财产权赔偿邓春香经济损失 20 万元；被告停止使用涉案图案，销毁涉案包装盒及产品册页；被告就侵犯洪福远著作权刊登声明赔礼道歉。

被告五福坊公司辩称：第一，原告起诉其拥有著作权的作品与贵州今彩民族文化研发有限公司（以下简称"今彩公司"）为五福坊公司设计的产品外包装上的部分图案，均借鉴了贵州黄平革家传统蜡染图案，被告使用今彩公司设计的产品外包装不构成侵权；第二，五福坊公司的产品外包装是委托本案第三人今彩公司设计的，五福坊公司在使用产品外包装时已尽到合理注意义务；第三，本案所涉作品在产品包装中位于右下角，整个作品面积只占产品外包装面积的二十分之一左右，对于产品销售的促进作用影响较小，原告起诉的赔偿数额 20 万元显然过高。原告的诉请没有事实和法律依据，故请求驳回原告的诉讼请求。

第三人今彩公司述称：其为五福坊公司进行广告设计、策划，2006 年 12 月创作完成"四季如意"的手绘原稿，直到 2011 年 10 月五福坊公司开发针对旅游市场的礼品，才重新截取该图案的一部分使用，图中的鸟纹、如意纹、铜鼓纹均源于贵州黄平革家蜡染的"原形"，原告作品中的鸟纹图案也源于贵州传统蜡染，原告方主张的作品不具有独创性，本案不存在侵权的事实基础，故原告的诉请不应支持。

经比对查明，五福坊公司生产销售产品外包装礼盒和产品手册上使用的蜡染花鸟图案与洪福远创作的《和谐共生十二》作品，在鸟与花图形的结构造型、线条的取舍与排列上一致，只是图案的底色和线条的颜色存在差别，并且第三人今彩公司辩称其于 2006 年创作"四季如意"的手绘原稿，却没有提供任何证据予以证明。而洪福远的《和谐共生十二》在《福远蜡染艺术》中则明确注明了创作于 2003 年。故今彩公司是有接触原告作品的条件的。

贵州省贵阳市中级人民法院于 2015 年 9 月 18 日作出（2015）筑知民初字第 17 号民事判决：一、被告贵州五福坊食品有限公司于本判决生效之日起 10 日内赔偿原告邓春香经济损失 10 万元；二、被告贵州五福坊食品有限公司在本判决生效后，立即停止使用涉案《和谐共生十二》作品；三、被告贵州五福坊食品有限公司于本判决生效之日起 5 日内销毁涉案产品贵州辣子鸡、贵州小米渣、贵州猪肉干的包装盒及产品宣传册页；四、驳回原告洪福远和邓春香的其余诉讼请求。一审宣判后，各方当事人均未上诉，判决已发生法律效力。

综上分析，本案最为关键的争议焦点是所涉作品《和谐共生十二》是否受著作权法保护。涉案作品《和谐共生十二》是以黄平革家传统蜡染艺术图案为基础所创作的作品，其主要的艺术表现方式与传统的蜡染艺术是相似的，属于传统艺术作品的衍生品或派生作品。此案判决关键点则是传统艺术的衍生作品或派生作品是否具有独创性，如何认定其独创性，这直接关系到其是否能受到著作权法的保护。对此，国际上主要存在两种观点：一是认为衍生作品只需要"存在"独创性，便能获得著作权法的保护；二是衍生作品必须拥有较高程度的独创性才可获得著作权法的保护。形成不同观点的原因主要在于国家或政府官方对传统文化艺术的重视程度，在传统文化艺术受重视和保护的国家，对于衍生作品的独创性要求就较高，因为衍生作品是以传统文化艺术为基础而创作的，要求不高容易造成相差无几的衍生作品泛滥，无益于文化水准的提高；而在不重视保护传统文化艺术的国家，认为任何人都是有权利用民间文学艺术进行创作的，对于衍生作品的独创性就只需按照一般的作品来认定。①从发展角度来看，对于衍生品或派生品独创性的认定关系到对传统文化艺术的保护和发展。

　　本案认定原告洪福远的《和谐共生十二》作品的独创性时，将涉案作品与黄平革家蜡染图案进行对比，认为《和谐共生十二》画作中两只鸟尾部重合，中间采用铜鼓纹花连接而展示对称的美感，而这些正是传统蜡染艺术的自然纹样和几何纹样的主题特征，根据本案现有证据，可以认定涉案作品显然借鉴了传统蜡染艺术的表达方式，创作灵感直接来源于黄平革家蜡染艺术图案。但涉案作品不仅对鸟的外形进行了补充，丰富了鸟眼、鸟喙的线条，还对鸟的脖子、羽毛融入了作者个人的独创，使得鸟的图形更为传神生动，对中间的铜鼓纹花也融合了作者的构思而有别于传统的蜡染艺术图案。根据著作权法实施条例第二条"著作权法所称作品，是指文学、艺术和科学领域内具有独创性并能以某种有形形式复制的智力成果"的规定，本案所涉原告洪福远创作的《和谐共生十二》画作属于传统蜡染艺术作品的衍生作品，是对传统蜡染艺术作品的传承与创新，符合著作权法保护的作品特征，在洪福远具有独创性的范围内受著作权法的保护。本案的裁决肯定了基于传统艺术文化的创新成果可以得到著作权法在内的现有知识产权法律的保护，同时对于如何认定传统艺术衍生作品和派生作品独创性方面也进行了进一步的探索和研究。

四、实践总结与理论发现

　　以上三个典型知识产权案例分别涉及音乐、戏剧、美术设计三个不同领域传统艺术成果侵权纠纷，最终也运用著作权法来进行裁判。通过三个案

①　参见夏士园《民间文学艺术衍生作品的独创性认定研究——以"〈和谐共生十二〉著作权纠纷案"为例》，《安徽警官职业学院学报》2019年第5期。

例的案情回顾、裁判结果和点评分析，我们不难发现，针对传统文化艺术保护及其利用过程中可能出现的利益纷争和民事纠纷，知识产权制度无疑是目前最为优先和较为适合的制度选择，与此同时，三个案例的裁判结果也为扩展、充实和完善知识产权制度提供了有益探索。

首先，从效率原则出发，知识产权法是国内外保护人类知识和智力成果较为完善的法律体系，其本身也具有一定的开放性，是始终随着时代发展而不断进步和完善的领域，传统文化艺术是人类文化和知识的结晶，与知识产权保护的客体是一致的，同属于知识的范畴，从制度设计成本来说，在目前尚未形成对传统文学艺术专门、权威、可行、全面的民事权利保护模式之前，成熟的知识产权制度也是最优选择，能够针对传统文化艺术的创新成果提供强有力的保护。

其次，从实践原则来看，从20世纪60年代开始，世界各国和国际组织就已经开始了从知识产权的角度探索民间文化艺术成果的保护问题。从1967年修订《伯尔尼公约》时新增的对"作者不明作品"的保护，到1976年世界知识产权组织（WIPO）与联合国教科文组织（UNESCO）联合制定《突尼斯示范法》建议给予民间文学艺术同著作权法对普通作品的保护一样的保护，再到1977年由非洲知识产权组织（AIPO）的12个非洲法语系国家签订了《非洲知识产权组织班吉协定》，运用知识产权相关规定来保护民间文学艺术可谓积极探索，稳步发展。1981年UNESCO与WIPO共同成立了一个名为"关于保护民间文艺表达的知识产权问题的政府间专家委员会"，并于1982年正式通过了《保护民间文艺表达免受非法利用与其他损害行为的国家法律示范条款》。至此，由国际组织协调制定的、以知识产权保护模式保护民间文艺的示范条款正式诞生。WIPO于2000年成立了"知识产权与遗传资源、传统知识和民间文学艺术保护政府间委员会"（WIPO-IGC），专门讨论有关传统知识与文化的保护问题。目前，我国的著作权法、专利法也涉及对传统文化艺术、非物质文化遗产和民间文学艺术的保护，虽尚无详细规定，但说明了知识产权对传统文化艺术成果保护的可能性。

最后，从制度理论上来讲，"在创制法的过程中，了解各种社会利益是创制法的起点……协调和取舍各种利益，是创制法的关键"①。因此，在解决任何法律问题和社会民事纠纷时，利益平衡是必不可少的考量因素。知识产权制度本质上也是维护和平衡社会利益和个人利益。在传统文化艺术的传承和利用过程中会产生众多对传统艺术具有强烈依附性的、吸纳了传统文化艺术的精髓、再加上作者个人独创而形成的作品，如何平衡它们所牵涉的社会公共利益和个人权益就成为关键。对于依附传统文化艺术而形成的文化艺术衍生作品和派生作品的独创性判断，如果采用较低的标准时，那么创作者便很容易地就能垄断著作权，这对于社会公共利益来说是一种损害，而且对于传统文化艺术创作群体来说也是不公平的，是不符合知识产权利益平衡的制度设计目的的；如果采用较高的标准时，那么传统文化艺术的传承和利用则会受到阻碍，打击了广大艺术创作者的积极性，不利于传统文化艺术的弘扬发展。正如在《乌苏里船歌》案中，虽然作者对固有民歌进行了大量的独创性改变，但作品中还是存在原本民歌的基本曲调，因此其中必然包含着公共利益和个人利益，在认定其独创性时就需要结合两者进行考虑，以达到利益平衡。同样，在"安顺地戏"署名权案和《和谐共生十二》著作权案中，对于传统文化艺术利用的认定也存在类似的平衡。

综上，回顾上文列举的维权案件，时隔多年，曾经《乌苏里船歌》案的被告对此案表白：自 1962 年起就开始唱《乌苏里船歌》，唱了近 40 年，没想到却被告上法庭，心里很难过。"安顺地戏"署名权案中，尽管电影创作者无侵权故意，但也应当主动通过某种方式消除因对非遗传承者权益的忽视而造成的不利影响。《和谐共生十二》著作权案中，被告和原告对于广泛流传于民间的黄平革家蜡染技艺的吸收与创新存有争议。因此，我们也可以

---

① 孙国华、朱景文：《法理学》，北京大学出版社 1996 年版。

看出，倘若不能对传统文化艺术提供完善的法律保护，就会影响到传统文化艺术传承人之间关系的平衡和协调，最终影响到传统文化艺术的继承和发展。艺术创作讲究有"源"有"流"，如何利用现有法律框架和制度架构恰当适度地协调此类利益纠纷，既要保护好传统文化艺术的源头，又能让其流传百世，这是我们应当认真思考的问题。

第五章

传统文化艺术知识产权保护的制度建构

　　制度的构建是对现有问题的回应和理念的落实。制度因解决人类社会生活中的各种实际问题而诞生，马克思主义唯物史观从宏大的人类历史的视角总结了国家政府的产生，上层建筑中政治制度的形成等源自人类实践活动和经济社会生活。制度自身的变迁史也充分彰显出丰富多彩、宏大辽阔的经济发展和社会演变的面貌。马克思主义唯物史观告诉我们，社会发展和经济生活实践决定知识产权制度的形成和发展，同样，知识产权制度反过来也促进科技进步、文化繁荣和社会经济文化生活的发展。制度本是为解决社会和经济生活中的问题，但制度自身不能成为问题本身。目前，针对传统文化艺术这一保护客体，知识产权制度在这一领域能否有所作为，一直充满争议和讨论，但是伴随时代的发展进步，对现代知识产权制度进行科学合规律的评估，才能对制度未来的走向和发展有合理的预测，而不至于使制度沦为问题本身。

　　对于建构传统文化艺术的知识产权保护制度，早在知识产权与遗传资源、传统知识和民间文学艺术政府间委员会（WIPO-IGC）成立前，世界知识产权组织（WIPO）就曾在 1998 年启动了关于传统知识、传统文化、民间文学艺术表达等与知识产权制度保护思路的探索性工作，开展了一系列圆桌会议，包括知识产权与传统知识圆桌会议，知识产权与土著居民圆桌会议，民间文学艺术表达的地区磋商等，同时开展极为务实的实践调研和实地考察，组成了 9 个实情调查团（Fact-Finding Missions，简称 FFMs），考察范围遍及南太平洋、南亚、北美、中美、南美和加勒比区域、西非、南部和东部非洲、阿拉伯国家的 60 多个地区和 28 个国家，收集了大量各大洲原住民、当地社群和其他传统知识持有者的磋商意见，以及 5000 多个政府官员、学者、研究机构和非政府组织的补充意见。[①]调查研究报告内主要围绕运用知识产权制度维护传统文化艺术、传统知识和民间文学艺术所有者的利益的问题，重新廓清知识产权的话语以及从知识产权目的重新定义或描述这些术语的意思。同时，调查报告还再次强调要增强传统文化艺术、传统知识所有者或持有者的发言权与参与度，提升对知识产权制度建设的能力和意识。尽管对于知识产权制度用于维护和保障传统文化艺术的尝试和探索仍然富有争议和质疑，推进工作还很艰难，但这次遍及全球的调查研究工作和扎实的实地考察已然为理论层面上的论证和实践层面上的操作提供了扎实的根基。2000 年，世界知识产权组织成立的 WIPO-IGC 又为上述议题的交流与探讨提供了更为宽广和切实的互动平台。2018 年 8 月，WIPO-IGC 第三十七届会议上在《保护传统文化表现形式：差距分析更新草案》中提到希望为传统文化表现形式采取具体的保护形式，并通过枚举各类盗用文化表现形式的行为，提出了六大保护形式：（a）防止未经许可的使用，例如复制、改编、发行、表演及其他此类行为，尤其是商业使用。（b）防止对传统文化表现形式进行侮辱性、减损性和 / 或文化和精神上的冒犯性使用。（c）防止通过以下方式盗用传统文化表现形式的声誉或显著性特征：通过对真实性或来源使用误导性或虚假的声明，或通过采用其"风格"，让人联想到真实的传统产品。（d）防止在使用传统文化表现形式时不说明来源的做法。（e）对传统文化表现形式进行防御性保护，即防止他人对传统文化表现形式或其改编作品获取知识产权。（f）未经许可披露机密传统文化表现形式或秘密传统文化表现形式。[②]除了上述六大保护形式外，草案中还明确提到了运用著作权及外观设计权，以及针对传统名称、文字和符号可使用商标保护。六大保

---

① WIPO Fact-Finding Report , note 7 supra; 调查结果的简要概述可参见 Wendland, "Intellectual Property, Traditional Knowledge and Folklore:WIPO's Exploratory Program"(1998–2001), ［2002］IIC,485。

② WIPO/GRTKF/IC/37/7, http://www.wipo.int.

护形式既包含了知识产权司法保护，又包含了国家公权力采取的行政保护，这为各国建立符合本国国情的传统文化艺术保护模式和国内法提供借鉴与参照。

　　传统文化艺术知识产权保护的制度建构是确立以知识产权制度为中心的制度矩阵，知识产权制度是核心但不是唯一，政府行政手段和社会力量将成为这一制度矩阵中的重要内容。制度矩阵的建构，首要的是制度意义诠释的一致性，倘若制度主体各方所追求的价值目标有差异，不仅不会增强制度运行的正效应，甚至还会产生各类制度摩擦，制度绩效将无从谈起。其次，在保证制度意义诠释一致性的基础之上，探究作为制度矩阵核心的知识产权制度自身的变迁历史将是制度矩阵建构的关键环节，倘若从历史变迁中能析出制度自身发展的路径依赖线索，未来以知识产权制度为核心的制度偏好将容易形成，制度成本将降低，制度绩效将大大提升。

第一节　制度的意义诠释

　　制度的意义诠释是构造一个解释框架，不仅影响到制度理念和价值的发展方式，而且还将规范社会行为方式，进而形成制度的正当性基础，以及构成对制度本身统一的社会认知与情感偏好，为制度良性运行提供确定性和稳定性。意义是与宏大的信念和目标紧密联系在一起的。2006 年，世界知识产权组织曾在实地考察和调研各国后提出了保护传统文化艺术的十六条目标：一、承认价值；二、促进尊重；三、满足传统知识持有者的实际需求；四、促进传统文化艺术、传统知识的保护和保存；五、对传统文化持有者授权并承认传统文化艺术的独特属性；六、支持传统文化艺术和传统知识自身的体系；七、致力于传统知识的保障；八、遏制不正当和不公平的利用；九、尊重相关国际协议和进程并与之协作；十、促进革新和创造；十一、确保事先知情同意及基于双方同意的条件的交换；十二、促进公平惠益分享；十三、促进社区发展及合法贸易活动；十四、杜绝向未经授权或认可的主体进行不当的知识产权授权；十五、增强透明度和相互信任；十六、补充对传统文化艺术表达的保护。^①其中提到的尊重、公平、透明、信任、协作等价值取向对传统文化艺术的保护行为赋予期望和偏好，这是知识产权制度未来建构应遵循的价值观和世界观，也是制度自身之任务和使命，同时，在意义诠释框架之中才能充分发挥制度效能，而非制度成本的消耗。

一、以人为本

传统文化艺术镌刻着浓厚的历史记忆和民族基因，在现代社会和全球化语境下，传统文化艺术被时代赋予了独有的价值，不仅与文化、宗教紧密联系在一起，而且与民族、原住民和土著居民的人格或人权密切相关。以人为本的意义诠释铺垫了传统文化艺术知识产权制度的底层逻辑是"人"，无论是基于怎样的文化或艺术，"人"即为制度建构的出发点和落脚点。这里的"人"的概念不是抽象的，而是具体的；不是手段，而是目的；不是孤立的，而是全面系统的。这里的"人"是具体的传统文化艺术的拥有者和传承者，是继承独特民族思想情怀、智慧价值观念、艺术人文特色的族群或民族群体。知识产权制度是要充分保障相关权利主体的利益，这里的权利主体是传统文化艺术的拥有者、传承者和继承者。制度建构的使命和意义就是尊重这部分人的权益，维护他们的民族感情，保障他们的文化艺术独特性。对于

---

① See WIPO,WIPO/GRTKF/IC/10/5,"The Protection of Traditional Knowledge:Draft Objectives and Principles",Tenth Session (Geneva,November 30 to December 8, 2006),Annex.

任何不尊重地使用或不正当地利用，甚至因此冒犯或伤害，都应回归以人为本的制度伦理，设计科学完善的救济措施。

当前，国际社会和各国政府将传统文化艺术知识产权制度以人为本的意义诠释与具有普遍政治价值的人权相统一，这也是传统文化艺术知识产权制度建构要遵循的基本原则。世界知识产权组织认为，传统文化艺术的保护应当尊重其他有关国际和地区性相关文件并与其相协调，不应影响作为其生效依据的法律规定，包括人权保护文件产生的具体权利义务。保护传统文化艺术不应损害国际法所保障的人权或缩小其范围。[①] 在众多的国际法律文件中，有很多直接或间接规定了对传统文化艺术的保护，例如《伯尔尼公约》和《世界知识产权组织表演和录音制品条约》（WPPT）等国际条约都直接或间接规定了传统文化艺术的知识产权或邻接权保护条款。1989 年的国际劳工组织年会条款 7（1）修正案承认了原住民的权利："在对社会发展过程中影响他们的生活、信仰、精神福利和土地占有和其他利益有法律控制的优先权，在最大程度上，对他们自己的经济、社会和文化发展有决定权。"[②] 此外，《世界人权宣言》《经济、社会及文化权利国际公约》《公民权利和政治权利国际公约》和联合国《土著人权利宣言（草案）》都有直接或间接保护传统族群对传统文化艺术和其他传统知识权利的规定。基于此，国际条约或文件中直接或间接包含的保护传统文化艺术来源群体权利的内容，各国政府或立法司法部门应采取与这些国际条约或文件相协调的行政和立法司法的保护措施和手段。

综上，以人为本是开展相关传统文化艺术保护工作应遵循的基本原则，

---

①　See WIPO.*The Protection of Tradition Cultural Expressions/Expressions of Folklore:Draft Objectives and Principles*(WIPO/GRTKF/IC/10/4ANNEX),published on October 2,2006,p.7.

②　Daniel Gervais, "Traditional Knowledge & Intellectual Property : a TRIPS-Compatible Approach", *Michigan State Law Review*137,2005,p.3.

国际社会不仅要承认传统文化艺术的重大价值，更应增进对传统文化艺术的尊重，以及对保存、维持和传承传统文化艺术的来源群体、民族和国家的尊重。

二、尊重利益

如果说以人为本的意义诠释是制度建构的政治原则和使命，那么尊重利益则是制度建构在经济范畴的意义诠释。毋庸置疑，当前文化产业已逐渐成为各国经济发展的支柱产业，艺术经济蓬勃发展，文化艺术传播媒介形式多样，传统文化艺术的保护注定要在保护与利用并举中推进，对传统文化艺术的合理利用和开发，从某种程度上来说也是一种保护。如前文所述，传统文化艺术保护不是封闭的、机械的、死板的、凝固不变的保护，而是开放的、分享的、合理利用、可持续发展的保护。保护与利用本身就是辩证统一、互为补充的，在守护好传统文化艺术的精神灵魂和智慧结晶的前提下，对传统文化艺术进行恰当合理的利用分享，能够使其发扬光大、造福千秋后代；通过对传统文化艺术的创造性与创新性挖掘利用，使其文化价值、经济价值和社会价值得以完全展现，有助于传统文化艺术所有者获益，从而更好地实现对传统文化艺术的保护。基于此目的，从经济意义的视角来看，在对传统文化艺术保护和利用的过程中就会出现所有者、分享者、使用者或利用者之间利益平衡的问题，特别是针对如何制止任何对传统文化艺术的歪曲、篡改、丑化和商业使用等滥用行为，这就需要尊重和满足相对处于弱势地位的广大的拥有传统文化艺术资源的国家、民族和群体的实际需求，赋予传统文化艺术来源群体的私权利，以便其控制和制止上述不当行为。在 WIPO-IGC 第七次会议上，制止对传统文化艺术的滥用是中国、哥伦比亚和其他多个委员会新提出的保护目标。① 面对长期以来处于公共领域的传统文化艺术，尊重利益意味着惠益分享，强调在保护、传播、交流与利用过程中对各方主体利益的惠益分享，特别是尊重和构建传统文化艺术的来源地、拥有者的惠益分享机制。

所谓利益，就是人们为生存和发展而努力争取的需求、愿望和好处，是构成普遍社会关系的根基，是制度和法律背后起支配作用的根本因素。纵观法学史，从 18 世纪法国的爱尔维修到英国的边沁到 19 世纪德国的耶林，再到 20 世纪德国的赫克，以及 20 世纪美国的庞德等著名法学家，都在探究法律制度如何实现利益平衡和惠益分享，以及如何平衡个人利益与社会利益等。马克思说："人们奋斗所争取的一切，都同他们的利益有关。"而"利益就其本性说是盲目的、无止境的、片面的。一句话，它具有不法的本能"。② 在传统文化艺术保护过程中，不同国家、不同民族和不同社会群体之间不可避免地存在着各种形式的利益冲突。世界知识产权组织从 1998 年起开始组织各种实况调查和协商，了解到传统文化艺术来源群体主要存在两方面的利益需求和期望：一是能够获得并积极地行使知识产权权利，支持自身经济发展，并能防止他人对其文化遗产和传统文化艺术资源的滥用和商业化，包括文化上的攻击或贬损性使用；二是消极性的保护需求，他们自身对取得知识产权保护可能并不感兴趣，但他们也反对任何人未经其同意而利用传统文化艺术之后取得知识产权。③ 这些利益需求具有正当性，但也与社会公众希望不受限制地传播、利用和消费传统文化艺术的利益需求产生冲突，

---

① See WIPO.*The Protection of Tradition Cultural Expressions/Expressions of Folklore:Draft Objectives and Principles*(WIPO/GRTKF/IC/10/4ANNEX),published on October 2,2006,p.5.

② 袁泳：《数字版权》，载郑成思主编《知识产权文丛》(第 2 卷)，中国政法大学出版社 1999 年版，第 12 页。

③ See WIPO ，*Consolidated Analysis of the Legal Protection of Traditional Cultural Expressions/Expressions of Folklore*, published on May 2,2003,p.15.

形成各种紧张和矛盾的关系。同时，在经济全球化和文化产业蓬勃发展的当下，传统文化艺术走向社会、走向市场并伴随着各种复杂的利益关系和利益矛盾的冲突与和解。现代知识产权制度能使得部分传统文化艺术群体或个人获得版权、邻接权、专利权、商标权等积极权利，并从中获得直接利益。但在市场环境之下，还存在传承人与使用者、利用者之间的矛盾，来源群体与分享者之间的矛盾，个人与群体之间的矛盾，等等。这需要寻找到传统文化艺术各利益主体之间的最佳平衡点，公平兼顾各方利益，构建一种精巧完善的利益平衡和惠益分享机制，避免传统文化艺术知识产权的过度保护或完全不给予任何保护这两种有害的极端情形，避免孤立的个人利益或群体利益，片面牺牲任何一方的利益都会最终危害社会整体的公共利益。

三、恪守习惯

传承保护传统文化艺术，促进传统文化艺术发展是当代各国、各民族所广泛关注的文化建设领域的核心内容，也是国际社会文化交流和文化创造所关注的重要方面。联合国教科文组织第 31 届全体会议上通过的《世界文化多样性宣言》也认为"文化在不同的时空中会有不同的表现形式。这种多样性的表现形式构成了各人类群体所具有的独特性与多样性。文化的多样性是交流、革新和创作的源泉，对人类来说，保护它就像保护生物多样性进而维持生物平衡一样必不可少。从这个意义上来讲，文化多样性是人类的共同遗产，应当从当代人和子孙后代的利益考虑予以承认和肯定"。伴随新技术的发展以及文化贸易全球化带来的一体化趋势，世界多元文化也因此受到威胁。先进科学技术和信息技术为传统文化艺术产业化和相关文化衍生品的创造、复制、流通和使用提供了前所未有的便利和各种各样的途径方法，对传统文化艺术的传承和文化多样性带来挑战，尤其是在这样一个传统部落和移民群体共存的社会中，需要一个平衡传统文化艺术保护与文化自由交流之间关系的制度建构。同时，我们一方面要保护古老的传统文化艺术的独特性和本真性，另一方面还要通过一定的措施手段使古老的传统文化遗产和文化艺术资源"活起来"，使其成为现代文化创新的源泉。而"活起来"的恰是传统文化艺术独特的艺术形态，本真的人文习俗，传统的价值观念，古老的智慧文明等。恪守习惯是现代文化创新对待传统文化艺术的基本态度，是维护文化多样性的基本原则。

　　世界知识产权组织指出，传统文化艺术的保护不应妨碍有关群体根据其习惯法和惯例使用、开发、交流、传承和传播其传统文化艺术。如果在创造和维系传统文化艺术来源群体内按照传统方式使用传统文化艺术，并且该群体认可了这种使用及其因使用而导致的对传统文化艺术的修改，则不构成对传统文化艺术的滥用或歪曲。习惯性使用、惯例做法和其他规范，应当尽可能指导传统文化艺术的法律保护。①依据恪守习惯原则，无论是传统文化艺术的所有者、传承者、使用者、利用者还是分享者都应在尊重其"传统背景""习惯做法"的前提下合理使用，这也较好地平衡了传统文化艺术来源群体、传承人和使用人之间的利益冲突，有利于传统文化艺术的保护和在正确的轨道上发展和传承。同时，恪守习惯原则也意味着某些传统文化艺术来源民族或群体内部的习惯法及其有关惯例，可以成为传统文化艺术知识产权制度建构的有机组成部分，为界定合理使用行为、限制权利、处理相关纠纷等提供了重要的线索和依据。例如在美国文化版权保护中，具有特色的就是利用部族习惯法或惯例来保护土著文化艺术，"部落法应该'最终决定涉及土著文化和智力遗产方面的权利和义务'。用部落法来保护土著人的文化财产带来了很多机遇和可能性。部落法的基础是一个部落传统的习惯法、部落

---

① WIPO.*The Protection of Tradition Cultural Expressions/Expressions of Folklore: Draft Objectives and Principles*(WIPO/GRTKF/IC/10/4ANNEX),published on October 2,2006,p.9.

信仰体系和部落现代的管理规范，包括法令和部落宪法"①。美国并没有保护传统文化艺术或土著文化的知识产权成文法，但灵活运用恪守习惯的原则，将传统文化艺术或者说土著文化的独特属性和文化特质进行制度性的保留。

四、协同参与

从社会发展的价值和意义来说，传统文化艺术的保护是一种全面的、综合性的、协调统一的社会系统工程。立足于本国本民族的传统文化艺术的传承弘扬和国际社会文明的交流互鉴，传统文化艺术保护要依照综合保护、协同参与的原则。综合保护、协同参与原则是指传统文化艺术保护是一个系统工程，需要行政制度与知识产权司法保护相结合，它是需要行政救济、民事救济甚至刑事救济手段相配套，需要法律、经济、教育、宣传和政治措施并用，以及政府官方与民间力量协同配合的综合保护工程。这一意义诠释强调既不能忽视也不能片面夸大知识产权制度在传统文化艺术保护中的作用，而是要将知识产权制度与其他行政手段，以及社会力量有机整合在一起。任何制度和法律都具有一定的滞后性，而非官方或社会力量拥有积极活跃、威信度高、道德约束强，并对传统文化艺术自然自觉亲近等优势，挖掘社会力量并运用在传统文化艺术保护之中，将与知识产权制度相得益彰。

除此之外，作为传统文化艺术的民间群体参与方，传统文化艺术的传承者、使用者、商业开发者、社会分享者、相关教育工作者、新闻媒体等积极参与传统文化艺术保护工作，都是极为必要和重要的。协同参与还意味着

---

① Angela R. Riley, *Straight Stealing: Towards an Indigenous System of Cultural Property Protection*, 80 Wash. L.Rev.69,2005,pp.D24-26. 转引自张耕《民间文学艺术的知识产权保护研究》，法律出版社 2007 年版，第 150 页。

　　在国际社会要形成对传统文化艺术保护的沟通对话、共同遵守的机制。传统文化艺术保护目标的多元化和不同国家的文化及法律环境的多样性，决定了其保护机制、保护方式和保护手段也应当多样化并具有灵活性，也决定了这一系统工程需要国际社会及各方力量协同参与，相互配合才能完成。无论是联合国教科文组织，还是世界知识产权组织、世界贸易组织，抑或是其他各类基于对传统文化艺术保护的国际或地区组织，都没有任何一种"通用"或"万能"的国际模式可以为所有的国家提供符合其各自期望、法律及文化环境以及传统部族需要的全面的传统文化艺术保护。对此，有个原住民组织做出了最好的阐述，"任何试图概括出统一的承认和保护传统部族知识保护方式的尝试，都将承受这样的风险：摧毁多样性的法律保护机制，从而变为不符合原住民社会价值、思想和法律的单一'模式'"①。因此，无论是基于国内法，还是国际组织缔结的公约，对于传统文化艺术保护而言，知识产权制度是其重要的保护手段之一，这也是由知识产权制度的特性所决定的，但不应使之孤军独战，只有将国际与国内、政府官方与社会力量整合在有机的制度矩阵之内，才能实现多手段、多途径、多互动、多主体的有效保护，从而促进人类文明传承弘扬与交流互鉴。

　　综上所述，传统文化艺术知识产权保护制度的建构从四个方面进行制度意义诠释：在政治意义上，要以人为本，承认价值、增进尊重；在经济意义上，要尊重利益，有效保护、合理利用；在文化意义上，要恪守习惯、传承精华、吸收创造；在社会意义上，要协同参与、交流互鉴。总之，只有一个继承、创新并共享的文化生态才能造就文化的多样形态，也只有一个多样性文化形态的存在才能保有一个其所需的文化生态，才能达至"以互利的方

---

① WIPO.*The Protection of Tradition Cultural Expressions/Expressions of Folklore: Draft Objectives and Principles*(WIPO/GRTKF/IC/10/4ANNEX),published on October 2,2006,p.8.

式为各种文化的繁荣发展和自由互动创造条件"的目标。① 总之，制度的意义诠释为厘清和把握传统文化艺术知识产权保护提供基本理念，也为传统文化艺术知识产权保护制度的建构提供价值引领。

第二节　制度变迁的历史

"治一学而不深观其历史演进之迹，是全然蔑视时间关系，而兹学系统，终未由明瞭。"② 在社会科学研究传统中，探寻制度变迁轨迹，解释制度如何变迁，一直都是社会科学研究的重点命题。马克思主义从历史唯物主义史观的视角出发，强调社会经济基础对于上层建筑中政治制度的形成的重大作用，为我们观察制度变迁提供独特的经济视角；马克斯·韦伯（Max Weber）则从合法性和合理性出发来观察制度的变迁。而围绕制度的诞生也形成了各种学术流派，其中理性制度主义认为制度源自人们的选择，是相关的利益主体比较"两害相权取其轻，两利相权取其重"而达成一种自我约束的契约式规则。社会学制度主义和历史制度主义则倾向于从更为复杂的制度环境中去探究一种新制度是如何产生的。历史制度主义尤为关注既存已有的制度是如何限制着新制度的起源，如何为新制度的产生提供机会和激励，同时，还要考察的是已有制度下的权力关系又是如何给予某些行动者或者利益主体，较之于其他行动者更多的权力，从而有可能创设出新的制度。历史制度主义在观察制度起源和变迁的过程中提出三个重要变量：旧制度、环境和

---

① 参见《保护和促进文化表现形式多样性公约》。
② 梁启超：《中国历史研究法》，河北教育出版社 2003 年版，第 37 页。

行动者。① 三个重要变量两两组合形成了三组观察制度变迁的图景：旧制度与环境勾勒出问题图景、环境与行动者构成动力图景、旧制度与行动者之间形成主体图景。

　　首先，从问题图景来看，传统文化艺术知识产权保护问题属于继发性问题，并不属于知识产权制度发展史的原发性问题，是旧制度在新环境中孕育出的新问题。因此，并不能单纯从法律角度解读传统文化艺术知识产权保护这一问题，而应当将其放置在复杂的制度环境和整个国际政治和经济大背景之下来检视，如此才能发现其制度变迁的规律。其实，传统文化艺术保护问题的提出具有较强政治性和时代背景，因此，知识产权制度作为保护传统文化艺术的一种重要的司法手段，是与国家的公共政策紧密联系在一起的。同时，就这一问题解决的对策和路径的现实情境来说，除论证、制定和完善知识产权这一私法的法律路径外，国家政府运用各种行政法和行政制度等公法的管理路径也是不容忽视的。在各种传统文化艺术知识产权保护的制度变迁过程中，这两条制度路径相互交织，互相影响，彼此促进，这为我们观察传统文化艺术保护这一问题提供了更为全面的视角，也为我们探究解决这一问题提供了更为广阔的思路和对策。

　　其次，从主体图景来看，关于传统文化艺术知识产权保护的问题最初并不是国际社会普遍关注和统一协调要解决的问题，这一问题是 20 世纪初伴随全球化和后发民族国家独立凸显出来的新问题，最初由少数发展中国家提出，并努力在国际范围内引起关注和推动讨论。众所周知，传统文化艺术与现代知识产权制度之间存在巨大的差距和矛盾冲突，而对此，世界各国尤其是发展中国家并没有成熟的知识产权国内法的理论和实践经验，而对于知识产权制度运用相对完善的西方发达国家恰恰又是造成该问题的始作俑者，

---

① 　参见何俊志《结构、历史与行为——历史制度主义对政治科学的重构》，复旦大学出版社 2004 年版，第 225 页。

提出传统文化艺术的知识产权保护深深触动了大多数发达国家的根本利益。因此，这些因素客观上导致很多传统文化艺术资源丰富的发展中国家不能只凭借一国或一民族之力去寻求解决途径，必须通过联合一切力量谋求国际协商，试图达成传统文化艺术知识产权国际保护制度的统一协调，才能有效推进这一问题的解决。广大的发展中国家成为重要的行动者，发展中国家达成统一的国际知识产权保护制度成为重要途径。

最后，从动力图景来看，19世纪末，西方国家知识产权制度已普遍建立，但是由于知识产品和智力成果属于无形财产，具有非物质性等特征，"权利人无法进行实质性占有，因而无法像有体财产那样因占有而适用'权利推定'，从而无法使知识产权在域外得到保护"①，因此，伴随科学技术和知识产品等对经济发展的贡献不断提升，以及日益深入和不断全球化的国际贸易活动，如何对科学技术、知识产品和智力成果进行域外保护成为各国重要的国家利益。因此，知识产权制度的国际一体化成为时代发展趋势和实现经济全球化的必然要求。各国围绕知识产权领域内的基本问题展开协商和探讨，缔结了一系列重要的知识产权国际多边条约，也建立了世界知识产权组织、世界贸易组织等一系列知识产权国际组织。在全球化环境之下，知识产权国际组织和平台成为知识产权保护工作的重要协调者和推动者。如果没有传统文化艺术知识产权国际保护制度的统一协商，达成一致，即便少数国家在本国内对传统文化艺术进行立法，但在全球化背景之下，其作用也是有限的，还有可能为力量相对强势的发达国家所抵制，最终反噬本国的立法和各项保护举措。

基于以上分析，传统文化艺术知识产权保护制度的变迁是在20世纪广大发展中国家谋求政治独立和文化复兴的大环境之下，由发展中国家主要推

---

① 吴汉东：《知识产权基本问题研究》"总论"，中国人民大学出版社2009年版，第24页。

动，在国际知识产权保护组织和框架下进行的，与知识产权国际保护制度的
发展密不可分的制度探索。20 世纪诞生的两个重要的国际组织——世界知
识产权组织和联合国教科文组织，在关于探索传统文化艺术保护问题上发挥
了重要的作用。通常情况下，这两大权威国际组织时常联合起来发起传统文
化艺术等相关领域的国际会议和国际讨论，制定了若干专门针对传统文化艺
术、传统知识等的示范性法规，为传统文化艺术知识产权保护制度提供有益
探索。如何运用恰当的法律手段和政策工具保护和维护传统文化艺术，成为
许多拥有丰富传统文化资源的发展中国家在立法、政策和实践中倍加重视的
重要内容。国际立法与国内立法相互支撑，互为补充。从国际保护的角度而
言，国际公约和条约主要为传统艺术保护提供宏观制度框架，划定保护传统
文化艺术的关键原则和标准，同时，在大量有争议的问题上国际公约和条约
都保留相当大的灵活性，也为各个国家和民族制定本国国内法奠定基础又
预留空间。从国内保护的角度而言，各个国家都采取了适合本国实际的保
护法律、制度和政策，也为开展知识产权保护提供众多实践经验和探索路
径。国内立法也许大相径庭，国际条约则根据国民待遇和互惠原则亦为在外
国管辖区行使权利提供了便利。国际公约和条约，与国内法律政策，两者相
互照应，共同勾勒出世界各国各民族各国际组织对传统文化艺术保护的制度
图景。

一、从知识产权间接保护到直接保护的制度起步

知识产权在广义上包括工业产权和版权两大领域。传统文化艺术包括
舞蹈、音乐、美术、设计、戏剧戏曲等丰富多彩的内容，就其客体内容而
言，主要涉及知识产权的版权领域。但是，对于传统文化艺术这一特殊的客
体，知识产权保护最初体现在对工业产权保护的范畴之内进行考量，为其提
供间接保护。伴随知识产权制度逐步完善和发展，才在版权保护的范畴之内

考量为传统文化艺术提供直接保护。众所周知，19 世纪末，伴随科学技术进步，以及技术广泛普遍的运用，知识产权国际合作已成趋势，一些西方国家基于自身的利益，首先发起和缔结一系列保护知识产权的国际条约。

1883 年缔结的《保护工业产权巴黎公约》(简称《巴黎公约》) 其主要调整的对象和客体是工业产权，确保成员国的工业产权在所有其他成员国中得到保护。该公约从缔结以来依据国际贸易和知识产权制度的不断完善进行过多次修订，目前现行的公约文本是 1980 年在日内瓦修订后的文本，其内容涵盖了工业产权的主要方面，包括专利、实用新型、外观设计、商标、服务标记、厂商名称、货源标记或原产地名称、制止不正当竞争等。《巴黎公约》对工业产权作了最为广义的理解，不仅包括工业和商业本身，还包括某些附加的农业和采掘业等一切制成或天然的产品，例如谷物、酒类、矿产品、植物种子等，其中并没有直接涉及传统文化艺术等的任何款项。但是，《巴黎公约》的某些条款可以为传统文化艺术保护提供适当参照和间接保护。例如，第五条外观设计的保护，第六、七、九条的商标、集体商标和证明商标的保护，第十条对原产地标识和制止不正当竞争等都客观上为传统文化艺术中某些领域提供法律救济。例如，某些土著工艺美术作品、具有鲜明的民族特点的外观设计等都可以运用商标保护或者原产地标识等进行保护。尽管许多发达国家并不支持对传统文化艺术等传统文化资源、传统知识进行知识产权保护，但是《巴黎公约》中的外观设计保护、商标保护、地理标识保护等却为传统文化艺术等相关领域开辟了知识产权间接保护的新途径。此后一些国际公约也通过这种途径为传统文化艺术提供保护，例如，1891 年的《制裁商品来源的虚假或欺骗性标志协定》和 1958 年的《保护原产地名称及其国际注册协定》等有关工业产权的国际公约都为传统文化艺术资源的商标保护、地理标识保护提供了国际法基础。

相比较《巴黎公约》在工业产权范畴之内为传统文化艺术的知识产权保护提供间接保护，《保护文学和艺术作品伯尔尼公约》的签署，则将传统文化艺术纳入知识产权中版权保护的制度框架之内，明确为其提供直接保护。1886 年各国在伯尔尼签署的《保护文学和艺术作品伯尔尼公约》（简称《伯尔尼公约》）主要针对文学艺术作品版权提供国际保护，它起源于法国大文学家雨果主持的一次文学大会，建立了一个国际性的文学艺术协会，其中制定了一份经过多次讨论的国际公约，即《伯尔尼公约》的前身。值得思考的是，世界上第一个国际版权公约的发起和签署居然是在一些大文学家和大艺术家的推动下进行的，而不是法学界的专家推进的。可见，任何新制度的发端于本领域的实践和发展需要，推动者恰是与本领域发展密切的相关利益者。《伯尔尼公约》与此前缔结的《巴黎公约》一并构成国际范围内的文化艺术版权和工业产权的两个根本大法，对传统文化艺术知识产权保护制度的建构提供了重要的国际参照。

　　《伯尔尼公约》作为对传统文化艺术提供直接的知识产权保护，最典型的表现为对"作者身份不明"作品的制度探索和创新。《伯尔尼公约》曾经进行过七次的补充修订，尤其是针对古老的悠久的集体所有的传统文化艺术的知识产权保护方面内容的修改，争议最多。非洲知识产权工作会议提案建议《伯尔尼公约》中对文学艺术作品的界定应当包含"用来保护非洲国家在民间文学艺术领域中利益的特别规定"。印第安代表团也提出了相同的建议，建议将古老的集体所有的传统文学艺术列入保护作品之列。对于这种传统文学艺术没有明确的所有者，捷克代表团提案则建议建立一个专门的主管机构，能够成为作者不明的传统文化艺术的集体代表，来维护和行使相关权利。综合各方意见和利益，对于在《伯尔尼公约》中加入这些条款的适当性和必要性，在 1967 年斯德哥尔摩大会上，《伯尔尼公约》各成员国围绕传统文化艺术等相关领域进行讨论，并就"作者不明"的作品进行补充条款，后经 1971 年巴黎修订会议确认。《伯尔尼公约》第 15 条第 4 款就"作者不明"进行规定："（a）对于作者不明的未发行作品，如果有充分理由推定作者是本联盟一成员国国民，该国的法律可以指定主管当局作为作者的代理人，并有权在本联盟成员国保护和执行作者的权利。（b）根据本款规定的条件进行这种指定的主管当局的详细情况总干事应立即将该声明通报本联盟其他成员国。"①《伯尔尼公约》第 15 条第 4 款的立法目的就是将传统文学艺术作为一种特殊的、作者身份不明的作品进行保护，实际上是规定了对其进行版权保护的适当性和必要性。在斯德哥尔摩修订会议上，成员国一致同意：由不明作者创作的作品是隐名作品的一种特例。这一条款对年代久远作者不明或是作者属于集体的传统文化艺术的版权保护问题提供了抓手和依据，引起了国际社会对这一问题的广泛关注，也为各国进行本国传统文化艺术版权保护的国内立法提供依据。基于此，很多发展中国家和业界专家都利用《伯尔尼公约》第 15 条第 4 款的规定，在本国的版权法或著作权法的框架内来探索传统文化艺术的保护问题。例如，英国 1988 年《版权法》第 169 条规定："如果有证据表明作者身份不明之文学、戏剧、音乐或艺术作品之作者（或者关系到合作作品之作者中之任何人）因与联合王国有联系而具备合格的主体资格，在得到反证之前应推定其具备主体资格，因而其作品应享受版权保护，但须服从于本编之各项规定。"② 安哥拉 1990 年《作者权法》第 4 条规定："民间文学艺术系指我国地域内，可推定为某地区或某部族共同体的不知姓名作者所创作或集体创作的代代相传的艺术及科学作品，其构成民间文学艺术遗产的基本要素。"多哥 1991 年《著作权、民间文学艺术及邻接权保护法》第 66 条规定："民间文学艺术是本国遗产的有独创性的合成。本法所称的民间文学艺术，包括一切多哥人或多哥部族共同体的匿名、不知名或姓名被遗忘之作者，在我国地域内创作的代代相传的，构成我国文化遗产的基本内容之一的那些文学与艺术产品。"突尼斯 1994 年《文学艺术产权法》第 7 条第 3 款规定："本法所称民间文学艺术，是指代

---

① 转引自郑成思主编《知识产权保护实务全书》，中国言实出版社 1995 年版，第 1282 页。

② 郑成思：《版权法》，中国人民大学出版社 1997 年版，第 133—137 页。

代流传的，与习惯、传统及诸如民间故事、民间书法、民间音乐及民间舞蹈的任何方面相关的艺术遗产。"巴拿马1994年《著作权与邻接权法及其他规定》规定："民间文学艺术的表达是指具有民间文学艺术遗产特点的产物，其系由不知姓名的、但确系我国国民的作者，在我国地域内创作的全部文学艺术作品中的内容，该不知姓名作者也可能属于我国某部族共同体，该产物是代代相传的，并影响该部族共同体的传统文学艺术。"这些国家法律对传统文化艺术的定义和表达虽不尽相同，但都表达了一个重要的因素，即一个民族或一个国家的传统文化艺术在代代相传的过程中，作者身份不明确，但可以推测或确认它一定属于某个国家或民族的作品，则这类文学艺术作品均可以作为版权或著作权法来进行保护。

综上所述，《伯尔尼公约》中关于"作者不明作品的保护"这一条款意义重大且影响深远，很多国家以此为依据，为传统文化艺术提供从版权法或著作权法为主的知识产权保护。但是，由于这一条款的产生是各方利益博弈平衡和妥协的结果，某些条款与现实操作又充满矛盾和差距。曾任世界知识产权组织国际局著作权和公共信息司司长的克洛德·马苏耶先生就明确指出《伯尔尼公约》第15条第4款的保护范围和力度有限，如对其进行国际保护必须以国内立法保护为前提，并且"第15条第4款将其视为一种特殊的作者身份不明的作品，意味它也适用于第7条所规定的匿名作品的保护期间"①。这与对于传统文化艺术的保护期不受时间限制的主流学理观点明显冲突。因而《伯尔尼公约》并没有为传统文化艺术的保护难题提供一个令人满意的解决方案，在实践中制度效益并不高。似乎在版权领域所采取的措施不

---

① ［法］克洛德·马苏耶：《保护文学和艺术作品伯尔尼公约（1971年巴黎文本）指南》，刘波林译，中国人民大学出版社2002年版，第76页。

能有效地控制对传统文化艺术的商业性利用。① 总之，就立法依据和实践来看，无论是《巴黎公约》尝试运用工业产权中的外观设计保护、商标保护或者原产地标识等进行传统文化艺术知识产权间接保护，还是《伯尔尼公约》更为明确地运用著作权法进行传统文化艺术的直接保护，知识产权制度可以运用在传统文化艺术保护之中，这已然在国际范围内达成宏观共识。但是，在司法实践操作过程包括组织机构、程序设计、权利设定等规程中还缺乏进一步周密的制度设计，这也成为此后传统文化艺术知识产权制度建构的重点领域。

《巴黎公约》和《伯尔尼公约》等国际知识产权公约对传统文化艺术保护的奠定取得了进步，除此之外，对于传统文化艺术、传统知识或遗传资源等的知识产权保护制度的探索，走在世界前列的是广大的非洲发展中国家。历经几个世纪的殖民占领和文化侵袭，广大的非洲国家始终没有放弃对本民族文化的守护，也在不断地进行制度探索和创新。非洲最北端的突尼斯拥有悠久的文明和多元的传统民族文化，19世纪末沦为法国的保护领地，突尼斯是较早地探索运用知识产权制度开展本国传统文化艺术保护的国家，也是1886年《伯尔尼公约》的十个创始国之中唯一的第三世界国家。突尼斯较早地探索并实施了传统文化艺术知识产权保护制度，于1889年颁布出台了《文学艺术版权法》，此外还颁布了专门保护文化遗产的法律及保护传统手工业的法律，从而形成了一个保护与弘扬传统文化艺术的法律体系。《文学艺术版权法》中明确规定："民间传统艺术属于国家遗产，任何以营利为目的的使用传统艺术的行为都应经过国家文化部的允许，对于其内容，应经过突尼斯保护作家权益机构根据本法进行审核。同样，从传统艺术中吸取灵感创造的作品，同样需要经过国家文化部的允许，对于民间作品的全部或部分著

---

① See Model Provisions for National Laws on the Protection of Expressions of Folklore Against Illicit Exploitation and Other Prejudicial Actions with a Commentary, Unesco& WIPO, 1985.

作权在其中发生了转移,同样需要国家文化部的特殊许可。"① 所以,对于以营利为目的使用传统文学艺术作品的行为,不仅要征得文化行政部门的许可,还要缴纳使用费。公益性的使用和个人使用无须缴纳使用费,但也须获得许可。具体程序是:使用者须根据将使用的文化遗产的种类向文化部有关业务司局提出申请;经有关司局研究,专家委员会讨论后,提出是否许可使用的初步意见,然后通知文化部直属的版权局收费(不需收费的,也要通知版权局);版权局根据具体情况确定收费标准,收取使用费,向申请者开具收据;申请者携收据到文化部,文化部根据收据给予正式的使用许可。对未经许可使用文化遗产的行为,国家将给予严厉的惩罚,包括罚款、拘禁等。对收取的使用费,突尼斯采用基金的形式进行管理。根据《文学艺术版权法》规定,收取的版权使用费全部作为社会和文化基金。基金的使用主要有三种形式:(1)用于社会。当艺术家生活困难,难以从事文艺创作时,可以通过申请得到资助。(2)用于文化。当出版图书等资金不足时,可以通过申请而得到拨款。(3)用于奖励。主要奖励对弘扬文化作出贡献的人。② 对于一些由传统文化艺术改编作品的管理方面,突尼斯的做法是:首先,改编者应就改编行为向文化部的有关司局提出申请,获得许可后,方可改编;其次,如果是进行文艺创作,改编者无须缴纳使用费,如以商业为目的,改编者则要按规定缴纳使用费。广播电台、电视台使用文学艺术也开始缴费。一般是一年交付一次,根据所播节目的类别来确定所缴费用的使用方向,如果使用的是个人作品,则将使用费交付作者个人。对于民间文学作品著作权的保护期限,突尼斯法律规定为永久保护,不受年限限制。③ 以上具体措施,主要是在传统文化艺术日益商业化和市场化的情况之下,突尼斯将知识产权司法保护与文化管理部门的行政许可结合,将版权局置于文化部门的隶属之

---

① 王鹤云:《国外民间文学保护制度简介》,《中国版权》2002 年第 4 期。
② 参见王鹤云《国外民间文学保护制度简介》,《中国版权》2002 年第 4 期。
③ 参见王鹤云《国外民间文学保护制度简介》,《中国版权》2002 年第 4 期。

下，以此构建对传统文化艺术知识产权保护的制度矩阵。

二、现代知识产权制度框架下的路径丰富

作为世界上第一个利用版权法保护民间文学艺术作品的国家，突尼斯的制度探索对广大的非洲国家起到积极的示范作用，带动了非洲广大发展中国家和大量原住民的太平洋岛国等，率先运用知识产权制度和版权法进行本国古老的悠久的民族文化和艺术保护。更值得关注的是，突尼斯综合运用知识产权司法保护与文化管理部门的行政许可相结合的制度矩阵，更是为现代知识产权制度的重新建构提供了参照与契机。伴随世界知识产权组织和联合国教科文组织等国际组织的建立，传统文化艺术知识产权司法保护与行政手段和措施的介入，成为 20 世纪 70 年代最受关注的制度尝试和探索。

《伯尔尼公约》1967 年讨论并在 1971 年文本中确认对"作者不明作品"的保护，表明传统文化艺术的价值与进行法律保护的必要性已为国际社会所认可。1967 年还有一件重大且具有标志性的事件是《巴黎公约》和《伯尔尼公约》的缔约国签订了《成立世界知识产权组织公约》(*World Intellectual Property Organization*)，1970 年成立了世界知识产权组织(WIPO)，作为保护工业产权和版权的国际组织和专门机构。世界知识产权组织的建立意义重大，开启了知识产权国际保护的新历程，它不仅是全球知识产权服务的首要提供者和国际规范的维护者，而且是全球政策主题演变下解决知识产权新问题的组织者和推动者。特别是针对第三世界发展中国家和原住民等少数民族对于传统文化艺术、遗传资源和传统知识等的保护诉求，世界知识产权组织与联合国教科文组织相互联合，一同开展相关问题的调查研究和讨论，为解决此类问题提供组织保障和制度建设。

1976 年，应广大发展中国家积极推进本国国内立法和著作权法修订的要求，突尼斯政府在世界知识产权组织与联合国教科文组织协助下在突尼

斯组织召开了政府间专家委员会，讨论通过了《突尼斯发展中国家版权示范法》(TUNIS MODEL LAW ON COPYRIGHT for developing countries)（以下简称《突尼斯示范法》），该法致力于保护广大发展中国家古老、传统而又丰富的文化艺术遗产资源。由于这些宝贵的文化艺术资源容易受到经济利益方面的利用和影响，应当保障发展中国家从中得益，而不应该任其被无偿且肆意地利用，因此，该法所规定的各种原始古老的所有文学、艺术和科学作品等均有权获得版权保护，并在条款的注释中特别写清楚这是防止对原始的传统的民间的文化遗产的不合理利用。《突尼斯示范法》就是典型的运用现代著作权法的保护模式。首先，该法对保护主体和客体都有明确指向。主体是在本国境内创作的或为所在国国民或少数民族，客体为世代相传的具有独特的民族特色的文学、艺术和科学作品，作品不一定要求绝对新颖，即便是不能用相应的物质形式固定下来的，也应当获得知识产权保护。这对于广大发展中国家散落在民间的古老的口传心授的各种文学和艺术形式都给予了著作权保护的制度建议。其次，该示范法尤为注重对传统文化艺术的精神权利和经济权利的双重保护。在经济权利方面，列举了复制、翻译、改编和整理等权利，同时也对经济权利进行约束，在本民族传统和习惯范围内使用都属于合理使用，无须许可或支付报酬；在精神权利方面，强调它是永久的、不可剥夺和侵犯的、不可肆意损毁的，反对任何形式的对作品的更改或对作品的贬损行为等，同时要求在任何时候使用时都应如实注明其来源地，不得歪曲使用。同时，该示范法认为对传统文化艺术的保护不受时间的限制，并竭力主张成立相关专门组织和机构，其职能就是依据示范法授权作为一个集体组织维护传统文化艺术的经济权利和精神权利。

综上，《突尼斯示范法》中的相关条款和规定为广大发展中国家的著作权立法工作起到示范和样板作用。同时，该法的相关条款和规定，为传统文化艺术等相关领域采取著作权法保护模式树立了制度典范。尽管《突尼斯示范法》就内容而言主要是打造一个范例，为广大发展中国家保护本国的传统文化艺术提供制度和法律模板，但是，该法从动议到组织统筹到起草，直至最后公布都是在世界知识产权组织和联合国教科文组织联合指导协调下开展的，因此，在一定程度上它是具有国际示范效应的知识产权制度建构，客观上缺少足够的具体的制度操作的实践尝试。

1977 年 3 月，非洲知识产权组织（African Organization of Intellectual Property，简称 OAPI）通过了《班吉协定》。其实，非洲知识产权组织原名为非洲—马尔加什工业产权局，1962 年 9 月在加蓬首都利伯维尔成立，是由原法国殖民地中的官方语言为法语的非洲国家组成的保护知识产权的一个地区性联盟，1977 年正式更名为"非洲知识产权组织"。鉴于非洲地区几个世纪的殖民统治，非洲知识产权地区性组织也有差异。例如，除了非洲知识产权组织（OAPI）外，还有一个非洲地区知识产权组织（African Regional Intellectual Property Organization，简称 ARIPO），它成立于 1976 年，是由非洲地区英语国家所组成的工业产权保护区域性组织。可见，非洲地区发展中国家对于知识产权保护很早就开始重视，但是，基于长久的殖民历史，它们在本国、本民族知识产权保护方面的工作又具有典型的时代特征。这两个组织最大的区别是，非洲知识产权组织（OAPI）作为单一的司法管辖区，可通过该区域组织进行知识产权相关注册，而非洲地区工业产权组织（ARIPO）则不能作为一个单一的司法管辖区。就传统文化艺术的法律保护而言，《班吉协定》具有开创性的意义。对此有学者明确指出，《班吉协定》是与民间文艺保护有关的第一个区域性国际条约。[①] 还有学者认为，在整个知识产权国际立法视野中，《班吉协定》都是第一个明确为传统民间文艺提供保护的生效国际条约。《班吉协定》在知识产权领域具有较大影响

---

① 参见唐广良《遗传资源、传统知识及民间文学艺术表达国际保护概述》，载郑成思主编《知识产权文丛》（第 8 卷），中国方正出版社 2002 年版，第 5 页。

力，在非洲，它可谓有关知识产权最重要的法律文件。[①]因此，《班吉协定》在知识产权框架内专门为传统文化艺术、文化遗产等建立保护制度，对于非洲各国乃至对于国际上其他国家的传统文化艺术保护都具有重大的参考价值。

《班吉协定》中专门设立"版权"和"文化遗产的保护和促进"两编内容，开创了知识产权著作法保护模式和文化遗产保护模式两种模式并行补充的制度先例。作为具有强制力的生效条约，《班吉协定》对其成员国有直接效力，从而促使其成员国必须在知识产权法律中对传统文化艺术、文化遗产进行直接保护。从制度建构的角度来看，《班吉协定》与《突尼斯示范法》共同构成了最早的传统文化艺术知识产权保护立法的参考范本。但是，《班吉协定》属于初次尝试、填补空白的制度构建和法律实践，其中某些规则的可操作性，以及相互冲突的重要问题并未涉及，其中的内容仍有较多不成熟之处。1999 年《班吉协定》进行了修订，并于 2002 年生效（以下将修订后的《班吉协定》称为"新《班吉协定》"）。新《班吉协定》进行的不是简单的个别条款修订，而是对其前身中的各部分进行一系列重大甚至实质性修改，并非简单意义上的条约"修订本"。一方面，它保留了 1977 年《班吉协定》以版权保护与文化遗产保护两种模式并行；另一方面，它也对两种模式中的具体规则进行了修改与补充。例如，新《班吉协定》修改了原协定相关的概念界定。采用了"民间文艺表达"这一新提法代替了"民间文艺"的表述，"表达"一词突出了它与版权法保护的普通作品的区别，强调所保护的作品不一定是某种新颖的创作产物，也可能是世代发展或传承的成果，这拓展了知识产权保护客体。此外，新《班吉协定》还明确区分了"民间文学艺术表达"和"由民间文学艺术演绎的作品"。根据其附件 7 第 6 条第 1

---

① 参见张耕《民间文学艺术的知识产权保护研究》，法律出版社 2007 年版，第105 页。

款第 1 项的规定，"由民间文学艺术演绎的作品"是指"对民间文学艺术表达进行翻译、改编、编排和其他形式改变的作品"。显然，"民间文学艺术表达"是特殊作品可能没有具体的创作主体；而"由民间文学艺术演绎的作品"则是有特定演绎主体的普通作品，属于民间文学艺术的子型。新《班吉协定》对两类作品规定了不同的保护待遇。新《班吉协定》还对商品、地理标志、不正当竞争等工业产权进行明确界定，为传统文化艺术的保护发挥作用。

从总体上讲，新《班吉协定》在对民间文学艺术的界定、立法技术、保护内容上都有所进步。不过，新《班吉协定》仍存在缺陷。有学者指出：我们发现现行机制与 1977 年的保护机制其实存在着相同的矛盾，即一方面通过特殊版权建立了民间文学艺术保护的原则，特定群体据此取得了排他性权利，另一方面又建立起一套对民间文学艺术的使用加以限制的机制，规定必须支付一定的费用，这与排他性权利又相矛盾。[1]"这套机制甚至更加模糊，因为与前一套机制不同的是，它没有规定国家对民间文学艺术享有哪些不能废除的权利，致使我们很难了解谁是保护定义之下的民间文学艺术表达版权的真正所有人。"[2]

总之，新《班吉协定》作为有约束力的成文立法，在知识产权保护体制之外又建立了一种文化遗产权，与著作权、邻接权一起构成了完整的"文学和艺术产权（literary and artistic property）"，其对文化财产权规则方面的修改是大幅度的实质性改进，虽然在文化遗产权、版权和邻接权之间的权利主体、权利内容、权利限制等方面缺乏整体协调的制度设计原则和具体措施，但新《班吉协定》在传统文化艺术知识产权保护方面的积极作用仍是值得肯定的，它至今仍是对传统文化艺术等相关领域明确而直接进行知识产

---

[1]　1977 年的《班吉协定》规定对民间文学艺术的改编或其他利用的条件是申报，修订后的协定则规定对民间文学艺术表达的利用须向国家集体权利管理机构缴纳版税。

[2]　张耕：《民间文学艺术的知识产权保护研究》，法律出版社 2007 年版，第 108 页。

权保护的唯一区域性国际公约，而且其所倡导的版权、工业产权和文化遗产保护等相关法律进行综合保护的理念对各国的传统文化艺术保护的宏观制度设计具有重要参考价值。截至 2005 年，新《班吉协定》的成员国为 16 个国家：中非共和国、贝宁、刚果共和国、加蓬、尼日尔、塞内加尔、喀麦隆、多哥、布基纳法索、科特迪瓦、几内亚、几内亚比绍、赤道几内亚、马里、乍得、毛里塔尼亚。

如前所述，无论是 1967 年修订《伯尔尼公约》时新增的对"作者不明作品"的保护，还是 1976 年世界知识产权组织与联合国教科文组织联合制定的《突尼斯示范法》，都运用了典型的现代著作权法保护模式，防止对传统文化艺术的不合理利用。《班吉协定》和新《班吉协定》则开创了以版权保护与文化遗产保护两种模式，在知识产权保护体制之外又建立了一种文化遗产权，与著作权、邻接权一起构成了完整的"文学和艺术产权"（literary and artistic property）。总之，在现有知识产权制度框架之下，传统文化艺术的立法保护实践稳步发展，理论探索积极推进。然而，对于广大发展中国家而言这还远远不够。于是 1978 年的世界知识产权成员国大会发出了一种声音：尽管发展中国家已开始关注传统文化艺术知识产权保护的必要性，但还是很少有"形成法律标准的实质性步骤"[①]。在区域性组织和非洲国家努力推动并已逐步取得成绩的背景之下，世界知识产权组织和联合国教科文组织联合着手开展相关领域的制度建设。

三、特别知识产权立法模式演绎制度分化

国际组织和各国探索推动传统文化艺术在现有知识产权框架之下的立

---

① WIPO，*Introduction to Intellectual Property:Theory and Practices*，Kluwer Law International,1997,p.174.

法实践，与此相并行的另一种制度探索，就是跳出现有知识产权制度的框架，创设一种新型的知识产权即特别权利，对传统文化艺术进行一种单独的、另辟蹊径的，不同于著作权、工业产权等保护模式的特殊的知识产权立法模式。

1979 年，世界知识产权国际局向其版权与邻接权委员会提交了一份专门保护传统文化艺术和民间文艺的示范条款草案，以保护其免受"未经许可的使用及歪曲行为"。收到草案后，世界知识产权组织版权与邻接权委员会建议，世界知识产权组织应与联合国教科文组织尽快成立联合工作组，以处理涉及传统文化艺术保护的国内与国际层面问题。1980 年，世界知识产权组织和联合国教科文组织联合成立了一个由 16 名来自不同国家的专家组成的工作组，并提出以下意见：第一，有必要为民间文艺提供充分的法律保护；第二，这种保护可通过国家层面立法的示范条款进行推进；第三，这种示范条款应既能适用于尚无民间文艺保护立法的国家也能适用于已提供相关保护的国家供其进一步完善立法；第四，示范条款也应容许在可能的情况下通过版权与邻接权提供保护；第五，针对国家立法的示范条款应为民间文艺创作的双边、区域以及多边保护提供铺垫。① 相应地，工作组建议世界知识产权组织与联合国教科文组织的秘书处结合工作组提出的以上意见修订1979 年的示范条款草案并配以评注，供其后的会议讨论。1981 年，该草案修订版及其评注在工作组的第二次会议上再次提交并通过，开始进入由更高一层机构的讨论评议程序。

根据联合国教科文组织第 21 次大会通过的第 5/01 号决议，以及世界知识产权组织管理机构 1981 年例会的决定，世界知识产权组织与联合国教

---

① See UNESCO and WIPO , *The Secretariats of UNESCO and WIPO,Model Provisions for National Laws on the Protection of Expressions of Folklore Against Illicit Exploitation and Other Prejudicial Actions with a Commentary :Introductory Observations*, 1985,paras.19,20.

科文组织共同成立了"关于保护民间文艺表达的知识产权问题的政府间专家委员会"。1982 年，这个政府间专家委员会讨论了工作组采纳的示范条款文本及其评注，并最终正式通过了该示范条款，定名为《保护民间文艺表达免受非法利用与其他损害行为的国家法律示范条款》(*Model Provisions for National Laws on the Protection of Expressions of Folklore Against Illicit Exploitation and Other Prejudicial Actions*，以下简称《示范条款》)。至此，由国际组织协调制定的、第一个以特别保护模式保护传统文化艺术、民间文艺的示范条款正式诞生。《示范条款》共 14 条，虽然篇幅不大，但涉及了保护客体、权利内容、权利限制、程序规则、国际保护等一系列问题，其内容涵盖面广，有些规定也很有特色。按世界知识产权组织官方研究的说法，这是第一份以"知识产权类型的特别保护"方式保护民间文艺的草案。[①]有学者认为，《示范条款》属于典型的新型特别知识产权保护立法，并且，由于它改变了以往在版权法框架中设立特别制度保护民间文艺的方式，而首次在知识产权体制内设置了一个独立于版权法的专门而特别的法律框架，因此可谓是新型特别知识产权模式示范法的开创性实践。[②]1983 年 12 月，世界知识产权组织与联合国教科文组织将《示范条款》提交给伯尔尼联盟执委会和世界版权公约的政府间版权委员会的联合会议。《示范条款》受到了两个委员会的欢迎与支持。两个委员会认为，《示范条款》对国家立法来说具有适当的指导意义。然而，令人遗憾的是，1984 年，世界知识产权组织与联合国教科文组织再次组织专家委员会讨论传统文化艺术的知识产权国际保护问题时，建立在《示范条款》基础上的《关于保护民间文学艺术表达、反非法利用和其他侵害行为的条约草案》未能获得通过，大多数与会者

---

① See WIPO,*Introduction to Intellectual Property :Theory and Practices*,Kluwer Law International, 1997,p.174.

② 参见杨鸿《民间文艺的特别知识产权保护：国际立法例及其启示》，法律出版社 2011 年版，第 110 页。

认为目前还不存在一个保护传统文化艺术和民间文艺的国际标准，建立一个独立于著作权之外的保护体系并不可行，制定专门的传统文化艺术和民族民间文化知识产权保护国际条约的时机也尚不成熟。^①因此，到目前为止，《示范条款》特别知识产权立法模式并没有被广泛采用。

当然，《示范条款》所提到的立法原则和建议也被个别国家采纳和吸收，最典型的就是菲律宾在 1997 年颁布的《土著人权利法案》及其实施细则，这部法案也被认为是《示范条款》在一国立法的典型实践，尽管《示范条款》的结构没有被该法案采纳。用特别立法建构知识产权特别权利体系来保护民间文学艺术，这种主张亦得到了我国诸多学者的支持。^②作为东南亚的一个多民族岛国，它拥有悠久且独特的生产生活方式，以及多民族多元复合的传统文化。100 多个完全不同的语言族群成为"多样性"的最佳注解，土著群体和社区的传统文化艺术和传统知识为这个国家带来了无价的财富。然而，伴随着音乐、舞蹈、手工艺品和传统医学都被用于现代商品的生产而获利时，菲律宾土著民族和部落为之警醒。为此，一些关心当地土著文化的保存和发展的社会积极分子成立联合组织，并且开始依据宪法维护土著群体的传统文化艺术权利，并为努力创立一个法律系统来满足菲律宾土著人权益和利益而进行不断探索。1997 年 7 月，菲律宾共和国的参议院和国会颁布了《为承认、保护和促进土著文化族群 / 土著人民权利及其他有关目标而设立国家土著人民委员会、建立执行机制、划拨资金的法案》（*The Indigenous Peoples Rights Act of 1997*，简称"1997 年《土著人民权利法案》"），该法案所强调的权利包括取得"祖先领地"的权利，这不仅包括实

① See Agnes Lucas-Schloetter，"Folklore"，in edited by S. von Lewinski，*Indigenous Heritage and Intellectual Property：Genetic Resources，Traditional Knowledge and Folklore*，Kluwer Law International，2004，pp.345-346.

② 参见刘华、胡武艳《民间文学艺术及其特别保护体系研究》，《华中师范大学学报（人文社会科学版）》2004 年第 3 期。

体环境还包括与此相关的精神和文化联系①，也是此法案最大特色之一，即承认土著群体或社区对传统文化艺术、遗传资源和传统知识的所有权，这是一种集体所有权，而非个人的私有权，从而确认了土著群体和社区的主体地位。法案对当地文化社区或土著人给出的定义非常广泛，覆盖了那些共同生活的社区。同时，法案还赋予了土著社区或土著人文化整合的权利和利益分享权利，包括土著传统文化艺术保护的权利、教育和学习的权利、确认身份和历史的权利以及对土著精神信仰的传统的权利等。社区可以向政府机关注册一个部落委员会、基金、合作企业、社会组织来有效地代理其利益。此外，菲律宾还建立了国家原住民委员会（NCIP），并将其作为主要的政府机构，按照"先申请先保护"的原则，以《生物多样性公约》《土著居民权利全体宣言》《人权全体宣言》等公约为依据，负责政策的制定执行、计划安排并对当地文化社区或土著人权利有关的索赔和争议享有审判权，以此建立有效的保护土著人社区知识产权的机制，帮助原住民和土著社区从传统文化艺术和传统知识、遗传资源中获得一份合理的收益。总之，菲律宾 1997 年《土著人权利法案》的制度设计与菲律宾自身多元复杂且繁荣的土著传统文化的历史和现实国情紧密相关，这种"菲律宾模式"被国际组织和各国学者作为保护传统文化艺术的一种特别法律模式而广为列举和研究，这种特别的知识产权保护模式也为我们从另外一个角度观察传统文化艺术知识产权保护模式提供了佐证和借鉴。

2002 年 11 月，在联合国教科文组织太平洋地区办公室的协助下，"太平洋岛国论坛"与"太平洋共同体秘书局"一起，共同通过了《太平洋地区保护传统知识和文化表达的框架协议》（简称《太平洋地区示范法》），旨在帮助太平洋区域各国家和地区实现为其传统知识和传统文化艺术提供法律

---

① See Mrs.P.V.ValsalaG.Kutty, *A Study on the Protection of Expressions of Folklore*,Written for WIPO,http://www.wipo.int.

保护的愿望。该示范法与此前 1982 年《示范条款》主导思想一致，致力于不同于知识产权法私法保护模式的新型特别知识产权保护模式。《太平洋地区示范》脱离了著作权法的框架而采取一种独立立法的形式，采用的方法是在传统知识和文化表达中创设新的权利，其保护对象在以前被视为公有领域的传统文化艺术。示范法对传统文化艺术的所有者创设了一套新的法定权利，即传统文化权利和精神权利，这些权利的存在并不依赖于登记或其他约束形式。精神权利包括署名权、反对虚假署名权和保护传统知识和文化表达不受歪曲或篡改的权利（第 13 条第 2 款）。这些精神权利独立于传统文化权利而存在，并且不受第 7 条第 4 款所列例外情形的约束。① 首先，《太平洋地区示范法》最大创新就是旨在创设一种新型知识产权，但从权利的产生和内容上看，仍和著作权十分接近，如都是自动产生权利，不依赖任何登记程序或行政约束；都是人身权和财产权的统一；在权利限制方面，也是模仿著作权的权利限制的有关规定；等等。其次，《太平洋地区示范法》是新世纪传统文化艺术保护立法的最新探索之一，其在制度的完整性和实践的可操作性上有实质性的进步，如对权利主体、权利内容、民事救济措施等方面都有明确规定，它不仅规定了一套完整的权利制度，还为之规定了详细而具有可操作性的行使规则。然而，从具体效果评估来看，《太平洋地区示范法》提供的传统文化权利保护有程度过高之嫌，在一定程度上阻碍了传统文化艺术的传播，损害了公众的合理利益。

　　综上，以《示范条款》为代表的特别立法模式虽然获得了联合国教科文组织和世界知识产权组织的推荐和支持，《太平洋地区示范法》对此也有进一步细化和发展，同时获得了许多发展中国家的欢迎，特别是菲律宾

---

① See Agnes Lucas-Schloetter , "Folklore", in edited by S. von Lewinski, *Indigenous Heritage and Intellectual Property : Genetic Resources, Traditional Knowledge and Folklore*, Kluwer Law International 2004, p.283.

1997 年《土著人权利法案》的实践推广；但 20 多年过去了，联合国教科文组织和世界知识产权组织的调查研究也表明，通过创设新的权利的特别知识产权立法模式并没有获得世界上大多数国家的采纳，不仅对发展中国家的立法结构的影响非常有限，而且也未能在发达国家的立法中见到踪影。相反，采用现有知识产权框架之下的著作权法来保护传统文化艺术的实践却还在继续，如安哥拉 1990 年《作者权法》、多哥 1991 年《版权、民间文学艺术及邻接权保护法》、突尼斯 1994 年《文学艺术产权法》以及我国 2001 年修改的著作权法。这些都证明对传统文化艺术进行著作权保护模式已成为相对合理、经济、操作性较强的知识产权路径选择。作为一种示范性或范例性的立法建议，《示范条款》和《太平洋地区示范法》提供的还是一套较为灵活的方案，把涉及的一些具体问题和更大的制度空间、立法尝试都留给了各国。尽管它还存在诸多问题，而且经多年实践逐渐被证明存在很多不完善之处，但是它为传统文化艺术知识产权保护方面提供了新的思路和尝试探索，这些路径探索和制度重构值得进行深入评估。

四、TRIPs 时代对知识产权保护制度重构

20 世纪 90 年代，伴随国际政治"冷战"的终结，国际政治和经济格局发生深刻变化，市场经济成为冷战后国际社会建构秩序和调整关系的根本动力，风起云涌的信息技术革命催生了文化和科技信息领域的新业态，国际社会知识产权保护规则面临新的挑战。最典型的特征就是以美国为代表的发达国家极力推动将知识产权保护与国际贸易紧密挂钩。如果说，20 世纪 60—70 年代，国际知识产权事业是由广大发展中国家极力推动，并以世界知识产权组织和联合国教科文组织为主要活动平台，来维护本国传统文化艺术的权益；那么，20 世纪 80—90 年代，以美国为代表的发达国家开始以关税和贸易总协定（GATT）、世界贸易组织（WTO）等国际组织开展有利

于其本国发展的国际知识产权规则的制定和实施，在这一历史进程中，充满了各国利益的交锋和博弈。

当科学技术、文化艺术与国际贸易的关联度日益密切，发展中国家和发达国家在经济、科技和文化方面都处于不同的发展阶段，对于知识产权保护的需求也呈现一定差异性。西方发达国家致力于通过较高水平的知识产权国际保护来把控国际贸易的主动权，开始重塑国际体系来谋其所愿。20 世纪 80 年代末，美国致力于在世界范围内建立起以其主导的新秩序，并利用其在国际组织和国际机构中的重大影响力控制国际规则的制定和实施，推动关税和贸易总协定和世界贸易组织等的建立，致力于打开美国出口市场，维护美国在文化产品输出和国际贸易领域中的主导地位。在此背景之下，很多国家也积极利用关税和贸易总协定与世界贸易组织谈判机会充分表达和坚持本国的贸易主张，以保护本国文化权益。始于 1986 年的关贸总协定乌拉圭回合谈判，首次将知识产权纳入议题，乌拉圭回合谈判前后历时 8 年才最终达成一致，TRIPs 协议成为最终成果。而在此前 100 年左右的时间里，世界各国主要依靠《巴黎公约》《伯尔尼公约》《马德里协定》等多边国际条约协调各国之间差距很大的知识产权制度，也以此作为探索传统文化艺术保护的国际制度文本。而世界贸易组织建立后，TRIPs 协议成为世界贸易组织内最重要的协议之一，也是对贸易领域知识产权进行关联规定的首个国际公约，知识产权保护与国际贸易前所未有地捆绑在一起，成为迄今为止对各国知识产权法律和制度影响最大的国际条约。

历时 8 年的谈判过程是一个各国实力较量的过程。TRIPs 协议的产生与以美国为首的发达国家在谈判中的推动作用密不可分。在 1986 年"乌拉圭回合"谈判之初，以美国、瑞士等为代表的发达国家，主张将知识产权列入议题，主张应制定保护所有知识产权的标准，并且必须纳入争端解决机制。美国甚至以此为要挟作为是否继续参加谈判的条件。而以巴西、印度、阿根廷、埃及等为代表的发展中国家则提出保护知识产权是世界知识产权组织的主要任务，应把在国际贸易领域中涉及的假冒商品的贸易与广泛的知识产权保护区别开来，特别提到了与公众利益密切相关的药品、食品等领域，过高要求的知识产权保护会造成价格控制和垄断，不利于保障公众利益。如前文所述，在"乌拉圭回合"谈判前，世界知识产权组织已统一管辖已拥有100多年历史的《巴黎公约》和《伯尔尼公约》及其两大分支体系共有18项国际知识产权公约（条约），这是一个庞大的国际条约法体系。然而，美国倚仗其贸易大国的地位，致力于推动国际贸易与知识产权紧密挂钩，建立符合美国国家利益的国际贸易体系。

美国之所以如此迫切地推动国际贸易与知识产权紧密挂钩的新秩序建设，主要缘于美国20世纪70年代初出现的贸易逆差，美国政府将贸易逆差的原因归结为自身知识产权在国际贸易中没有得到有效的保护，认为自身拥有的高科技并没有带来应得的利益。于是，美国在1988年《综合贸易与竞争法》中规定了"301条款"，其全称为"实施美国依贸易协定所享有的权利和回应外国政府的某些贸易做法"。根据"301条款"，外国政府不遵守其与美国政府签订的贸易协定或采取其他不公平的贸易做法，损害美国的贸易利益，美国政府可以采取强制性的报复措施。美国的"301条款"包括三个部分，即"一般301条款""特别301条款"和"超级301条款"，其中"特别301条款"就是针对知识产权而制定的。在此次的"乌拉圭回合"谈判中，美国就动用了1988年《综合贸易与竞争法》第301条款，运用"胡萝卜加大棒"政策威逼与利诱地迫使诸多发展中国家做出妥协。发展中国家的策略逐步由对抗转向参与"多边机制来约束发达国家并争取利于自己的利益和需求"，实际上有能力参加谈判的只有印度、巴西、阿根廷、古巴、埃及、尼加拉瓜、尼日利亚、秘鲁、坦桑尼亚和南斯拉夫10个发展中国家。

自身内部利益差异与能力欠缺，总体上处于弱势地位。^①在关贸总协定总干事邓克尔的主持之下，10 个发展中国家与 10 个发达国家组成的谈判组展开长期的谈判，最终发展中国家在"乌拉圭回合"中做出重要让步，接受 TRIPs 协议，当然相对于发展中国家的经济发展水平而言，该协定所规定的知识产权保护标准和要求是相当苛刻的。

1994 年最终缔结的 TRIPs 协议开启了 TRIPs 时代传统文化艺术知识产权保护的国际标准。TRIPs 协定采取了将世界知识产权组织已有的主要公约或条约的实体性或实质性条款一并纳入的方式，TRIPs 协定正如一张大网，覆盖协调各类知识产权保护，它确定了每一个成员国不论其国内（或域内）的知识产权保护的历史或现状如何，都必须遵守的知识产权实体标准，对于不遵守协定要求的国家，其他成员可以通过 WTO 争端解决机构进行裁决，迫使成员修改法律保持与 TRIPs 协定要求的一致性。这使 TRIPs 协定成为自 1883 年《巴黎公约》问世以来覆盖面最广的综合性国际知识产权条约。这种安排既保持了与世界知识产权组织体系的协调，又在世界贸易范围保障知识产权的实施，同时借助 WTO 框架争端解决程序，加强了条约的保护实施效力。^②

TRIPs 协议并没有直接规定传统文化艺术的知识产权保护问题，但该公约第 9 条第 1 款规定："全体成员均应遵守《伯尔尼公约》1971 年文本第 1 至 21 条及公约附录。但对于《伯尔尼公约》第 6 条之 2 规定之权利或对于从该条引申的权利，成员应依本协议而免除权利或义务。"该款规定实际上将《伯尔尼公约》除第 6 条之 2 规定之外的条款强制性地纳入了 TRIPs 协定的条款体系内，任何对《伯尔尼公约》除第 6 条之 2 规定之外的条款的违反，都被视为是对 TRIPs 协定的违反。此外，TRIPs 协议第 9 条第

① 参见杨红菊、何蓉《从 TRIPS 的谈判历程看知识产权国际规则的制定》,《知识产权》2008 年第 2 期。
② 参见张乃根《TRIPS 协定：理论与实践》,上海人民出版社 2005 年版，第 45—50 页。

2 款规定："版权保护应延及表达，而不延及思想、工艺、操作方法或数学概念之类。"① 因而《伯尔尼公约》第 15 条第 4 款的内容顺理成章地构成了 TRIPs 协定的内容。

值得关注的是，TRIPs 协定第 10 条第 2 款规定："数据或其他材料的汇编，无论采用机器可读形式还是其他形式，只要其内容的选择或安排构成智力创作，即应予以保护。这类不延及数据或材料本身的保护，不得损害数据或材料本身已有的版权。"② 该款规定也成为关于传统文化艺术汇编者对其汇编作品享有版权的直接依据。根据该规定，被汇编的对象可以是作品，也可以是不受版权保护的其他资料，只要对这些汇编对象的编排或选择付出了创造性劳动，汇编成果就可以作为一种汇编作品受到版权保护。如果被汇编的内容属于传统文化艺术，不管其国内法是否承认其为"作品"，都不影响汇编者对创造性的汇编成果享有版权。因而，从某种程度上来说，TRIPs 协定通过保护汇编作品版权的方式，建立了一种更为广泛的保护和鼓励汇编整理传统文化艺术的机制，起到了间接保护传统文化艺术的作用。但对传统文化艺术汇编作品的版权保护"不延及数据或材料本身的保护"，其实这也会造成传统文化艺术原主国或所有者不能获得直接受益的可能，因而该规定对传统文化艺术的保护作用也是十分有限。除此以外，TRIPs 协定第 22 条对地理标志保护的规定、第 39 条对未披露信息保护的规定，也能为传统文化艺术提供间接保护。这些规定，同多数地区知识产权国际条约一样，制定时并没有直接针对传统文化艺术知识产权保护进行设定，但有关规定确实又可以成为传统文化艺术的法律依据，为其提供间接保护。

总之，TRIPs 协议是发达国家主导的知识产权国际制度，并因其作为国际贸易制度的重要组成部分，而实质上成为国际经济秩序的一部分，所

---

① 郑成思译：《知识产权协议》，学习出版社 1994 年版，第 7 页。
② 郑成思译：《知识产权协议》，学习出版社 1994 年版，第 7—8 页。

以，自 TRIPs 协议缔结以来，它成为维护发达国家竞争优势的工具和国际经济政治旧秩序的助手而备受广大发展中国家的指责。同时，TRIPs 协议对关涉广大发展中国家根本权益的传统文化艺术知识产权保护的问题并没有实质性的推进，这也为 21 世纪广大发展中国家维护自身权益，开展关于传统文化艺术、传统知识、遗传资源等持久谈判做好了铺垫。

五、后 TRIPs 时代知识产权制度多元发展

TRIPs 协议的签订建立了发达国家主导的高水平的知识产权保护体系，力图运用知识产权保护强化在国际贸易中的优势地位。然而，TRIPs 协定的签订并不意味着结束，恰恰意味着新的开始。面对新的知识产权问题以及发展中国家一直以来对传统文化艺术、传统知识和遗传资源等相关领域权利的诉求，知识产权国际保护进入了后 TRIPs 时代的讨论，这一时期是国家主权、国家发展权利的高扬，是发达国家与发展中国家之间力量制衡与博弈，以实力为后盾的 TRIPs 时代的知识产权国际保护的制度建构逐渐走向多元角力、共同协商，以现有知识产权国际保护制度为主线，依时代发展不断拓展和丰富知识产权制度的内涵和外延将成为时代趋势。

TRIPs 协定在生效后，面对发展中国家对协定公正性质疑的巨大压力，其协定本身执行也困难重重，发达国家在多边体制下的行动屡屡受挫，磋商一度陷于停滞，进而转向双边体制和区域自由贸易协定来实现知识产权保护的个体利益。在这样的"TRIPs-plus"谈判中，更易于发挥单边实力，进而瓦解相对实力较弱者的联合。在"TRIPs-plus"机制中，美国冲锋在前，截至 2010 年，签署生效的自由贸易协定为 14 个；欧盟和日本紧随其后，前者目前已缔结自由贸易协议 46 个，后者在 2002 年以后签订了 9 个经济

伙伴关系协定。① 以美国为首的西方发达国家既是知识产权国际保护制度的
强大引领者，同时也是有力的破坏者，"TRIPs-plus"谈判不仅严重破坏了
知识产权国际保护的协调，而且也揭露了发达国家以国际组织为工具，以知
识产权保护为手段，视国际规则为游戏的实用主义态度。广大的发展中国家
并没有坐以待毙，在世界贸易组织的框架内积极推动 TRIPs 协定本身的修
订和完善的同时，还积极利用世界知识产权组织和联合国教科文组织等国际
组织平台积极反映利益诉求。

　　首先，TRIPs 协议与国际人权的矛盾和冲突成为后 TRIPs 时代的重
要议题之一，包括公共健康的维护、少数民族和土著群体的利益等都与
TRIPs 协定存在矛盾与冲突。1996 年世界卫生组织（WHO）就"关于
TRIPs 协议对公共健康影响"建议成员国进行评估。2000 年，联合国人权
促进保护小组委员会发表了《知识产权与人权》的协议，并审查了 TRIPs
协定对国际人权带来的影响，宣称："由于 TRIPs 协定的履行没有充分反映
所有人权的基本性质和整体性，包括人人享有获得科学进步及其产生利益
的权利、享受卫生保健的权利、享受食物的权利和自我决策的权利，所以，
TRIPs 协议中的知识产权制度作为一方与另一方的国际人权法之间存在着
明显的冲突。"② 这表明了知识产权保护应当与人类的共同利益保持一致，当
人权与 TRIPs 协定相矛盾时，应当全面且充分地将国际人权公约所规定的
义务放在优先地位。当然知识产权也是人权的一种，但是，出于对基本人权
的尊重和公共利益的目的，知识产权制度应实行"利益平衡"原则，确保知
识产权与公共利益的平衡。自 TRIPs 协议生效以来，知识产权一体化和高
标准的保护在一定程度上伤害了广大发展中国家民众的人权，发展中国家更

---

① 参见李丹萍、杨静《自由贸易协定中的商标权 TRIPS-plus 条款研究——基于美国、
　　欧盟、日本的比较》，《广西社会科学》2013 年第 2 期。

② UN Commissionin Human Rights：Intellectual Property and Human Rights，2000，E/
　　CN1.4/Sub.2/2000/7.

应联合起来推动国际知识产权保护与国际人权保护的协调发展。在发展中国家的大力推动下，2001 年召开的世界贸易组织多哈部长会议通过了《关于知识产权协议与公共健康的宣言》，该宣言强调修改 TRIPs 协议中的相应条款，以应对和解决公共健康问题，维护最广大民众的基本人权。依照该宣言的要求，2003 年 8 月，世界贸易组织总理事会于 2003 年通过了落实多哈宣言的决议，世界贸易组织全体成员就 TRIPs 协议中关于发生公共健康危机时，发展中国家和最不发达国家可对专利药品实行强制许可的修改达成共识，作为临时性措施实施，以帮助发展中成员和最不发达成员解决公共健康问题。2007 年，联合国人权理事会又通过了《联合国土著人民权利宣言》，进一步保障土著人民自身的制度、文化和传统以及按照自身需要和愿望选择发展道路的各项权利，保护土著人不受歧视，宣言承认，"土著人民和个人享有自由，与所有其他民族和个人平等，有权在行使其权利时不受任何形式的歧视，特别是不受基于其土著出身或身份的歧视"（第 2 条）。第 31 条规定，土著人民"有权保持、掌管、保护和发展自己对这些文化遗产、传统知识和传统文化体现方式的知识产权"。此后世界知识产权组织开展相关工作时经常提到《联合国土著人民权利宣言》，以此作为政策支撑和实践依据。

其次，TRIPs 协议在传统知识、遗传资源以及传统文化艺术、民间文学艺术等领域并未有实质性的推动，这也成为后 TRIPs 时代各国各方争论和博弈的重要内容。2000 年，在日内瓦举行的世界知识产权组织第 26 届大会上成立了"知识产权与遗传资源、传统知识和民间文学艺术政府间委员会"（WIPO-IGC）。该政府间专门委员会多次召开会议，在国际范围内开展了对传统文化艺术、传统知识、民间文学艺术等知识产权保护问题的研究，形成了许多具有重要指导意义的法律文件和规则制度。对于这一问题，世界贸易组织也尤为重视但也充满争议，2001 年世界贸易组织多哈会议通过的《多哈部长宣言》中第 19 段、第 12 段，TRIPs 协定第 27.3 条、第 71.1 条的有关规定授权，TRIPs 理事会例会将传统知识和民间文学艺术的保护纳入谈判议题。^①印度尼西亚、巴西、非洲成员、印度、厄瓜多尔、委内瑞拉和中国等广大发展中成员与最不发达成员，普遍支持在 WTO 框架下讨论传统文化艺术的知识产权保护问题。^②由于美国、日本、澳大利亚、加拿大和欧盟等发达成员对此兴趣不高，加之对传统文化艺术、传统知识和民间文学艺术保护问题已经被纳入世界知识产权组织的工作日程，因此，发达国家对此议题的谈判态度十分消极，反对在世界贸易组织框架下讨论传统文化艺术的保护。尤为重要的是，广大发展中国家在世界知识产权组织框架内存在较大争议，在世界贸易组织谈判框架中又保持谨慎态度，这也没有形成对该问题的实质性推动。例如以巴西、印度为首的发展中成员没有单独就传统文化艺术或民间文艺等的保护议题递交独立的文件或提案，而是将该议题与有关《生物多样性公约》谈判议题一并加以处理，因此谈判没有取得进展。TRIPs 理事会决定留待世界知识产权组织对此做进一步研究并提交相关研究报告后予以讨论。^③鉴于发达国家的消极态度、发展中国家的谨慎态度，以及传统文化艺术知识产权保护议题自身的复杂性，在世界贸易组织这一国际组织平台上，在 TRIPs 协定中明确增加保护传统文化艺术知识产权保护条款的可能性并不大。

相比之下，世界知识产权组织成立的 WIPO-IGC 积极推动传统文化艺术等相关领域知识产权保护调研、讨论和制度建设，成果众多，取得实质性的推动效果。2001 年 5 月，WIPO-IGC 召开第一次会议向各成员国的

---

① 根据《建立世界贸易组织协定》第 4 条的规定，世界贸易组织设立一个"总理事会"，同时设立"货物贸易理事会""服务贸易理事会"和"与贸易有关的知识产权理事会"（简称 TRIPs 理事会）。在 1995 年 1 月 31 日的世界贸易组织总理事会上，我国香港地区的哈宾森（Stuart Harbinson）被选举为 TRIPs 理事会主席。

② 参见刘光溪主编《坎昆会议与 WTO 首轮谈判》，上海人民出版社 2004 年版，第 204 页。

③ 参见孙振宇主编《WTO 多哈回合谈判中期回顾》，人民出版社 2005 年版，第 151 页。

立法状况以 WIPO/GRKTF/IC/Q.1 为格式进行问卷调查；第二次会议出台
了《有关国家保护民间文学艺术经验的初步总结报告》；第三次会议出台了
《民间文学艺术法律保护国家经验的最终报告》（ WIPO/GRKTF/IC/3/10 ）；
第四次会议对各国经验做了初步分析，并再向各成员国征求意见；2003 年 7
月，第五次会议产生了《传统文化 / 民间文学艺术表达法律保护综合分析报
告》（ WIPO/GRKTF/IC/5/3 ）；第六次会议根据前几次的总结和分析报告，
提出了新的保护民间文学艺术的文件《传统文化 / 民间文学艺术表达：政策
和法律选择》（ WIPO/GRKTF/IC/6/3 ）；2004 年 11 月，第七次会议审议了
第六次会议的文件后形成了两份新文件——《传统文化 / 民间文学艺术表达
的保护：政策目标和原则评述》（ WIPO/GRKTF/IC/7/3 ）、《传统文化 / 民
间文学艺术表达的保护：政策选择和法律机制》（ WIPO/GRKTF/IC/7/4 ）；
第八次会议审议了《传统文化 / 民间文学艺术表达的保护：目标和原则修订
本》（ WIPO/GRKTF/IC/8/4 ）；2006 年 4 月，第九次会议讨论了《保护传
统文化 / 民间文学艺术表达：目标与原则》（修订）。WIPO-IGC 成立以后针
对民间文学艺术、传统文化艺术等领域的讨论更为深入，能够全面调研目前
对于此问题的各方意见。在 WIPO-IGC 于 2004 年 7 月举行的第七次会议
上讨论和收到了来自哥伦比亚、伊朗、新西兰、美国及非洲知识产权组织
和国际商标协会等各方的书面反馈意见，世界知识产权组织秘书处于 2006
年 10 月起草完成了《保护民间文学艺术草案》，这是世界知识产权组织
（ WIPO ）多年来在民间文学艺术、传统文化艺术知识产权保护方面所做出
的努力的最新成果，其中列举的保护目标和原则对各国立法具有宏观指导作
用。《保护民间文学艺术草案》列举了供各国讨论的 13 项保护目标：承认
价值；增进尊重；满足各群体的实际需求；制止对民间文学艺术或传统文化
的滥用；赋予各群体权利；支持习惯做法和群体合作；有助于传统文化的保
护；激励群体创新与创造；促进思想与艺术自由、研究与文化的公平交流；
有助于文化多样性；促进社区发展和合法贸易；预防无效知识产权；增强确

定性、透明度及其相互信任。^①同时，还列举了九项保护原则：（1）反映有关群体的愿望和期望原则；（2）利益平衡原则；（3）尊重并与其他国际和地区协议或文件相协调原则；（4）灵活和全面保护原则；（5）承认文化表达的具体性质和特点原则；（6）与传统知识的保护相协调原则；（7）尊重原住民和其他传统族群的权利与义务原则；（8）尊重民间文学艺术、传统文化表达的习惯使用和传播方式原则；（9）保护措施有效并具有可操作性原则。^②这些保护原则，有的与保护目标重合，如第（1）项原则与《保护民间文学艺术草案》列举的第（3）项保护目标"满足各群体的实际需求"是一致的；有的相互之间存在交叉或重合，如第（3）项原则和第（6）项、第（7）项原则有一定程度的重合。总之，这些保护目标和保护原则为各国立法保护传统文化艺术提供法律依据和借鉴。

　　值得关注的是，与以世界知识产权组织为代表的知识产权司法保护路径相伴生的，是以联合国教科文组织为代表的传统文化艺术的行政保护路径。20世纪70年代以后很长一段时间内，世界知识产权组织和联合国教科文组织共同合作推动传统文化艺术的知识产权保护工作。后 TRIPs 时代，在广大发展中国家利益诉求的推动之下，联合国教科文组织大力推动国际和区域范围内建立相关行政法规和多边框架协议，并取得丰硕的制度成果。最为典型的就是2003年10月联合国教科文组织大会在巴黎举行第三十二届会议，会上通过了《保护非物质文化遗产公约》，该公约的缔结是对《保护世界文化和自然遗产公约》的补充，旨在保护无形文化遗产。1972年《保护世界文化和自然遗产公约》在保护有形文化遗产保护方面已取得了卓有成

①　See WIPO, *The Protection of Tradition Cultural Expressions/Expressions of Folklore:Draft* Objectives and Principles(WIPO/GRTKF/IC/10/4ANNEX),published on October 2,2006,p.1.

②　See WIPO, *The Protection of Tradition Cultural Expressions/Expressions of Folklore:Draft Objectives and Principles*(WIPO/GRTKF/IC/10/4ANNEX),published on October 2,2006,p.6.

效的成绩，但它对"文化遗产"范围的界定仅限于有形的历史文化遗产，而人类文化多样性特征广泛存在于丰富多彩的非物质文化遗产中。《保护非物质文化遗产公约》的缔结意义重大，公约序言中指出"各群体，尤其是土著群体，各团体，有时是个人在民间文学艺术的创作、保护、保养和创新方面发挥着重要作用，从而为丰富文化多样性和人类的创造性作出贡献"，公约不仅对非物质文化遗产的主体予以法定认可，还首次明确了非物质文化遗产这一保护客体或对象，并通过枚举式的方式列举了非物质文化遗产的保护范围，这是在过去保护自然遗产基础上的一大进步。《保护非物质文化遗产公约》属于一种调整国家和政府与社会文化领域之间、各国之间文化交流与合作的法律公约，表现为以国家和政府主动采取各种行政措施和行政手段，以国家和政府的强制公权力进行非物质文化遗产的保护，主要手段包括对非物质文化遗产各个方面的确认、立档、研究、保存、保护、宣传、弘扬、传承（主要通过正规和非正规教育）和振兴。

综合以上，在有关国际组织和广大发展中国家的推动下，传统文化艺术、民间文学艺术以及传统知识、遗传资源等相关领域的立法与实施都取得了很大进展。总体而言，传统文化艺术知识产权保护的制度变迁和路径大致有三个方面：一是以世界知识产权组织为代表的从国际私法角度，探讨在民商法领域对传统文化艺术进行知识产权保护的国际规则，例如 2000 年成立了"知识产权与遗传资源、传统知识和民间文学艺术政府间委员会"（WIPO-IGC），2006 年起草的《保护传统文化表现形式 / 民间文艺表现形式：经修订的目标与原则》，2018 年起草讨论《保护传统文化表现形式：差距分析更新草案》等；二是以联合国教科文组织为代表的国际组织力主推进的以国际公法的视角，对广大发展中国家、原住民和土著群体文化权益的政府行政保护，例如 1972 年通过的《保护世界文化和自然遗产公约》、2001 年通过的《世界文化多样性宣言》、2003 年缔结的《保护非物质文化遗产公约》、2007 年联合国通过的《原住民权利宣言》以及 1989 年国际劳工组织通过的《原住民和部落人民公约》等一系列国际条约；三是以世界贸易组织通过的《与贸易有关的知识产权协定》(TRIPs 协议) 为代表的，采取有针对性的政策以及贸易措施将本属于私权领域的知识产权问题赋予了更多国家意志。西方发达国家将有益于自己优势的知识产权，如专利、商标、软件、版权等与国际多边、双边贸易紧密挂钩，不断强化知识产权优势，客观上也造成了广大发展中国家对既定规则的抗争。总之，后 TRIPs 时代，传统文化艺术的知识产权保护展现出一幅多元多样广阔的制度图景，每一种路径和制度的探索都为我们构建传统文化艺术保护的制度矩阵提供参考和借鉴。

第三节　制度的路径依赖与路径分析

无论是从知识产权制度发展的历史变迁，还是从国际国内法运用知识产权法解决传统文化艺术等领域的纠纷矛盾的实践经验来看，传统文化艺术知识产权保护都尚存争议，但制度建构却日益清晰。构建以知识产权制度为主，政府行政为辅，社会民间力量共同参与的制度架构是保护和发展传统文化艺术的必然趋势，这张全面系统、层层递进、相互补充、疏漏有秩的"制度之网"将为传统文化艺术提供安全有效且富有生机活力的保护。

一、传统文化艺术保护两种路径分析

一般而言，为防止侵犯、盗用和滥用传统文化艺术可以采取两种保护模式或路径：一是积极保护，即指通过明晰、确立和承认传统文化艺术所有者的相关权利以及能够被他人利用的权利，以事先或先验的规则划定保护范

围，实施保护举措；二是防御保护，则主要针对长久以来传统文化艺术具有
一定的公开性等特征，采取其他补救措施和手段来确保第三方无法通过利用
传统文化艺术来获得知识产权，或者即便获得这种权利也使之无法行使，宣
布无效，这更多的是一种事后救济措施。前者是一种主动作为，争取权利的
保护模式，通过积极确权的方式对传统文化艺术来源、所有者以及利用者的
权利进行明确界定，赋予传统文化艺术来源群体及传承人对传统文化艺术享
有排他垄断使用权，如著作权、邻接权、商标权、专利权或其他知识产权
等，以清晰的界定权利范围来实现对传统文化艺术的知识产权保护；后者是
一种事后作为，弥补救济的保护模式，是通过政府行政手段，运用公权力建
立传统文化艺术数据库、完善传统文化艺术所有者的登记手续或者其他有关
于传统文化艺术的文献化整理等措施实现对传统文化艺术的挖掘、保存和保
护。防御保护也是基于对长久以来相对公开的传统文化艺术在被侵权、盗用
和滥用时，传统文化艺术来源群体或传承人可以禁止他人对其创造或传承的
传统文化艺术享有知识产权；即使他人已经获得积极知识产权，也可以通过
数据库、事先登记或者文献化存储等得到所谓"在先技术"的印证和佐证，
进而撤销第三方侵权的权利。传统文化艺术的消极保护模式的设置在一定程
度上要达成"预防无效知识产权"保护目标，就是即便传统文化艺术来源群
体自己不能获得积极的知识产权，但也有能力和举措支持反对他人获得相关
知识产权。

当前，国际组织和各国政府在保护传统文化艺术的具体实践中，越来
越多的动议尝试对传统文化艺术建立完善的数据库，做好入库登记和文献化
整理，这是作为对传统文化艺术知识产权保护的补充和完善。世界知识产权
组织知识产权与遗传资源、传统知识和民间文学艺术政府间委员会（WIPO-
IGC）在全球范围内进行了利益相关者对于数据库和登记机关的需求和目标
的系统性研究。其中，为涉及传统知识和传统文化艺术等数据库制定了知识
产权目标，包括禁止对已经披露的传统知识授予专利、对传统知识的积极权

利的公开、用于对其进行保护的登记制度、参与知识产权信息网络以及相关
文献化的知识产权管理等。此外，也涉及数据库的非知识产权目标，包括挖
掘保存和整理古老的传统知识和文化艺术、便于开展民族或族群之间的文化
信息交流、本民族传统文化的传承和可持续发展、非商业目的性使用的公共
传播和学习等。①

　　因此，传统文化艺术保护制度建构是在直接保护与间接保护相统一的
过程中建立积极保护与消极保护相配套的综合保护机制，既要有对传统文化
艺术所有者或者来源群体相关知识产权的直接保护措施，使所有者或来源群
体可直接获益，也要有应对第三方侵权的相关行政举措的间接保护措施，即
便不能使得所有者或来源群体直接受益，也须确保其知识产权权益不受侵犯
和破坏。积极保护措施与防御保护措施两者相互补充、相得益彰，才能应对
传统文化艺术保护和利用过程中出现的各种不确定性和可能存在的制度空
隙，并对此予以纠正和完善。有鉴于此，传统文化艺术保护就是要建立一个
以知识产权积极保护为主的，以政府行政救济、现代技术支持和社会力量广
泛参与的防御保护措施为辅的多重互嵌的制度矩阵。

二、传统文化艺术知识产权保护的路径依赖

　　传统文化艺术保护"主—辅—补"多重互嵌的制度选择和制度矩阵的
建构，微观上是与知识产权制度自身发展变迁的路径依赖紧密相关，宏观上
与中华传统文化源远流长的社会环境与制度情境以及当代我国的知识产权发
展战略相契合。何谓路径依赖（path dependence）？路径依赖是政治科学
流派之一历史制度主义的重要概念之一，指某种制度会产生和形成独特的发

---

① 参见［德］Silke von Lewinski 博士编著：《原住民遗产与知识产权：遗传资源、传
　　统知识和民间文学艺术》，廖冰冰、刘硕、卢璐翻译，许超审定，中国民主法制出
　　版社 2011 年版，第 82 页。

展路径。例如，现存的某种制度遗产及所形成的某种制度功能会对随后的制度或政策选择产生巨大的影响。皮尔森（Paul Pierson）在《回报递增、路径依赖和政治科学研究》一文中对路径依赖的概念进行了深入分析。他认为在社会科学研究中，路径依赖有广义和狭义之分，广义上的路径依赖泛指前一阶段所发生的事情会影响到后一阶段出现的一系列事件和结果；狭义的路径依赖则指倘若某个国家或地区沿着某种制度或道路发展，那么扭转和退出的成本将会非常昂贵，即便存在着另一种选择的情况之下，特定的制度安排所构筑的壁垒将阻碍假如初使选择时非常容易实现的那种转换。① 总之，制度的路径依赖就是指制度生成以后，犹如有机生命体一般沿着自身的制度逻辑不断形成对内对外的自我强化和完善机制。一方面，通过连续的学习效应使制度本身产生一种自我巩固、捍卫和强化的机制；另一方面，通过外部的合作效应使制度之外形成有利于制度自身生存的制度群和适应性环境。对内对外两个方面都使得扭转、改变或退出这种制度的成本将随着时间的推移越来越昂贵且越来越困难。

　　从制度的路径依赖角度来分析就不难理解为什么知识产权制度本身从形成以来，伴随时代的发展，其保护的客体不断扩大，知识产权制度本身从最原初的版权、专利和商标基础之上不断扩展。同时，为了拱卫和维护知识产权制度的顺利运转和长久维系，无论是国际社会还是主权国家都会建构一些与知识产权制度相关的政策、规则，并尽量设置更多的否决点维系知识产权制度的正常运转，防止它被改变。因此，知识产权制度并不是单独存在的，它的存在必然会有相关联的制度来与之配套，从而在制度与制度之间形成了相互适应、相互补充和相互配合，形成了相互拱卫又高度契合的制度群或制度模块，共同走向更大规模和更整合的制度路径依赖。从经济学的角度

---

① See Paul Pierson, "Increasing Returns, Path Dependence, and the Study of Politics", *American Political Science Review*, Vol.94, No.2, June 2000, pp.251-266.

而言，制度的路径依赖较为科学地维护了社会治理的制度成本，以及人们对制度转换可能形成的交易成本；从政治学的角度而言，制度的路径依赖更为合理地保持了社会的稳定，避免因制度转换、变革而导致的社会动荡的发生；从社会学的角度而言，制度的路径依赖也有利于人们自觉形成对某种制度的预期，在此基础上形成默契的契约和行为方式，从而减少和规避制度本身的各种缺陷和不确定性。因此，无论是制度设计和生成的特殊逻辑，还是来自政治生活、经济生活以及更为广阔的国际社会活动所存在的独特机制，制度的路径依赖现象都普遍地存在，并深刻影响和决定各类政治行为和社会行为。

从制度本身的微观视角来看，知识产权制度自身发展变迁的路径依赖是传统文化艺术保护"主—辅—补"多重互嵌制度选择的内因。知识产权制度从诞生之初，主要是出于鼓励发明创作而形成专利制度，基于维护出版者权益和作者权益而形成版权或著作权制度，但伴随时代发展，各类不同表现形式的智力成果纷纷涌现，知识产权保护客体的范围不断扩大，知识产权制度本身在学习效应和合作效应的加持下，不断进行制度的自我强化和完善，形成知识产权制度的路径依赖。20 世纪五六十年代，知识产权保护客体增加了对植物新品种的内容；20 世纪七八十年代，又增加了对生物材料动物和植物进行保护；20 世纪八九十年代，又开始讨论增加对数据库这一新生事物的知识产权保护。知识产权制度是一个不断变化、发展和完善的制度，技术的不断发展要求知识产权制度自身不断地与时俱进，适时调整和扩大主客体内容。进入 21 世纪，伴随互联网信息技术的蓬勃发展和大数据时代的来临，利用相关算法对海量数据进行处理、分析和决策，在信息社会中普遍运用，对于海量数据信息和数据分析模型等的保护也将成为知识产权制度普遍涉及和讨论的范畴。同样，随着文化产业的蓬勃发展，知识产权制度的自我强化机制也会使得著作权本身延伸到对传统文化艺术领域进行保护。值得注意的是，与其他技术和知识信息不同的是，传统文化艺术本身具有文化认同、民族认同、文明传承和多样性等文化、政治和社会的价值属性，而传统文化艺术的这种内在价值受到损害势必直接关系到一个国家、一个民族的内在认同，直接影响到国际社会中正常的文化交往和交流，甚至关涉整个人类文明的长远发展。从制度的路径依赖角度来看，在众多的制度设计中，知识产权制度自然是最靠近传统文化艺术这一客体，并且是制度成本、治理成本最为合理，制度适应性预期最好的制度选择。毫无疑问，知识产权制度必定是传统文化艺术保护制度架构中最优先的制度选择，也是保护传统文化艺术制度矩阵中最核心的制度内容，其他的制度、规则和政策都是围绕知识产权制度形成外在的补充和完善。

从国家宏观发展视角来看，中华传统文化源远流长的社会环境与制度情境以及当代我国的知识产权发展战略是传统文化艺术保护"主—辅—补"多重互嵌制度选择的外因。众所周知，现代知识产权制度发端于西方，与欧洲的商业贸易和工业革命形成互生互长的促进关系。中华民族创造了璀璨夺目的中华传统文化和丰富多彩的智力成果，但是，在自给自足的自然经济与重农抑商的政策环境，以及"窃书不为偷""教会徒弟饿死师傅"等忽视智力成果产权属性的传统观念，使得现代知识产权制度并没有在古老的中国大地上萌发并成长。那么，中华传统文化艺术又依靠什么延续几千年并不间断地向前传承和发展？从历史唯物主义角度来看，我国在对待传统文化艺术的传承和发展仰仗于除了知识产权制度外独特的一套适合我国国情的行之有效的制度，最典型的就是匠籍制度。匠籍制度是中国古代官府对从事手工业和工艺艺术的工匠分门别类进行登记造册，编订特别的户籍制度，每年由官府财政为"匠籍户"发放生活费用，保证其基本的生活来源。同时，匠籍制度规定匠不离局、匠役永充，凡被编入匠籍的工匠，子孙世代承袭，不得脱籍改业。秦朝时期，匠籍制度已发展得十分完备，小到各种手工艺品制作，大到大型宫殿的建造，匠籍制度都发挥了重要作用。一直到明朝中后期，为适应商品经济发展和促进民间手工业生产的发展，匠籍制度开始进行变革，匠籍者可自由从事工商业，这使得匠籍者人身束缚大为削弱。清朝顺治二年（1645），持续了千余年的匠籍制度正式终结，匠人才获得自由身份。总之，这种藏匠于民、官搭民烧、登记造册、世代承袭的匠籍制度不仅为政府节省了财政支出，还保证了传统文化艺术和民间技艺稳定的传承和发展。官方通过行政手段进行登记造册、财政补助等救济途径，使得在商品经济尚不发达的封建社会保护和支持传统手工艺术的传承与发展，这为目前国家政府进行传统文化艺术保护的行政救济奠定了深厚的历史渊源。

相比我国历史上存续时间悠久的匠籍制度，知识产权制度是一个"舶来品"，改辙于此势必要与中国普遍的国情和社情相融合，并呈现从最初"被动移植"到"主动安排"再到"积极部署"的制度变迁路径。有鉴于此，我国知识产权制度是建立在学习西方知识产权制度的核心要义和基本原则基础之上，与中国政治、经济、文化、社会和科技的发展实践紧密结合，以调整文化、知识等无形资产的产权为目的的符合中国国情的制度设计。其中，最典型的就是知识产权制度中的私权属性与我国传统的集体主义文化之间的矛盾和融合。个人主义文化与集体主义文化属于两种不同的文化类型，前者更强调个人的目标与价值的实现，后者则认为集体的利益和目标要高于个人的目标与利益。中国儒家文化和"家国天下"的集体主义情怀对中国现代国家政治制度设计和社会秩序安排影响深远，"君子喻于义，小人喻于利"的义利观和"贵公"的公私观体现在制度设计上会要求个人利益服从服务于集体利益，这明显又与现代知识产权私权属性相背。有鉴于此，新中国在刚刚成立后，曾颁布过《保障发明与专利权暂行条例》等五个发明奖励条例，但条例规定发明的所有权在国家，全国各个单位都可以无偿利用。可见，那时相关知识产权的制度设计底层逻辑和思想观念认为集体利益比个人利益重要，集体对个人的发明给予奖励，个人的发明成果应当毫无保留地为集体所无偿使用，当然也与当时强大的国家公有制经济有紧密关系，新中国成立初期的计划经济之下的市场组织和市场环境还相对薄弱，知识产权制度设计就具有明显的轻私权、重公权的倾向。伴随改革开放和社会主义市场经济的建立，特别是 21 世纪加入世界贸易组织等国际组织之后，我国又不断修订和颁布实施了几部知识产权法，逐渐形成比较完整的适合于社会主义市场经济的知识产权制度。

综上，皮尔森曾对路径依赖作的狭义和广义之分，知识产权制度从诞生之日起，就通过学习效应和合作效应，沿着自我强化的路径不断发展，以至于扭转和退出的制度成本越来越高昂，尽管目前知识产权制度本身的制度设计与传统文化艺术这一客体之间还存在诸多矛盾和冲突，但这依然不能阻挡知识产权制度成为保护传统文化艺术的最优制度选择。与此同时，从广义角度而言，我国历来重视运用国家和政府的公权力，通过各种行政手段来保护、传承和发展传统文化艺术，从广义的路径依赖含义理解，这也将影响到传统文化艺术知识产权保护的制度矩阵的建构。因此，构建以知识产权制度为主，以政府行政救济、现代技术支持和社会力量广泛参与的制度群为补充的多重互嵌的制度矩阵体系，是从历史与现实、理论与实践、路径依赖与制度变迁全面考察所得出的结论。

三、传统文化艺术知识产权保护的政策建议

如前文所述，传统文化艺术与知识产权制度之间存在兼容与冲突，而知识产权制度的路径依赖又客观上为传统文化艺术的保护提供制度空间和价值。鉴于我国的历史文化传统、制度模式、多民族融合等具体国情，我国在探索传统文化艺术知识产权保护的过程中一直在不断寻找、调整知识产权制度的最佳平衡点，这个平衡点是由我国政治、经济、技术和文化发展变化的实际情况决定的。2008 年，国家知识产权战略强国已然将传统文化艺术的保护问题纳入其中，党的十九大提出中华传统文化创造性转化和创新性发展，党的二十大再次强调要坚守中华文化立场，提炼展示中华文明的精神标

识和文化精髓，讲好中国故事，传播好中国声音，推动中华文化更好走向世界。综上所述，从我国宏观发展的战略部署和文化建设顶层设计来看，中华优秀传统文化艺术不仅仅要传承好，更要在新的时代背景和市场环境之下充分运用好、利用好，使其发扬光大，走向世界。

对于传统文化艺术的保护、发展和利用不能仅依靠国家和政府等强制力量，而要在成熟的社会主义市场经济环境中，遵循价值规律和市场规律，创造出实际的经济效益和社会收益，才能更好地发扬光大。知识产权制度在市场经济环境之下激发传统文化艺术的潜力和活力，实现传统文化艺术的创造性转化和创新性发展将发挥重要的激励作用，而国家和政府公权力在妥善解决传统文化艺术知识产权保护中存在的法规衔接与冲突矛盾等问题方面将发挥保障和救济作用；同时，积极挖掘和利用社会力量是传统文化艺术保护的主体回归，特别是鼓励支持社会组织参与到传统文化艺术的知识产权保护中来，以弥补传统文化艺术知识产权主体困境的问题。由此，构建以国家和政府为主体的自上而下的行政保护与以权利人或集体组织为主体的自下而上的司法保护相结合的多主体多系统的综合保护机制，以知识产权司法保护为核心，政府行政救济为辅助，社会组织广泛参与作为重要补充的"主—辅—补"多重互嵌的制度矩阵建构，是传统文化艺术知识产权保护的政策选择。

（一）现行的知识产权法律框架下拓宽传统文化艺术的保护

知识产权的概念分歧早已是法学界普遍接受的问题，有学者认为"知识产权"一词就是一个将若干迥异的法律制度糅合在一起的杂物箱，这些法律制度均独立制定，使用范围不同，运作方式有异，反映不同的政策观点。[①]我国学者们最初定义知识产权概念时，是借鉴了《建立世界知识产权组织公约》《与贸易有关的知识产权协定》以及世界知识产权组织等国际公约

---

① 参见刘春田《中国知识产权四十年》，知识产权出版社 2019 年版，第 131 页。

或国际组织的定义方式，采用枚举和列举外延的方法，认为"知识产权是对包括著作权、专利权、商标权、发明权、发现权、商业秘密、商号、地理标记等科学技术成果权在内的一类民事权利的统称"[①]。这一概念的典型特征就是采用枚举法，但随时代发展知识产权的外延在不断修正和补充之中，目前我国现行的知识产权法律制度包括著作权法、专利法、商标法、反不正当竞争法等。

我国现行的知识产权法律制度是伴随着改革开放社会主义市场经济体制建立而不断发展完善的。1978 年 12 月，我国开始实施改革开放，现代知识产权制度建设也拉开序幕，无论是对内从计划经济向市场经济过渡阶段的法制建设的需要，还是适应对外开放交流的发展步伐，现代知识产权法律框架下的商标法、专利法、著作权法、反不正当竞争法等知识产权法律文本都逐步建构。2001 年 12 月，我国加入世界贸易组织，这也成为知识产权制度发展完善的关键节点，对外要建立和完善一个与国际规则接轨的知识产权法律体系，对内要适应建设创新型国家的战略目标。21 世纪以后，商标法、专利法、著作权法等知识产权法适时进行了修订和完善。目前，现行知识产权法律框架大致包括著作权保护模式、商标权保护模式、专利权保护模式、地理标识保护模式以及反不正当竞争保护等，每一种知识产权保护模式都具有明确的客体对象、保护特征以及途径方式。如果基于主—客体方法论进行知识产权制度构建，知识产权制度容易被分解为适应不同领域或不同保护对象的制度模块；然而，要是基于整体性和系统论的方法论，知识产权制度本身就是有机组成、相互联动的浑然一体的制度矩阵。事实上，在现实的社会实践中，运用上述各种知识产权保护模式来进行传统文化艺术保护的司法案例比比皆是，这也为进一步研究在现行知识产权法律框架之下逐步拓宽和完善传统文化艺术保护提供实践借鉴和制度依据。

---

① 刘春茂主编：《中国民法学·知识产权》，中国人民公安大学出版社 1997 年版，第 1 页。

　　无论是著作权保护模式，还是商标权保护、专利权保护或者反不正当竞争保护模式，这些知识产权保护模式都是通过界定权利边界，明晰权利主体，划定权利范围等方式实现对传统文化艺术的积极保护。同时，对于各种以利用和使用传统文化艺术谋取经济利益或其他利益的侵权行为，以上知识产权保护模式也能履行侵权责任认定，进而为传统文化艺术提供司法救济等保护路径。

表 5-1　传统文化艺术知识产权保护分类

	编号	项目类型	实践范畴	主要适用的知识产权制度	举例
传统文化艺术	1	传统文学（古老的传说、流传已久的民间故事等）	文学创作	著作权	《花木兰》《白蛇传》
	2	传统美术（绘画、雕塑艺术、工艺美术、建筑艺术、书法艺术等）	艺术实践	著作权/地理标识	梁平年画、安塞剪纸、苏州园林、徽派建筑、福建土楼等
	3	传统音乐艺术（传统民间小调、传统器乐演奏、传统说唱音乐等）		著作权/地理标识	"四川清音"中的《麻城调》《泗州调》《放风筝》等；广东音乐中的《梳妆台》《绣红鞋》《剪剪花》；山西民歌等
	4	传统舞蹈艺术（传说乐舞、祭祀舞蹈、古代武舞、有记载的民间舞蹈、杂技等人体语言艺术）		著作权	铜梁龙舞、羽舞、剑舞等
	5	传统戏剧艺术（秧歌、皮影戏、傀儡戏、说唱艺术、各种地方戏曲、宗教戏剧等）		著作权	昆曲、晋剧、豫剧、黄梅戏、吕剧、川剧等
	6	传统曲艺艺术（评书、鼓词、弹词、快板、快书、相声等多种说唱艺术形式）		著作权	京韵大鼓、扬州清曲、东北大鼓、安徽琴书、绍兴莲花落、二人转等
	7	传统技艺（剪纸镂刻、印染织绣、棉毛葛麻织、刺绣、陶瓷、金属工艺、漆饰工艺、传统服饰、扎彩等）	生产生活实践	著作权/商标/专利/地理标识/反不正当竞争	中国传统刺绣，苗族服饰图案，苗族服饰所运用的中国民间的织、绣、挑、染的传统工艺技法等

1. 著作权保护

从传统文化艺术的各种类型来看，著作权保护模式与传统文化艺术保护契合度是最高的，实践中，无论是国际范围内还是各国家都较早地运用著作权法来开展传统文化艺术保护工作。例如，1967 年的《保护文学和艺术作品伯尔尼公约》中对文学艺术作品范围的规定就包括科学和文学艺术领域内的一切作品，对其表现方式和形式并没有更具体的要求，这已然很明确地为传统文化艺术保护提供了保护依据。1977 年，非洲知识产权组织《班吉协定》作为地区组织签订的区域性条约更为明确地为传统文化艺术提供了保护。而对于各个国家而言，运用著作权法来进行传统文化艺术的保护则更为久远，早在 1889 年威尼斯就制定了《文学艺术版权法》，并规定了有关文化遗产和传统文化艺术保护的知识产权。20 世纪，更多的发展中国家，例如坦桑尼亚、突尼斯等为保护本国的传统文化艺术纷纷颁布新的著作权法。各个国家的著作权法都对传统文化艺术的拥有者有明确的界定，大多数以国家作为传统文化艺术的主体，并对各种以营利为目的的利用和使用传统文化艺术的行为，进行行政许可和缴纳相关管理费用来进行管理，所得费用通常又作为文化基金。各国的著作权法中对于传统文化艺术的著作权保护期的规定也不同于其他艺术作品，认为传统文化艺术不受时限限制，这也凸显出在著作权司法保护下的知识产权行政执法存在的可能性和必要性。

著作权保护模式的保护客体范围宽广，保护主体清晰明确，权利项目设置系统全面，这些都表现出对传统文化艺术提供法律保护的制度价值和依据。每个国家的著作权法的权利体系并不完全相同，我国的著作权法的制定和颁布起步较晚，随着时代发展要求对著作权法的完善和修订更为主动积极，1990 年通过《中华人民共和国著作权法》后，每隔 10 年修订一次，先后历经 3 次修订，分别是 2001 年第一次修订，2010 年第二次修订，2020 年第三次修订。2021 年 6 月 1 日起实施的修订后的著作权法共 6 章，67 条。著作权法 3 次修订都是为了适应我国经济社会发展和文化事业繁荣发展过程中出现的新情况和新问题，例如网络化、数字化等新技术所带来的侵权风险，著作权归属与侵权标准难认定，维权成本与侵权赔偿数额低之间的矛盾，侵权行为难认定与证据获取途径不畅通之间的矛盾，权利保护实际效果与权利人的期待之间的矛盾等，这些问题和矛盾构成实现传统文化艺术有序传承和实现高质量发展所要面对和解决的关键，也成为现行著作权保护模式完善和发展的破题之处。

众所周知，在著作权法中，"思想—表达二分法"是一项重要原则，即著作权法保护的是有形的具体的文字、音乐、舞蹈、美术等各种表达方式，并不保护无形的抽象的思想、观念、构思和创意等思想。当然，这一基本原则也是符合知识产权激励理论、法经济学理论和维护思想自由与表达自由的权利。事实上，这一"思想—表达二分法"对传统文化艺术作品判定是否侵权也构成一定困难。在具体实践中，判定其是否构成抄袭或侵权有一个重要的条件就是"接触＋实质性相似"。所谓接触，就是在艺术创作过程中行为人是否存在对原有作品直接或间接的接触，这也是是否构成抄袭或侵权的先决条件。所谓实质性是指疑似抄袭作品与原作品相对比，是否存在实质性相似的部分，这是判定是否抄袭或侵权的关键要素。而如何界定"实质性相似"的尺度成为法理学、司法实践甚至艺术学领域极具争议的问题，究竟是多少情节、多少风格语言或动作素材算是构成实质性相似，这成为纠纷争议的焦点。对于文字作品、音乐作品、美术设计作品、舞蹈作品等，既可以通过创作台本或剧本，或者美术作品的图形、色彩、构图，或其它具象化的要素进行比对，也可以通过对舞蹈动作呈现的整体观感等抽象检验进行比对，来评判"实质性相似"的尺度。但是，依据"接触＋实质性相似"来判定是否侵权的标准，在具体的司法实务中情况是具体而复杂的，这也形成传统文化艺术与法学相关规则恰适性研究的复杂性，也成为著作权法逐步完善的制度空间。

第一，2021 年新修订后的著作权法中对保护客体进行了补充和完善，进一步扩大了著作权保护范围。文学、艺术和科学领域内的作品均在著作权保护范围之内，它既可以是自然科学或社会科学方面的作品，也可以是音乐、美术、文学、戏剧、雕塑、摄影等艺术作品。我国的著作权法中通过列举的方式明确的著作权保护的客体："（一）文字作品；（二）口述作品；（三）音乐、戏剧、曲艺、舞蹈、杂技艺术作品；（四）美术、建筑作品；（五）摄影作品；（六）视听作品；（七）工程设计图、产品设计图、地图、示意图等图形作品和模型作品；（八）计算机软件；（九）符合作品特征的其他智力成果。"[①] 其中，对原有"电影作品和以类似摄制电影的方法创作的作品"修改为"视听作品"，这是为应对互联网时代新生成或可能生成的新的网络作品的保护。另外，列举的第九部分内容对"符合作品特征的其他智力成果"为传统文化艺术留下了充分的制度空间。据此，传统文化艺术中的传统音乐、舞蹈、戏剧、美术以及民间文学等都可以运用著作权法来进行框定和保护。

第二，著作权保护模式的权利项目设置更为全面，主要分为著作权人的人身权和财产权，人身权包括作品的发表权、署名权、修改权、保护作品完整权等，财产权则包括作品的复制权、发行权、出租权、展览权、改编权等使用权和获得相应报酬的权利，以及与著作权相邻、相近或类似权利的邻接权，主要包括出版权和表演权。在我国修订后的著作权法中也通过枚举的方式明确规定："著作权包括：（一）发表权；（二）署名权；（三）修改权；（四）保护作品完整权；（五）复制权；（六）发行权；（七）出租权；（八）展览权；（九）表演权；（十）放映权；（十一）广播权；（十二）信息网络传播权；（十三）摄制权；（十四）改编权；（十五）翻译权；（十六）汇编权；（十七）应当由著作权人享有的其他权利。"[②] 基于权利的排他性，未经著作

---

① 《中华人民共和国著作权法》，中国法制出版社 2020 年版，第 18 页。
② 《中华人民共和国著作权法》，中国法制出版社 2020 年版，第 21 页。

权人许可或授权以及其他法定理由，擅自复制、改编或者表演等都属于侵权。2021 年修订后的著作权法对广播权的有关表述进行了修改，并明确了广播电台电视台播放的"载有节目的信号"享有信息网络传播权，以适应网络同步转播使用作品等新技术发展的要求。

第三，著作权保护模式对权利主体设置也更为清晰明确。依据我国著作权法，著作权人包括作者以及其他依照本法享有著作权的自然人、法人或者非法人组织。权利主体不仅仅局限于自然人，在一定特殊情况下，法人、其他组织；某一群体或集体，甚至政府或国家都可以成为著作权主体。此外，我国著作权法对于职务作品、合作作品、演绎作品、汇编作品、受委托作品以及视听作品等的著作权归属都进行了明确的界定，其中，第二章第二十一条明确著作权："没有承受其权利义务的法人或者非法人组织的，由国家享有。"[①] 在传统文化艺术保护上，由于流传久远，自然人主体难以辨认和区分，国家可以成为其著作权主体，这为运用著作权法保护传统文化艺术提供了司法依据。其实，有很多国家针对历史悠久的传统文化艺术早已在著作权法中规定了某些群体或者组织，甚至国家具有著作权主体身份。

第四，著作权保护模式对于主客体保护方式方法有所创新。依据新修订的著作权法第十二条新增加了作品登记制度，即作者等著作权人可以向国家著作权主管部门认定的登记机构办理作品登记，方便公众了解作品权利归属情况。同时，著作权法第八条规定，著作权人与著作权有关的权利人可以授权著作权集体管理组织行使著作权或者与著作权有关的权利。此外，我国的《著作权集体管理条例》针对著作权集体管理组织的设立方式、权利义务、使用费的收取和分配等又进行了详细的规定。著作权集体管理组织的主要职能包括两个方面：保护权利和合法使用。所谓保护权利就是保障和维护权利人的著作权，承担涉及权利人的著作权或者与著作权有关的诉讼、仲裁

---

① 《中华人民共和国著作权法》，中国法制出版社 2020 年版，第 21 页。

等；所谓合法使用就是接受权利人授权来控制作品的使用、与使用者谈判订立著作权或与著作权有关的权利许可使用合同、收取使用费以及最终将收来的使用费分配给权利人的组织。现实中围绕两个方面的主要职能，著作权集体管理组织利用信息技术建设"信息数据库"、加强国际交流与合作、促进艺术交流与传播等方面均发挥重要的作用。无论是作为保护客体的作品登记制度，还是作为著作权权利主体采用集体管理模式，都为传统文化艺术因历史久远、主体不清等原因造成的难以保护的困境提供了相应的解决路径。

综上，我国2021年第三次修订后的著作权法在主体、客体、权利设置和管理方式方法等方面都为实践中运用著作权法来保护传统文化艺术提供了法律参照和制度依据。尽管在著作权法第一章第六条明确"民间文学艺术作品的著作权保护办法由国务院另行规定"，但这可以视为为民间文学艺术作品等为典型的传统文化艺术保护的特殊立法保护或者其他行政立法留有制度余地，而并不是否认现行著作权法对传统文化艺术保护的可能性和适用性。恰恰相反，在实践中很多涉及传统文化艺术著作权保护的案例判决都是在现行的著作权框架之下进行的，例如，前文所列举的《乌苏里船歌》著作权案、安顺地戏署名权案、《和谐共生十二》作品署名权与著作权案等。无论是"署名权""改编权""保存作品完整性"等人身权，还是借助于其他的文化产品或服务取得应得的经济利益和财产收益，抑或是通过邻接权来获得其他的财产性权利，著作权保护模式都在一定程度上对传统文化艺术的传承、利用和发展创造了有利的司法保护环境。

2. 商标权保护

作为产业活动中的一种识别标志，商标是某种商品或服务的独特标志，它是社会经济发展到一定阶段的产物，也是市场经济健康有序运行的重要标志。商标表现为一个符号，商标法保护的不仅仅是这个符号本身，更是这个符号背后隐含的文化、品质和特性，以及其承载的美誉和信誉。传统文化艺术在走向市场并参与到文化产业和相关经济活动中，如果能运用具有独特标识的商标加以确证，那么商标权保护模式所具有的辨识度高、传播途径广、维护成本低等制度优势能够助力传统文化艺术在市场环境下的传承和发展。正是基于此，在早期关于传统文化艺术相关领域的知识产权保护中，很多发达国家建议和支持运用商标或者地理标识为传统文化艺术产品或服务提供保护，这与广大发展中国家主要运用著作权进行传统文化艺术保护的模式不尽相同。例如 1883 年的《巴黎公约》、1891 年的《制裁商品来源的虚假或欺骗性标志协定》（简称《马德里协定》）和 1958 年的《保护原产地名称及其国际注册协定》（简称《里斯本协定》）等有关工业产权的国际公约就是典型的运用商标或者地理标识保护传统文化艺术或传统知识等的约定。

　　我国的商标保护模式主要是通过商标主管机关依法授予商标所有人对其注册商标受国家知识产权保护的专有权，实行自愿注册、申请在先、按期续展的原则和要求。"老字号"可以理解为一种商业标识，其体现的权利包括老字号的注册商标，也可以是老字号店面特有的装潢、老字号商品的包装，以及以老字号为基础注册的网络域名等。我国商务部发布的《中华老字号认定规范（试行）》和各地出台的地方老字号认定或管理办法，对"老字号"也进行了定义，即历史悠久、拥有世代传承的产品、技艺或者服务，具有鲜明的中华民族传统文化背景和深厚的文化底蕴，取得社会广泛认同、并形成良好信誉的品牌。由于"老字号"通常是对那些具有鲜明的历史痕迹和文化特征，沿袭和传承了中华民族优秀的文化传统，具有独特的工艺的产品、技艺和服务等，它既可以是企业的名字，也可以是企业注册成功的商标，"老字号"与传统文化艺术具有较高的契合度。

　　除此之外，商标权保护模式中的地理标识也与传统文化艺术联系紧密。地理标识保护是指对产自特定地域，并源于该产地的自然因素和人文因素而形成的具有特定质量、声誉或其他特性的商品，地理标识是与地域紧密相连的具有商业价值的标志。传统手工艺或者传统艺术发端于某一地区并代代传承下来，通过注册地理标识集体商标或证明商标的方法，传统文化艺术来源地民众只要符合相关条件都可以进行产品开发，并使用统一的商标，使传统艺术或手工艺在市场化或产业化的过程中与其他商品或产品相区别，并以独有的特色和美誉度赢得认可，这有利于这一地区主动自觉、齐心协力地保护、传承和发展好传统文化艺术。目前，国际上有很多国家的传统社区或土著社区已注册了证明商标或集体商标或"真实性标签"，这些国家有澳大利亚、新西兰、加拿大、美利坚合众国（阿拉斯加）、日本、巴拿马等。日本是由大分县发起的一个村庄一种产品的倡议，使用了一种证明制度。从日本推出一个村庄一种产品的倡议以来，这一模式具有了示范榜样效应，泰国、印度尼西亚、老挝和柬埔寨竞相效仿，采用了这项举措。此外，美国采用了"广告的真实性"与标签法，美国以 1990 年的《印第安艺术与工艺品法》（IACA）为美国本土工匠提供保护，方法是经印第安艺术与工艺品委员会授权，确保本土工匠的印第安手工制品的真实性。IACA 是一部"诚信营销"的法律，防止销售以"印第安人制作"的名目而实际上并非由印第安人制作产品的商品，这部法律对此作出了规定。① 世界知识产权组织在《保护并弘扬您的文化：土著人民和当地社区知识产权实用指南》中曾列举了加拿大运用商标权保护进行传统文化艺术的相关保护，考伊琴（COWICHAN）部落位于不列颠哥伦比亚省温哥华岛考伊琴山谷地区，由七个传统村落组成，传统上，考伊琴部落露天居住，他们编制衣服和毯子以应对气候，其中包括已为人知的考伊琴毛衣。1995 年，不列颠哥伦比亚考伊琴部落理事会（Cowichan Band Council of British Columbia）向加拿大知识产权局提交了"COWICHAN"（考伊琴）商标申请。1996 年，该商标注册为证明商标。"COWICHAN"商标用于区别"服装，即贸易、背心、斗篷、帽子、无檐女帽、连指手套、围巾、袜子和拖鞋"。注册簿指出："该证明商标由认证者

---

①   See WIPO/GRTKF/IC/3/10,para. 122（ⅰ），http://www.wipo.int.

授权个人使用，将证明物品是由海岸赛利希部落成员使用根据传统部落方法制备的未经处理、未经染色的手纺原羊毛，按照传统部落工艺手编制成件。"这个例子表明土著人民和当地社区可以使用证明商标，证明其销售的产品是使用传统方法（传统知识）制作的。而我国也有景德镇陶瓷艺术、镇湖苏绣、南京云锦、青田石雕等类似集体商标来对传统文化艺术进行保护。

总之，商标权保护模式在传统文化艺术的保护中还有待更深入的挖掘，发挥更积极的作用，同时亟须重视发挥集体或社会组织的力量，在具体商标适用模式的设计上有更为全面系统的总体规划和行动方案，为传统文化艺术的知识产权保护开辟更恰当和适合的途径。

3. 专利权保护

专利权是指国家专利主管机关依法授予专利权人在一定期限内实施其发明创造的权利，是知识产权的一种权利类型。对于专利权保护的范围和理解各国都并不相同，我国专利法的专利保护对象包括发明、实用新型和外观设计，三者在同一部专利法中予以明确。但是，有的国家的专利保护对象仅指发明，例如德国；还有的国家的专利权保护对象包括发明、实用新型，外观设计则不属于专利权保护的范畴，而是属于另行立法进行保护的领域，例如日本。目前，使用发明、实用新型和外观设计等专利权保护模式对传统文化艺术进行保护，虽不多见，但也是尝试探索的知识产权保护方式之一。

众所周知，以专利法为主体的专利制度，旨在授予专利权人在一定期限内实施其发明创造的排他权，以鼓励发明创造，提高创新能力，促进科学技术进步和经济社会发展。专利法第二条明确专利包括发明、实用新型和外观设计。其中，发明是指对产品、方法或者其改进所提出的新的技术方案；实用新型，是指对产品的形状、构造或者其结合所提出的适于实用的新的技术方案；外观设计是指对产品的形状、图案，以及色彩与形状、图案的结合所作出的富有美感并适于工业应用的新设计。专利的申请和获得需要专利审查机构的审查，发明、实用新型和外观设计三种专利类型其侧重点均不一样，发明专利对产品和方法的技术方案予以保护，但需要进行实质审查，必须满足新颖性、创造性和实用性等条件才能授权；实用新型专利则只适用于产品发明；外观设计专利主要是工业产品富有美感的外观设计。后两种专利形式不需要进行实质审查，仅需初步审查后，就可以授权。在实践中，发明、实用新型和外观设计三种专利方式均可在不同程度上用于传统文化艺术的保护。

值得注意的是，作为工业产权之一的专利权，并不能给予传统文化艺术全方位的保护，相反，从保护的广度和长度而言，现有的专利制度仅能给予极为有限的保护力度。从保护范围来看，根据专利法第二条的规定，专利权仅能对传统文化艺术中相对于现有技术、现有设计有创新部分授予专利权，而且在此基础上，还不应属于专利法第五条、第二十五条等排他性的客体范围。以外观设计为例，外观设计是富有艺术美感和吸引力的，是以产品为载体并不必然涉及技术创新，但它在产品的图案、色彩、形状上也形成了独特的创新，其目的是赢得消费者的亲近感，提高产品认可度和美誉度，满足他们对产品的审美需求和精神需求，这与传统文化艺术创新过程中传统艺术的保护紧密相关。将某些传统文化艺术要素运用在外观设计创新中，就可以运用专利保护模式中的外观设计进行保护。世界知识产权组织在《保护并弘扬您的文化：土著人民和当地社区知识产权实用指南》中列举了一个迪吉里杜管（didgeridoo，一种澳大利亚土著的传统乐器）的外观设计的假设案例，这表明工业品外观设计可以用于保护涉及传统知识或传统文化表现形式的新外观设计，还凸显了在公开外观设计之前提交申请的必要性。在我们悠久的传统文化中，有大量的如绣有典型特征的龙、凤凰、麒麟、鹤等中华传统文化中吉祥图案的外观设计等，都可以尝试运用专利权中的外观设计来进行保护。但外观设计应当以产品为载体，不能重复生产的手工艺品、农产品、自然物不能作为外观设计的载体，纯属美术、书法、摄影范畴的作品，也不属于外观设计专利的保护客体。从保护周期来看，专利法第四十二条规定了发明专利权的期限为二十年，实用新型专利权的期限为十年，外观设计专利权的期限为十五年，均自申请日起计算，专利保护的期限相对较短。

综上，专利权保护模式更多是从产品生产和市场环境中对发明和创新的保护，但对于发源于历史，成就于历代传承的古老的传统文化艺术，其专利权保护模式在保护实践中会形成某种目标偏差。同时，也必须看到某些典型的传统艺术、标识以及传统技艺的革新在运用专利权保护模式方面的探索和可能。目前，我国国家知识产权局针对传统知识、传统医药领域一直有专业的中医专利审查部门，这也为传统文化艺术专利保护模式提供借鉴和参照。

4. 反不正当竞争保护

反不正当竞争法与知识产权法相互补充协调，它对于知识产权法所不能包容的很多保护客体都能起到很好的保护作用。商业秘密保护是反不正当竞争保护制度中与传统文化艺术联系紧密的一种保护途径。商业秘密是指某些被采取保密措施的技术信息或经营信息，通常不为公众所获知，但是能够为权利人带来持续不断的经济效益。商业秘密的保护方式与现代知识产权法中其他强调"以公开换保护"的各种保护方式不同，它强调保密性。在传统文化艺术中，某些传统手工艺的制作方法，某些少数民族刺绣艺术、扎染艺术、金箔锻制等手工技艺都可以作为商业秘密进行保护。2008 年，"南京金箔锻制技艺"核心技术泄密案就凸显了传统文化艺术中的某些核心技艺或手艺缺少商业秘密保护的意识，这对于掌握某些传统技艺的群体或个人来说不仅要有商业秘密保护意识，还应当对这些传统技艺采取较为严格的保密措施。当某项传统技艺被泄密，法律将不再予以强制性保护，其知识、技艺和信息自然成为公共领域的公共资源了，这也是商业秘密保护模式的典型缺陷。

此外，世界知识产权组织在《保护并弘扬您的文化：土著人民和当地社区知识产权实用指南》中列举了澳大利亚原住民以反不正当竞争保护来维护土著人民和当地社区利益的案例。一个案例是典型的以"误导性或欺骗性标签"实施侵权。一家地毯公司生产的产品中附有一个标签，称"已向原住民艺术家支付了版税"。法院发现这存在明显的误导性。通过使用该标签，地毯厂让消费者误认为艺术作品中的版权属于该公司，或许可给了该公司，抑或是地毯得到了原住民艺术家的批准或是在其许可和批准下制造的，这严重侵犯了原住民艺术作品的版权。另一个案例则是典型的以虚假表述实施侵权。澳大利亚竞争与消费者委员会（ACCC）对由三甲美术馆构成的非注册企业提起了诉讼。委员会指控被告在推广和出售三位为艺术家的作品时，虚假地声称艺术家系澳大利亚原住民的后裔，而事实并非如此。以上两个案例都表明了在具体贸易实践中，反不正当竞争保护可以为其他类型的知识产权提供补充。

综上，我国现行的知识产权制度为传统文化艺术保护、传承和发展提供了积极的保护路径，发挥了积极作用。但是，值得关注的是，知识产权是一种私权，权利的行使以及良好的运用都依赖于权利人的自觉意识和主动认知。知识产权制度保护体系就是一种"自下而上"的充分发挥权利人主动性的，并为权利人提供相关权利保障的积极保护途径。在现行的知识产权法律框架内，传统文化艺术的各种类型基本都能纳入知识产权保护体系，尽管我们也曾强调了知识产权保护的局限性，但如果贸然另起炉灶、突破现行法律框架出台新法，不仅不现实，而且会大大增加社会管理成本和制度成本。在目前的情况下，现行知识产权制度在传统文化艺术保护中仍发挥重要作用。同时，值得关注的是，现行知识产权制度下对传统文化艺术的知识产权地位的确立，意味着对传统文化艺术源头的"来源权"、特定群体对其传统文化艺术的独占权、保护传统文化艺术的完整权、公开传统文化艺术的传播权、改变和创编传统文化艺术的作品权等权利，以及对传统文化艺术的许可使用权、收益权等必要的精神权利和财产权利都予以承认，这是夯实传统文化艺术保护"主—辅—补"多重互嵌制度矩阵的根基。与此同时，在界定清晰权利的基础之上，现行知识产权制度也为在国际贸易和市场经济环境之下的传统文化艺术的创新和发展建立了合理的利益分配机制，对源头、创造、传承和传播传统文化艺术的各个环节所产生的利益进行确认和分配，使参与传统文化艺术传承发展各个环节的群体和个人都能得到尊重和回报，以此促成传统文化艺术知识产权保护的良性循环。

总之，传统文化艺术的知识产权保护为保障权益，惠益分享，支持创新，鼓励传播奠定制度基础。让传统文化艺术享有知识产权的保护，这会使越来越多的传统文化艺术不仅可以得到有效的传承和发扬，走出深山、走出民间、走向市场，而且还能够带来更完善的权益保护和惠益分享保障，在充满生机的市场环境和文化交流合作中大放异彩。

（二）政府公权力对传统文化艺术保护的行政干预与救济

在宏观制度建构与调试中，法律制度从来不能也不会"孤独而行"。所谓"徒法不足以自行"，对传统文化艺术进行知识产权保护的理念、原则及规则的遵循与实施、适用都离不开行政、司法、社会组织等国家和社会各方力量以及公民的积极参与和介入。首先，从制度建构的整体性而言，传统文化艺术的知识产权保护并非完美的制度设计，现代知识产权制度很难对历史悠久古老的传统文化艺术进行完全且充分的保护，这也是学界内很多争议产生的重要原因，如果知识产权制度运用得当则能保障和促进传统文化艺术的传承和发展，如果缺乏合理运用反而会为窃取和滥用传统文化艺术创造条件和可能。针对知识产权制度所提供的自下而上的积极保护措施，国家政府和社会对此也应设置相应的防御保护举措，以弥补和救济知识产权制度在保护传统文化艺术实践中存在的漏洞和间隙。

其次，从传统文化艺术自身的独特性和复杂性来看，我国拥有丰富的传统文化艺术资源，底蕴深厚，历史悠久，但对其保护和利用却相对薄弱。

众所周知，目前很多散落在民间的传统文化艺术因专业人员匮乏，后继无人，传承无力而濒临消失；一些优秀的传统文化艺术被不当利用，甚至歪曲滥用的各种文化掠夺愈演愈烈。同时，就目前经济社会和法治环境之下，人们缺乏对传统文化艺术知识产权的尊重，知识产权法律意识淡薄，能够主动合理运用知识产权制度主张权利的人更是缺少，因此，传统文化艺术知识产权保护的整体社会氛围的培育任重道远，仅靠社会自发或市场机制的调节作用，显然无法达到较好的效果。对此，我们需要强有力的政府主导机制。事实上，结合目前我国发展的实际情况，传统文化艺术保护较为理想的模式，应当是政府公权保护与知识产权私权保护的有机统一、相互补充，而无论是运用政府强制力进行全方位保护，还是利用知识产权制度私权保护的引导与市场环境培育，都离不开政府的全面统筹。特别是知识产权制度具有公共政策的典型特征，更需要国家和政府能立足于经济社会和文化发展实际情形，权衡各方利益，制定和实施符合我国文化发展实际的知识产权制度。

因此，公权力的合理介入和政府行政机构从上而下对传统文化艺术的保护是"主—辅—补"多重互嵌的制度矩阵建构中的重要辅助，客观上为保障知识产权保护的司法实践提供制度支撑。鉴于传统文化艺术具有重要的文化和历史价值，在现实中，因经费短缺、无法获得短期效益或传承人的缺失等问题而造成某些传统文化艺术难以传承下来，这能且只能通过政府公权力的介入来保障传统文化艺术的良性存续和发展。如果说知识产权私权保护所保障的是传统文化艺术在被"使用"和"利用"过程中的权利保护，那么政府行政机构公权力的介入，所提供的保护则是避免传统文化艺术因其古老且陈旧被时代洪流裹挟而消失殆尽，侧重对传统文化艺术完整性、原真性等方面保护。政府行政机构等公权力的介入主要表现在运用各种行政手段、行政立法、技术措施和组织协调等做好传统文化艺术的保存和保护。

1. 数据库建档与文献管理

传统文化艺术及其相关领域的数据库建档、登记与文献管理已成为国家和政府运用公权力进行防御性保护的重要途径和手段，这是对知识产权私权保护体系中因历史悠久而不能辨认来源等问题进行的有效的补充和防御。通过搜集整理国家和民间传统文化艺术相关资源，并对其进行归类整理，由国家文化部门进行收藏、认证和批准，明确传统文化艺术的来源、形式、历史等相关内容的无形财产身份。实际上，这有利于按照"在先原则"确立相应国家或民族群体对其传统文化艺术享有的精神权和财产权，这也为传统文化艺术知识产权保护提供前期制度保障。世界知识产权组织知识产权与遗传资源、传统知识和民间文学艺术政府间委员会（WIPO-IGC）在全球首次启动了各民族、各国政府以及其他利益相关者对于传统文化艺术和传统知识遗传资源等数据库和登记机关的需求和目标的系统性研究。在一项调查研究中，对传统文化艺术及其相关领域进行数据库建档与文献化管理具有多重功能。[①] 最为典型和直接的就是，关于传统文化艺术的数据库和文献能够在某个国家或某个民族内部为其后辈保存古老的文化资源，一代代社会成员可以使用数据库和文献，遵循古老的文化资源原有的面貌而不被肆意利用或修改，还可将具有商业价值的文化资源进行自我挖掘和利用。传统文化艺术的数据库和文献化管理不仅对获取、传播和使用传统文化艺术具有在先防御性保护，而且一定程度上赋予传统文化艺术来源地以客观确证。在 WIPO-IGC 的这份调查中，还区分了知识产权目标和非知识产权目标，知识产权目标包括防御保护（例如禁止对已披露的传统知识授予专利）、关于传统知识积极权利的公开通知（例如传统医药专利）、用于传统知识特别保护的登记制度、参与知识产权信息网络以及传统知识和遗传资源文献化后的知识产权管理制度。非知识产权目标则包括保存传统知识、提高传统知识价值的承认

---

① See Intergovernmental Committee on Intellectual Property and Genetic Resource, Traditional Knowledge and Folklore, Questionnaire on Databases and Registries Related to Traditional Knowledge and Genetic Resources , February 2003, WIPO/GRTKF/IC/Q.4.

及意识，建立主流科学和传统知识体系之间的联系，运用传统知识保存和管理自然资源，原住民人群和当地社群之间的信息交流，可持续发展以及仅出于非商业性使用目的或对商业伙伴保密的情况下向一般公众传播传统知识，或仅向传统知识和遗传资源的保管人传播，或遵照其他传播限制。综上所述，世界知识产权组织调研表明，对于传统文化艺术进行数据库建档和文献化整理本质上是实现"正本清源"，这既为传统文化艺术知识产权保护的司法实践提供有力支持，也为国家、民族或族群的文化艺术传承与发展奠定基础。

WIPO-IGC 对传统文化艺术以及相关的传统知识、遗产资源等进行数据库建档和文献管理等行政措施进行调研与考察，其本身具有鲜明的知识产权保护意义，同时对知识产权制度的顺畅运行和制度变迁又产生了深刻影响。

作为防御性保护措施，数据库建档与文献管理为传统文化艺术的知识产权保护提供在线参照和证据佐证。很多国家的专利审查环节中就已经将各类数据库和文献存档纳入事先考察的范围，在一定程度上可以阻止外来者根据传统文化艺术和传统知识获得相关的专利。同时，数据库归档和文献管理明晰传统文化艺术来源地和相关内容，这相当于对潜在的使用者发出明确要约，让使用者在数据库限定的内容和范围中合理合规地利用和使用，这也为获取来源地或来源者事先知情同意，并为来源地或来源者获取相应的利益提供支持，有利于限制任何形式对传统文化艺术的滥用和非法获益。从传统文化艺术属性和价值意义来看，数字化建档与文献管理有利于文化多样性的保存。随着历史变迁和时间推移，一些传统文化艺术在现代社会中面临后继乏人、逐渐消失的窘境。特别是某些传统文化艺术形式，例如音乐、戏曲等通过口头传承，与书面文化或以物质形态呈现的形式传承相比，这种依靠口传心授的传承更容易中断并且迅速损毁。尽管书面存档在某一特定时间以特定状态固定下来，对传统文化艺术起到了保护作用，但是，伴随信息技术革命和互联网普及，传统文化艺术的传承与传播已经突破了时空限制，并显现出巨大的经济价值和人文价值。技术进步是一把"双刃剑"，对于已进入公共领域的传统文化艺术，或者那些缺少书面记录，仅凭口传心授传承下来的文化遗产而言，技术进步既为其广泛流布、随意使用创造途径，也为其分类保护、组织管理、有限开发提供保障。数据库归档和文献管理则是在书面存档基础之上，运用现代技术手段，尽可能实现对传统文化艺术甚至濒临消失的各种艺术形式进行收集、分类、整理、汇编，使其规范化、文献化、数字化，进而实现永久化的归类整理和保护保存，这对于保留人类文化多样性意义重大。

由于纳入数据库的传统文化艺术大多散见于公共领域，还有部分传统文化艺术属于某些族群和个别少数民族所特有的文化资源，具有一定的保密性质，这部分文化资源纳入数据库也需要征得本族群和少数民族的事先知情同意。基于此，能且只能由政府运用公权力开展国家和各民族范围内的传统文化艺术的数据库归档建设，这些都为传统文化艺术发生知识产权纠纷或因商业开发和利用造成传统文化艺术歪曲滥用，以及由此造成的名誉和利益的损失提供"防火墙"和"防盗网"。如印度较早地开发了传统医学知识数据库，传统知识数字图书馆等，世界知识产权组织出版了《知识产权和传统文化保护：博物馆、图书馆和档案馆法律问题和实务选项》专门针对文博等文献整理和收藏机构如何处理相关法律问题制定了最佳做法。

2. 完善行政立法

行政立法是政府行政机关依照法定程序，针对所管辖的行政管理事务，制定相应的规章制度，颁布法律法规，是国家和政府行政管理的重要手段。完善传统文化艺术相关领域的行政立法也是建立和健全政府对传统文化艺术管理机制的主要途径。无论是国际社会、地区组织，还是各个国家，都通过行政立法对传统文化艺术进行行政保护和管理。其中，最为典型的就是针对有形和无形文化遗产的行政立法。众所周知，在国际层面，涉及文化遗产最主要的国际法律文件是 1972 年联合国教科文组织提出并最终通过的旨在保护全人类的文化自然遗产的《保护世界文化和自然遗产公约》。此公约主要针对以物质形态呈现的文化遗产，包括文物、建筑群以及人类遗址等，只有附着在这些人类遗址，以及遗址类的建筑作品、雕塑或者绘画作品可以借用上述法律得以保护，公约恰恰不能适用于非物质文化遗产的保护，而不能忽略的是，在现实生活中，广泛且大量的传统文化艺术表现为非物质文化遗产形式。

基于对《保护世界文化和自然遗产公约》主体限制的考量，这份公约也引起了各成员国对非物质文化遗产保护的关注，最初通过创建世界文化遗产在内的详细的遗产目录，并开始致力于在联合国教科文组织框架内制定有关非物质遗产的国际规范文件。1989 年，在联合国教科文组织第 25 届大会上通过了《保护民间创作建议案》，对"传统和民间文化（traditional and popular culture）"进行了界定，认为传统和民间文化是来自某一文化社群的全部创作，这些创作以传统为依据，由某一群体或一些个体所表达并被认为是符合社群期望的作为其文化和社会特性的表达形式，其准则和价值通过模仿或其他方式口头相传。它的形式包括：语言、文学、音乐、舞蹈、游戏、神话、礼仪、习惯、手工艺、建筑及其他艺术。尽管这个建议案并不具有法律约束力，但是，它要求各成员国采取必要的立法措施，对涉及该遗产范围内的相应遗产进行鉴别、保存、维护、传播、宣传、保护以及国际合作。这一建议案也被视为唯一一份从文化方面对非物质文化遗产进行保护以及识别传统文化和民族文化遗产的国际文件。① 联合国教科文组织在 1997 年的第 29 届大会通过了一项关于创设国际标杆的决议，这个决议即联合国教科文组织"人类口头和非物质遗产代表作公告"。决议的目标是号召各国政府、非政府组织和地方社群采取行动对那些被认为是在民间口口相传的，

---

① See Blake, "On Developing a New International Convention for Sageguarding Intangible Cultural Heritage", *Art Antiquity and Law*, Vol.8, No.2, 2003, p.383.

拥有集体记忆的口头及非物质遗产进行鉴别、保护和利用。① 以上以联合国教科文组织牵头所推动的对非物质遗产的保护，仅是作为一种行政手段和措施，或是一种制度尝试，而不具有法律约束力。

基于上述《保护世界文化和自然遗产公约》主体保护的局限性和《保护民间创作建议案》以及联合国教科文组织"人类口头和非物质遗产代表作公告"等作为"软法"所进行的制度尝试，保护非物质文化遗产的国际公约的起草也提上日程来。2003 年 10 月，联合国教科文组织全体大会最终通过了《保护非物质文化遗产公约》，这一公约与 1972 年联合国教科文组织通过的《保护世界文化和自然遗产公约》相对等。该公约于 2006 年 4 月 20 日正式生效，生效时就已有 30 个国家批准本公约。中国于 2004 年加入了《保护非物质文化遗产公约》。

此外，涉及传统文化艺术领域的其他国际行政立法还有 1970 年 11 月 14 日发布的《关于禁止和防止非法进出口文化财产和非法转让其所有权的方法的公约》，其中规定的"必须出示出口证书"以及"禁止进口偷盗的文化财产"，这些都在客观上为传统文化艺术的保护设立了一套国际道德标准。1995 年 6 月 24 日，在罗马通过的国际统一司法协会《关于被盗和非法出口文物公约》(UNIDROIT) 对有关文物返还和归还的规则进行约定，这对各国各民族保护本国和本民族的传统文化艺术成果来说十分重要。还有一些地区行政立法文本，例如美洲国家组织通过的《美洲国家保护考古、历史及艺术遗产公约》(即《圣萨尔瓦多公约》)，欧洲理事会在 20 世纪 80 年代通过的《关于侵犯文化财产的特尔斐公约》以及 90 年代欧盟法令《返还成员国非法出境的文化财产》等相关规定，为保护各地区各国各民族的传统文化艺术建立一套行之有效的行政立法措施。具体到国家层面，世界上很多国家都

---

① See UNESCO,Proclamation by UNESCO of the Masterpiece of the Oral and Intangible Heritage of Humanity ,Guide to implementation ,No.4.

已经通过国内行政立法的途径对本国的各类文化遗产进行保护。最为典型的国家是日本，1950 年日本政府出台的《日本文化财保护法》定义了五种应当保护的"文化财"（文化财产），包括有形文化财产、无形文化财产、民间文化财产、遗迹和历史建筑群。日本政府通过此法规定了国家对上述文化财产享有优先购买权，任何具有体现国家与民族特性和文化精髓的高价值的文化财产的出口必须基于国际文化交流的目的，并且须取得相应证书等，通过行政措施对上述各类传统文化艺术进行全面的管理和保护。1962 年，韩国政府也出台了《韩国文化财保护法》，文化部建立了文化财产委员会负责对国家传统文化艺术保护工作。此外，还有 1986 年澳大利亚《可移动文化遗产保护法》、1976 年美国《美国民俗保护法》、1977 年加拿大《文化财产进出口法》等。通过行政立法的手段来进行传统文化艺术和文化遗产的保护，已成为国际组织和世界各国保护古老的文化遗产与传统文化艺术的普遍制度措施。

我国对于保护传统文化艺术的相关立法工作一直有所关注。1982 年颁布的《中华人民共和国文物保护法》和文化部 1984 年颁布的《图书、期刊版权保护试行条例》以及 1997 年国务院颁布实施的《传统工艺美术保护条例》等行政法规在保护传统文化艺术及相关领域发挥重要作用。其中《传统工艺美术保护条例》规定了国家保护传统工艺美术的原则、认证制度、保护措施、法律责任等，是有关传统文化艺术方面较为重要的文件。此外，从20 世纪 90 年代开始，我国就开始组织起草《中华人民共和国民族民间传统文化保护法》。保护传统文化艺术是一项世界性的课题，各国国内高位法的立法保护均需要与国际保护接轨。为了更好地对接联合国教科文组织 2003年通过的《保护非物质文化遗产公约》的精神，这一草案又更名为《中华人民共和国非物质文化遗产保护法》，并经中宣部、文化部、全国人大等部门进行审议和完善，最终在 2011 年 2 月 25 日经第十一届全国人民代表大会常务委员会第十九次会议通过，并于同年 6 月 1 日起施行。该法也明确了国务院文化主管部门、县级以上人民政府以及公民、法人和其他组织对于非物质文化遗产保护的责任和义务。除此之外，我国对于传统文化艺术的相关行政立法相对滞后，更多的行政手段表现在制订行政计划、规划、意见等方面，例如2017年3月，由文化部、工业和信息化部、财政部共同制定，经国务院同意并发布《中国传统工艺振兴计划》；2017年1月，由中共中央办公厅和国务院办公厅联合印发《关于实施中华优秀传统文化传承发展工程的意见》；2021年4月，中央宣传部正式印发《中华优秀传统文化传承发展工程"十四五"重点项目规划》等。值得欣喜的是，地方政府积极总结和探索在行政执法和司法过程中发现的经验与问题，在不与国家有关高位法冲突的前提下，结合本地的文化建设实际和传统文化艺术保护经验，不断探索尝试，制定和出台了既具有地方特色又有利于长远发展的传统文化艺术保护的地方性的行政规章制度，例如《广西壮族自治区民族民间传统文化保护条例》《陕西省秦腔艺术保护传承发展条例》《天津市传统工艺美术保护办法》《苏州市民族民间传统文化保护办法》等。同时，通过积极推进地方政府行政立法实践，国家相关部门可及时总结和发现在传统文化艺术保护过程中法律和法规适用问题，为政府部门及时获取行政立法素材提供便利，为解决传统文化艺术行政立法与现实脱节、操作灵活性不强、无法应对文化产业迅速发展等问题做前期的立法探索。

3. 加强政府职能部门间的合作

毋庸置疑，传统文化艺术保护是一个系统工程。从政府公权力的视角出发，各级文化管理部门是保护传统文化艺术的责任主体，承担对本地传统文化艺术种类数量、保护现状、生存环境、分布情况以及存在问题的普查工作，在全面摸清和系统梳理本行政区域内传统文化艺术"家底"的基础之上，建立当地传统文化艺术和文化遗产资源的保护名录，厘清传统文化艺术传承发展过程中存在的问题和未来发展趋向，进而制订出符合本区域内传统文化艺术传承发展的计划或纲要。传统文化艺术保护、传承和发展不能仅凭一个或几个部门，而是需要文化管理部门、宣传部门、教育部门、财经部门等多方配合，从机构、立法、执法、经费、绩效考评、激励措施、宣传等多维度，多管齐下，才能实现传统文化艺术抢救、保护、培育、利用、创新、发展全方位的保护策略。同时，文化管理部门还需与质监、科技、财政、经委、旅游、工商、教育、公安、海关等相关部门配合，共同做好传统文化艺术的保护工作。

传统文化艺术保护还是一项专业性、技术性很强的工作，各级政府和文化管理部门要加强与法律、文化、科技等民间机构、企事业及行业协会的合作，特别是与知识产权中介服务机构的合作，并建立常态化的合作机制。通过民间机构、专业协会、知识产权中介服务机构等，各级政府和文化管理部门不仅可以及时掌握当地传统文化艺术的保护情况和被侵权的情况，而且可以委托这些社会机构进行广泛社会调研和对策研究工作，充分发挥专家咨询、论证、研究和专业指导的重要作用，顺利将各项科研成果、现代化技术等运用在传统文化艺术保护中，使传统文化艺术在市场中实现社会价值和经济效益最大化。

总而言之，基于传统文化艺术的复杂性，使得对其保护要兼顾公法保障与私法保护，既要考虑对个体创造者和民族文化传承、传播者的私权的认可，也要体现对国家和政府公权的重视。因此，需要"公""私"兼顾，综合调整传统文化艺术保护和发展，传承与利用，在知识产权体系内或知识产权体系之外实现制度互嵌，对传统文化艺术形成全方位的立体保护，彼此之间并不排斥。

（三）社会力量发挥主体优势，深度参与传统文化艺术保护

1.培育传统文化艺术知识产权保护意识

提高公众的法律意识和维权意识是推动传统文化艺术知识产权保护的内在动力。现代知识产权制度的产生历史并不久远，特别是在广大的发展中

国家，作为一项相对崭新的制度，无论是在学术界还是在大众社会的惯性思维和传统中并没有形成自觉、完善的知识产权保护意识。具体到我国国情，知识产权保护制度属于舶来品，它是伴随西方重商主义、工业革命和全球化贸易而逐步生长起来的。中国农耕文明孕育下的中华传统文化对知识产权意识的萌发和生产缺少内在动力。众所周知，自古以来中国文人和知识分子所秉持和推崇的"为天地立心，为生民立命，为往圣继绝学，为万世开太平"的"天下观"，"君子喻于义，小人喻于利"的"义利观"，都在客观上抑制和限制将知识和智力成果转化为利益或财产的底层文化逻辑。"述而不作，信而好古"的传统儒家思想，中国传统文化中的义务本位、专制主义、人伦理性等内在精神与知识产权制度的宗旨也不相符合。同时，传统文化艺术通过历代传承流传至今，在漫长的历史过程中长期散见于民间，这也使得公众普遍认为它属于公共领域的公共财产，自然而然缺失对其进行知识产权保护的意识和观念。知识产权保护意识的缺失不仅存在于传统文化艺术领域，甚至在现当代艺术领域，能够自觉运用知识产权进行音乐、美术、设计、舞台艺术等知识产权保护的创作者也不算多。原中国舞协名誉主席贾作光表示："创作者和表演者由于自我保护意识淡薄，导致舞蹈知识产权的保护发展滞后。舞蹈界长期存在的一种观念认为，优秀作品被无偿并大量使用是对作品及创作者最大的肯定和认可……过去我们没有维权意识，认为上演了自己的作品是件光荣的事情，还主动为之辅导，认为这是雷锋精神。"无论是文化艺术从业者，还是社会公众，知识产权保护意识的培育都势在必行。

时至今日，在市场环境日益复杂的情况之下，传统文化艺术知识产权保护已成为司法制度和文化管理顶层制度建构的重要内容，这也亟须培育整个社会浓厚的知识产权意识，形成对传统文化艺术自身权利的尊重和自觉维护。

首先，要鼓励和引导传统艺术家和手艺人、艺术从业者自觉运用法律武器维护自身的正当权益，并为其营造积极客观公正的法律维权氛围和环境。在现实生活中各种知识产权纠纷发生时，大多数艺术从业者会因为维权成本高，诉讼程序烦琐，举证困难等各种原因无奈放弃维权，无法通过正常的法律程序妥善解决纠纷，最终助长各类侵权行为的发生。因此，作为传统文化艺术知识产权保护的主体，更要及时全面地学习知识产权知识，不断提升法律意识，学会运用法律手段来解决纠纷。

其次，从学校系统教育层面来看，提高艺术从业人员法律意识和维权意识要从艺术院校教育入手。知识产权教育在我国艺术院校艺术教育过程中非常欠缺。艺术院校应紧跟时代发展趋势，调整教学计划，广泛开展知识产权教育，开设著作权法知识和司法实务等相关课程，并将其作为艺术教育的通识公共课和艺术人才进入文化艺术领域前的必修课，努力培养出自觉规范自身艺术创作行为和表演行为，具备有效的维权意识和维权能力，符合社会发展的高素质创新型艺术人才。除了学校教育以外，传统文化艺术知识产权保护最终落脚点还是在实际从事传统文化艺术传承发展的相关机构和传承人身上，相关机构和工作人员在承担传统文化传承、宣传和发展等各项主责主业之外，还应将知识产权法律的学习纳入日常工作中，定期开展相关知识和案例的学习，进一步明确清晰保护和利用，创编和表演等行为规范和边界，逐步把握相关侵权问题和纠纷的主动权。

最后，在全社会范围内开展知识产权或著作权法律法规的宣传普及。众所周知，世界知识产权组织从 2001 年开始将每年的 4 月 26 日定为"世界知识产权日"，致力于在全世界范围内树立尊重知识、崇尚科学和保护知识产权的意识，营造鼓励知识创新的法律环境。我国也在此基础之上设立了全国知识产权周，从每年 4 月 20 日开始到 4 月 26 日世界知识产权日结束，国家、政府和知识产权社会组织开展为期一周的全国范围内的普及和宣讲。每年的全国知识产权宣传周都有鲜明的主题设置，紧跟我国知识产权发展的脉搏，例如 2009 年全国知识产权宣传周的主题是"文化·战略·发展"；2010 年的主题为"创造·保护·发展"；2014 年的主题则是"保护·运用·发展";2020年的主题为"知识产权与健康中国";2022年的主题为"全面开启知识产权强国建设新征程";2023年的主题为"加强知识产权法治保障　有力支持全面创新"。在宣传周的组织架构上,国家知识产权局、中央宣传部(国家版权局)、市场监督管理总局三部门共同牵头进行宣传活动,同时与地方各知识产权组织机构相互联动,共同推进。在宣传内容上,从近几年宣传周的主题来看,既有我国知识产权制度的历史沿革,也有当前我国知识产权保护的重大决策部署,还有国家知识产权法律法规的具体运用以及一些典型的案例。2023年是我国与世界知识产权组织(WIPO)合作五十周年,这使得今年的知识产权宣传周具有了特殊的纪念意义。

此外,与世界知识产权日和全国知识产权宣传周相得益彰的是2005年12月国务院通过发布的《国务院关于加强文化遗产保护工作的通知》,通知要求从2006年起每年6月的第二个星期六设立为中国的文化遗产日。对物质文化遗产和非物质文化遗产开展广泛宣传,这也引发了公众对镌刻在文化遗产背后的传统文化艺术的普遍关注,客观上促进全社会对传统文化艺术保护的深入思考和探究,知识产权制度的选择也成为传统文化艺术保护的重要选项。总之,多年来通过媒体宣传、政府组织培训、学校教育等手段在全社会努力营造尊重知识产权的良好氛围,逐步培育起健全的传统文化艺术知识产权意识,为完善知识产权制度奠定了坚实的社会基础。

2. 倡导社会自治组织集体管理模式

伴随社会分工越来越发达,各种类型的社会组织广泛活跃于社会管理、社会服务等各个领域,其具有非政治性、非营利性、民间性、专业性、自治性和志愿性等特点。在现代社会中,各种行业协会和社会自治群体在维护法治平等和社会公平方面的作用是不容抹杀的,充分利用社会组织在知识产权保护上的力量,对于传承和保护传统文化艺术也是极为重要的。目前,涉及传统文化艺术知识产权保护的社会组织也非常丰富,大致可以罗列为以下5个类型,如表5-2所示。

表 5-2 传统文化艺术知识产权保护的社会组织种类和表现形式

种类	具 体 形 式
利益代表组织	在国家民政部备案的，维护传统文化艺术相关群体的合法权益，积极参与国家对传统文化艺术政策的讨论和制定
专业服务组织	中国专利保护协会、知识产权展示交易中心
第三方代理机构	知识产权事务所、专利代理协会、知识产权代理服务机构、知识产权质押贷款和评估机构、知识产权保险业务机构、知识产权信息分析和咨询服务机构等
侵权纠纷解决组织	律师事务所、知识产权诉调对接中心、知识产权纠纷人民调解委员会
研究智库组织	知识产权促进会、知识产权研究会

在我国文化艺术领域，最早探索和采用知识产权集体管理模式始于 20 世纪 90 年代。伴随改革开放市场经济和文化产业的蓬勃发展，文化艺术领域的侵权事件不断发生，涉及音乐、美术、戏剧戏曲、文学艺术等著作权纠纷越来越引人关注。由于个人维权成本极高且维权效果不好，相关社会自治组织开始探索以集体的名义与相关知识产权人签订合同，知识产权人将文化艺术作品的表演权、录制发行权等著作权授权让渡给社会自治组织，社会自治组织以信托的方式进行文艺作品知识产权的集体管理。在众多侵权案件的发生前后，社会自治组织就开始做大量的工作，包括普法、沟通、交涉、谈判等环节，甚至以社会自治组织的名义向侵权方提起诉讼，保障知识产权人的基本权益。在文化艺术领域，最早进行知识产权集体管理探索尝试的是 1992 年成立的中国音乐著作权协会，它是专门维护作曲者、作词者和其他音乐著作权人合法权益的非营利性机构。目前，中国音乐著作权协会早已加入国际复制权联合会并被批准成为国际标准音乐作品编码代理机构，将中国音乐著作权人的作品纳入国际识别系统，进行国际范围内的著作权益保护。2005 年先后有中国电影著作权协会和中国音像著作权集体管理协会成立，2008 年又有中国摄影著作权协会和中国文字著作权协会成立，在电影、摄

影、音像和文字等文学艺术领域进行集体管理。

中国音乐著作权协会作为最早采用知识产权集体管理模式的社会自治组织，它的内部运行模式和对外知识产权管理都为其他文化艺术领域的知识产权保护的自治组织建设提供了有益借鉴。中国音乐著作权协会成立于1992 年 9 月 15 日，而 1992 年 7 月中国刚刚加入《保护文学艺术作品伯尔尼公约》《世界版权公约》，这也为中国音乐著作权协会的建立提供了良好的外部环境。其是由中国音乐家协会和国家版权局共同发起，经国家民政部登记，向广大音乐著作权人负责，受新闻出版总署（国家版权局）和国家民政部的指导和监督，其协会属性是非营利性的民间组织、自主经营的社团法人，依据《中华人民共和国著作权法》《著作权集体管理条例》《社会团体登记管理条例》和中国音乐著作权协会《章程》开展工作，主要职能是专门维护音乐作品曲作者、词作者和其他著作权人合法权益。

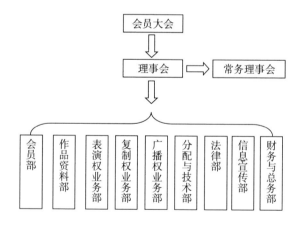

图 5-1　中国音乐著作权协会组织机构图

从内部机构运行来看，中国音乐著作权协会最高权力机构是会员大会，协会领导机构是理事会和常务理事会，下设九个职能部门，主要定位在服务全体会员，服务广大音乐著作权人、服务各类音乐使用者、服务社会，积极推进中国音乐著作权保护事业的进程。中国音乐著作权协会的工作人员大多数拥有法律、音乐、市场营销、IT 等多元化专业背景，能够充分确保各类音乐作品各项工作的高水准、高效率和系统化。加入中国音乐著作权协会的会员截至 2021 年年底已经有 11356 人，其中，曲作者 6873 人，占总会员数约为 60.5%；词作者 3937 人，占总会员数约为 34.7%；继承人 400 人，占总会员数约为 3.5%；出版公司 128 个，占总会员数约为 1.1%；其他 18 人，占总会员数约为 0.2%。在对外知识产权保护合作中，中国音乐著作权协会于 1994 年 5 月加入了国际作者和作曲者协会联合会（CISAC）；2007 年 6 月，成为国际影画乐曲复制权协理联会（BIEM）成员；2012 年 10 月，加入国际复制权联合会（IFRRO）。在国际著作权保护体系的框架下，中国音乐著作权协会已与 70 多个国家和地区的同类组织签订了相互代表协议，管理音乐 1500 多首。

中国音乐著作权协会就是立足于中国音乐著作权保护与集体管理制度探索的典型代表。其主要面对音乐使用者开展音乐著作权许可收费工作，一直坚持音乐知识产权保护的普法宣传、沟通合作、交涉谈判。面对侵权行为，只有当以上努力完全不能奏效时，法庭上的据理力争才会成为无奈之选，诉讼活动也构成协会工作的必要组成部分。由于各类音乐作品的诉讼活动更容易引起业界和舆论关注，这项业务反而成为产业界、文化界、司法界、学术界以及社会公众认识音著协的重要窗口。2012 年，中国音乐著作权协会成立二十周年时，中国音乐著作权协会编写了《为了音乐有价值——中国音乐著作权协会二十年维权案例汇编 1992—2012》，完整呈现了该协会诉讼维权工作的发展轨迹，也清晰地体现出我国涉及著作权集体管理组织有关诉讼的司法裁判趋势。值得注意的是，伴随数字化时代的不断发展，中国音乐著作权协会提升与之相适应的音乐版权管理技术，应建立在符合国际标准的 CIS（通用信息系统）之上的 DIVA 数据库信息管理系统①，通过 ISWC（国际标准音乐作品编码）② 和 IPI（权利人识别编码），实现在世界范围内对音乐著作权人作品的保护。从统计数字上看，2021 年中国音乐著作权协会年度收入为 4.08 亿元，管理作品共 1400 万首。依据中国音乐著作权协会 2021 年最新一期的年报显示：2021 年第一期使用费于 4 月 22 日完成向会员分配。分配共涉及许可收入金额约人民币 1.586 亿元，协会管理费比例约占 13.1%。从上述数字显示，如果能够通过行业组织建立有效的著作权集体管理组织，对于组织并维护业内权利人分散的著作权，保障产业著作权市场健康发展可以起到不容小觑的制度优势，这种知识产权保护模式也为传统文化艺术知识产权保护提供了有力的借鉴。

除了以上对于社会自治组织的集体管理模式的实践探索外，在法律和制度层面，我国著作权法对集体管理有明确的规定，并在最新的规定中不断修订完善。其实，早在 2001 年 10 月《中华人民共和国著作权法》修订明确规定"著作权集体管理组织"之前，法院就早已以判例形式确认了著作权集体管理组织的诉讼主体资格，这也为后续著作权法的修订进一步确立和发展著作权集体管理制度提供了宝贵的经验，这对于我国知识产权司法审判和传统文化艺术的知识产权保护提供了宝贵的经验。著作权法第八条规定，著作权人与著作权有关的权利人可以授权著作权集体管理组织行使著作权或者与著作权有关的权利。此外，我国的《著作权集体管理条例》针对著作权集体管理组织的设立方式、权利义务、使用费的收取和分配等又进行了详细的

---

① DIVA 数据库信息管理系统：全球最大的中文音乐作品数据库，包含约 400 万首中文音乐作品，由中国音乐著作权协会（MCSC）、我国香港作曲家及作词家协会（CASH）、我国台湾社团法人"中华音乐著作权协会"（MUST）以及马来西亚音乐创作人版权保护协会（MACP）四个协会共享。

② ISWC 编码是经国际标准局批准，在数字音乐和网络环境下，对一首音乐作品在世界范围内被有效给予辨识、版权保护的"身份证号码"。中国音乐著作权协会是 ISWC 在中国内地的唯一代理机构。

规定。著作权集体管理组织的主要职能大致包括两个方面：保护权利和合法使用。所谓保护权利就是保障和维护权利人的权利，承担涉及权利人的著作权或者与著作权有关的诉讼、仲裁等；所谓合法使用就是接受权利人授权来控制作品的使用、与使用者谈判订立著作权或与著作权有关的权利许可使用合同、收取使用费以及最终将收来的使用费分配给权利人的组织。现实中围绕两个方面的主要职能，著作权集体管理组织在利用信息技术建设"信息数据库"、加强国际交流与合作、促进艺术交流与传播等方面均发挥重要的作用。

2021年6月1日，经过第三次修订的正式开始施行的著作权法也结合当前文化产业发展现状对著作权集体管理制度作了调整，对于集体管理组织根据授权向使用者收取使用费的收费标准问题，在新修订的著作权法中第八条增加两款。其中，第二款规定了使用费的收取标准可以协商确定，如出现争议时著作权集体管理组织可以自主选择采取行政仲裁，或直接提起诉讼的方式；第三款规定了集体管理组织使用费和管理费的信息公开机制，定期要向社会公布，并应当建立权利信息查询系统，供权利人和使用人查询。这些新修订和补充的条款使得集体管理组织朝着更加公开、透明的方向迈进。特别是现实中传统文化艺术及其相关产业走向市场，其体量不容小觑，未来还有巨大的发展空间。

建立传统文化艺术知识产权保护集体管理组织通过以下途径实现对权利人权利的保障和作品的有效传播利用。首先，秉持"以公开换保护"的原则，集体管理组织通过建立传统文化艺术的信息发布平台和数据交流平台，让社会各界了解到传统文化艺术的主要信息，以向社会公开的方式，实现传统文化艺术信息在知识产权人和社会公众之间的正常交流和良性互动，这不仅保障了知识产权人的在先独创性，还促进了传统文化艺术的较好的传播。其次，秉持规范、协商、合法的原则，集体管理组织通过建立方便且快捷的作品查询系统，制定传统文化艺术相关版权交易的规章制度，制定标准、规范化的版权交易合同、发放著作权使用许可等举措，畅通版权交易渠道、规范交易程序，为传统文化艺术作品的版权交易提供健全的平台，这不仅有效地维护了知识产权人的基本权益，还有利于促进传统文化艺术的广泛传播和使用，满足社会公众的文化精神生活。最后，秉持自愿入会的基本原则，集体管理组织作为传统文化艺术知识产权的委托管理机构，为知识产权人提供完善的服务和组织保障工作，不仅要积极协助传统文化艺术知识产权人做好如版权登记作品等相关工作，还要对于非法使用传统文化艺术的行为，通过诉讼、仲裁、调解等途径维护著作权人的相关权益。此外，集体管理组织可充分发挥集中力量办大事的优势，组建一支能够专业处理侵权以及发布权利声明的涵盖艺术学界和法学界的专业鉴定团队，共同建构最便捷、最完善的线上线下有机统一的知识产权集体组织保护机制。总之，无论是我国著作权法的修订完善，还是中国音乐著作权协会的实践经验，都为传统文化艺术知识产权集体管理组织的建立提供了经验借鉴。建立传统文化艺术知识产权集体管理组织不仅有利于将零星的权益和力量集合起来，降低知识产权人维权成本，而且有利于提高传统文化艺术的广泛传播和服务社会的效益，形成正向规模效应，为知识产权人与使用者、市场、社会建立起一个双向沟通的渠道和平台，为传统文化艺术领域的再生创作作品的维权和发展提供制度保障。

结论　重新发现制度

　　2023 年 3 月，中共中央、国务院印发了《党和国家机构改革方案》，其中第三部分"深化国务院机构改革"第十七条提到完善知识产权管理体制。文中明确指出，加快推进知识产权强国建设，全面提升知识产权创造、运用、保护、管理和服务水平，将国家知识产权局由国家市场监督管理总局管理的国家局调整为国务院直属机构。商标、专利等领域执法职责继续由市场监管综合执法队伍承担，相关执法工作接受国家知识产权局专业指导。这一次，国家知识产权局由国家市场监督管理总局再次调整回国务院直属机构。五年前，2018 年 3 月中共中央印发的《深化党和国家机构改革方案》提到，为建立统一开放竞争有序的现代市场体系，进一步改革和完善市场监管体系，国务院新组建了国家市场监督管理总局，作为其直属机构。而在彼时针对国家知识产权局也进行了职能整合和调整，一方面继续强化知识产权创造、保护、运用，另一方面也是为解决现实中商标、专利分头管理和重复执法的问题，由此，重新组建国家知识产权局，将国家知识产权局的职责、国家工商行政管理总局的商标管理职责、国家质量监督检验检疫总局的原产地地理标志管理职责进行整合。而重新组建的国家知识产权局由国家市场监督管理总局管理。这两次跨越五年的机构改革都对国家知识产权局的定位进行重新规制，表面上看是隶属的变更，在国家市场监督管理总局和国务院直属机构两者中进行调整，但其本质上是对知识产权相关类型，以及行政审核和行政执法等相关职能进行重新整合和布局，进一步激发知识产权在现代市场体系建构中的正面作用，并对国家宏观发展战略作出现实回应。

再以国家版权局的机构设置为例，国家版权局主管全国著作权管理工作，主要职能是贯彻实施我国著作权法律、法规，负责一切与著作权有关的事务。它的机构设置和定位也经历了复杂的变迁。1985 年 6 月，国家版权局成立，最初它的机构设置是隶属于文化部，是由文化部原国家出版局改制而来，称为国家版权局。1987 年，国务院设立直属国务院的新闻出版署，并将国家版权局划归到新闻出版署，保持一个机构、两块牌子的形式，名称为新闻出版署（国家版权局）。2001 年，新闻出版署（国家版权局）改称新闻出版总署（国家版权局），级别升格为正部级单位。2013 年国务院进行机构改革，将新闻出版总署、广电总局的职责整合，组建国家新闻出版广电总局，加挂国家版权局牌子。2018 年 3 月，中共中央印发了《深化党和国家机构改革方案》，为加强党对新闻舆论和出版工作的集中统一领导，将国家新闻出版广电总局的新闻出版管理职责划入中央宣传部，中央宣传部对外加挂国家新闻出版署（国家版权局）牌子。从国家版权局的机构变迁可以发现，在科学文化艺术领域，知识产权制度具有鲜明的公共政策属性，尤其是在平衡个人私利与公共利益、市场调节和国家干预、司法执法与行政管理三者之间关系方面，它发挥着更为关键的作用。

总之，在最新机构改革调整以后，国家知识产权局再次回归国务院直属机构，而国家版权局依旧在中共中央宣传部机构设置范畴之内。通过机构变迁和改革的历史进程可以预见，知识产权制度在建立创新型国家，推动文化和科技事业长足发展等国家宏观发展战略方面发挥至关重要的作用。同时，商标、专利等领域执法职责继续由市场监管综合执法队伍承担，这也表明国家在优化职能配置，整合和调整各种不同类型的知识产权领域等方面做出努力，从实践出发致力于更高效地促进知识产权制度引导行业进步和创新的步伐。

众所周知，在"十四五"期间，党和国家对文化建设高度重视，从战略和全局上做了详细的规划和设计，明确提出到 2035 年我国将建成社会主义文化强国，社会文明程度达到新高度，国家文化软实力显著增强。这一远景目标客观上对知识产权制度的发展和完善提出新的要求，也为传承、弘扬、利用、创新和发展中华民族传统文化艺术提出新的要求。因此，传统文化艺术的知识产权保护不仅关乎国家宏观战略顶层设计，关乎国家软实力和竞争力，关乎国家在国际社会中的政治文化权益的保障，更关乎中华民族传统文化艺术及群体的根本文化权益和经济利益。

到 2035 年，我国不仅要建成社会主义文化强国，而且要建成知识产权强国。为统筹推进知识产权强国建设，全面提升知识产权创造、运用、保护、管理和服务水平，充分发挥知识产权制度在社会主义现代化建设中的重要作用，2021 年 9 月，中共中央、国务院印发了《知识产权强国建设纲要（2021—2035 年）》（以下简称"纲要"），首先，从政策制度层面提出新的要求，纲要提出建设面向社会主义现代化的法律体系、管理体制、政策体系、规则体系等知识产权制度，特别指出在构建响应及时、保护合理的新兴领域和特定领域知识产权规则体系，包括加强遗传资源、传统知识、民间文艺等获取和惠益分享制度建设，加强非物质文化遗产的搜集整理和转化利用。其次，从执行操作层面，纲要提出既要健全公正高效、管辖科学、权界清晰、系统完备的司法保护体制，又要健全便捷高效、严格公正、公开透明的行政保护体系，将司法保护与行政执法相统一，建立统一领导、衔接顺畅、快速高效的协同保护格局和支撑国际一流营商环境的知识产权保护体系。再次，在市场运行机制层面上，纲要从创造机制、运用机制、运营机制三个方面切入，针对传统文化艺术领域提出了发挥专利、商标、版权等多种类型知识产权组合效应，发展传承好传统品牌及老字号和推动地理标志与特色产业发展、生态文明建设、历史文化传承以及乡村振兴有机融合，积极开展国家版权创新发展建设试点工作，打造全国版权展会授权交易体系，等等。此外，纲要还从公共服务体系建设、人文社会环境、参与全球知识产权治理等方面强化知识产权制度建设。在发布《知识产权强国建设纲要

（2021—2035 年）》后不久，国务院又印发了《"十四五"国家知识产权保护和运用规划》（国发〔2021〕20 号），以拆分任务、明确主体、划分专栏的形式，细化了纲要提出的目标和任务。其中，在完善知识产权保护政策方面，明确提出了要制定传统文化、民间文艺、传统知识等领域保护办法，建立与非物质文化遗产相关的知识产权保护制度。从国家顶层设计和所释放出的政策信号都印证了，无论是文化艺术领域，还是知识产权保护和运用领域，对传统文化艺术进行知识产权保护成为官方共识和发展趋势，知识产权制度已成为必选项。

自党的十八大以来，以习近平同志为核心的党中央高度重视传承、发展和弘扬中华优秀传统文化。习近平总书记在多个场合发表了关于传承弘扬发展中华优秀传统文化的新思想、新观点和新论断。2017 年，中共中央办公厅、国务院办公厅发布了《关于实施中华优秀传统文化传承发展工程的意见》，从理论和实践层面讲明"为什么传承发展、传承发展什么、怎么传承发展"等一系列问题，这是第一次以中央文件形式专题阐述中华优秀传统文化传承发展工作，也是建设社会主义文化强国重大战略任务。自该意见发布实施以来，中宣部、文化和旅游部、教育部等部门启动了一系列中华传统文化艺术资源的普查工作，以及传统文化艺术传承发展的重点项目。我们应当看到的是，传承弘扬发展中华优秀传统文化背后是某个族群、传承人或个体的存在。个体是自然的、第一性的客观存在，由个体所组成的族群或社群也是客观的、第一性的、自然的存在。对于个体或由个体构成的族群的利益保障是符合自然法则和经济规律的。在构建高水平社会主义市场经济体制和贯彻新的发展理念的时代背景之下，个人的权益和利益的保障不仅是正常社会的基础制度建设，也是经济可持续发展和高质量发展的保障。传承弘扬传统文化艺术不仅依靠国家和政府的顶层制度设计，还要从调动个体积极性和主动性的角度出发，激发个体传承弘扬发展传统文化艺术的内在自觉和潜在活力。只有对个体的认同，对个体正当权利的保障，才能更好地实现对国家和民族传统文化艺术的传承发展。从当前实际来看，传统文化艺术弘扬发展更多的是通过国家政府的行政手段推动进行，而传统文化艺术的知识产权保护仍是一种弱保护。

尽管国内外反对给予传统文化艺术任何知识产权保护的声音一直都没有停止过，传统文化艺术的知识产权保护仍是一种弱保护，但从未来发展趋势来看，保护传统文化艺术是一场正义的事业，只要传统文化艺术来源群体坚持斗争，专家学者不懈努力，在国内立法中充分研究知识产权制度的制度空间和制度潜力，传统文化艺术的知识产权保护就会变为现实；只要那些拥有丰富传统文化资源的发展中国家坚持斗争，相关国际组织不懈努力，则形成保护传统文化艺术知识产权的国际条约就大有希望。德国著名法学家、目的法学派的代表人鲁道夫·冯·耶林（Rudolf von Jhering）早在一百多年前就一针见血地指出："世界上的一切法都是经过斗争得来的。所有重要的法规必须从其否定者手中夺取。不管是国民的权利，还是个人的权利，大凡一切权利的前提就在于时刻都准备着去主张权利。法不仅仅是思想，而是活的力量。"① 总之，重新发现知识产权制度，保护、传承、发展传统文化艺术，任重而道远！

① ［德］鲁道夫·冯·耶林：《为权利而斗争》，胡宝海译，中国法制出版社 2004 年版，第 1 页。

参考文献

一、著作及译著类

[1]《马克思恩格斯选集》第 1 卷，人民出版社 1995 年版。

[2]《马克思恩格斯选集》第 2 卷，人民出版社 1995 年版。

[3]《马克思恩格斯选集》第 4 卷，人民出版社 1995 年版。

[4]《马克思恩格斯全集》第 1 卷，人民出版社 1956 年版。

[5]《马克思恩格斯全集》第 2 卷，人民出版社 1957 年版。

[6]《马克思恩格斯全集》第 44 卷，人民出版社 2001 年版。

[7]《马克思恩格斯全集》第 30 卷，人民出版社 1995 年版。

[8]《马克思恩格斯全集》第 25 卷，人民出版社 2001 年版。

[9][德] 马克思：《机器、自然力和科学的应用》，人民出版社自然科学史研究所译，人民出版社 1978 年版。

[10][德] 马克思、恩格斯：《共产党宣言》，人民出版社 2014 年。

[11] 吴汉东：《知识产权基本问题研究》，中国人民大学出版社 2005 年版。

[12] 吴汉东：《知识产权中国化应用研究》，中国人民大学出版社 2014 年版。

[13] 吴汉东：《我为知识产权事业鼓与呼》，中国人民大学出版社 2014 年版。

[14] 吴汉东：《无形财产权基本问题研究》，中国人民大学出版社 2013 年版。

［15］吴汉东：《知识产权多维度学理解读》，中国人民大学出版社 2015
　　　年版。

［16］吴汉东、曹新明、王毅、胡开忠：《知识产权基本问题研究》，中国人
　　　民大学出版社 2005 年版。

［17］季羡林、张光璘编选：《东西文化议论集》，经济日报出版社 1997 年版。

［18］冯晓青：《知识产权法哲学》，中国人民公安大学出版社 2003 年版。

［19］冯晓青：《知识产权法利益平衡理论》，中国政法大学出版社 2006
　　　年版。

［20］郑成思：《版权法》，中国人民大学出版社 1997 年版。

［21］郑成思：《知识产权论》，法律出版社 2003 年版。

［22］郑成思：《世界贸易组织与贸易有关的知识产权》，中国人民大学出版
　　　社 1996 年版。

［23］郑成思译：《知识产权协议》，学习出版社 1994 年版。

［24］胡惠林：《中国国家文化安全论》，上海人民出版社 2005 年版。

［25］孔祥俊：《WTO 知识产权协定及其国内适用》，法律出版社 2002
　　　年版。

［26］张耕：《民间文学艺术的知识产权保护研究》，法律出版社 2007 年版。

［27］姜飞：《跨文化传播的后殖民语境》，中国人民大学出版社 2005 年版。

［28］管育鹰：《知识产权视野中的民间文艺保护》，法律出版社 2006 年版。

［29］艺衡、任珺、杨立青：《文化权利：回溯与解读》，社会科学文献出版
　　　社 2005 年版。

［30］钟敬文著，董晓萍编：《民俗文化学：梗概与兴起》，中华书局 1996 年版。

［31］苑利、顾军：《非物质文化遗产学》，高等教育出版社 2009 年版。

［32］顾军、苑利：《文化遗产报告：世界文化遗产保护运动的理论与实
　　　践》，社会科学文献出版社 2005 年版。

［33］杨鸿：《民间文艺的特别知识产权保护：国际立法案例及其启示》，法

律出版社 2011 年版。

[34] 黄玉烨:《民间文学艺术的法律保护》,知识产权出版社 2008 年版。

[35] 杜瑞芳:《传统医药的知识产权保护》,人民法院出版社 2004 年版。

[36] 刘红婴:《非物质文化遗产的法律保护体系》,知识产权出版社 2014 年版。

[37] 严永和:《论传统文化表达的知识产权保护》,法律出版社 2006 年版。

[38] 缪家福:《全球化与民族文化多样性》,人民出版社 2005 年版。

[39] 赵震江、付子堂:《现代法理学》,北京大学出版社 1999 年版。

[40] 吕世伦、文正邦主编:《法哲学论》,中国人民大学出版社 1999 年版。

[41] 王珍愚:《TRIPS 协议与中国知识产权公共政策》,中国社会科学出版社 2016 年版。

[42] 刘华:《知识产权制度的理性与绩效分析》,中国社会科学出版社 2004 年版。

[43] 张乃根:《TRIPS 协定:理论与实践》,上海人民出版社 2005 年版。

[44] 索晓霞:《并非两难的选择:云贵少数民族文化保护与开发问题研究》,贵州人民出版社 2003 年版。

[45] 世界银行:《1991 年世界发展报告:发展面临的挑战》,中国财政经济出版社 1991 年版。

[46] 沈宗灵:《现代西方法理学》,北京大学出版社 1992 年版。

[47] 吕睿:《新疆民间文学艺术知识产权保护研究》,法律出版社 2014 年版。

[48] 穆伯祥:《少数民族非物质文化遗产的知识产权保护模式研究》,知识产权出版社 2016 年版。

[49] 孙玉荣等:《著作权法前沿热点问题探究》,知识产权出版社 2020 年版。

[50] 邓建志:《WTO 框架下中国知识产权行政保护》,知识产权出版社

2009 年版。

［51］王兰萍：《近代中国著作权法的成长（1903—1910）》，北京大学出版社 2006 年版。

［52］罗宗奎：《非物质文化遗产的知识产权保护——以内蒙古自治区为例》，中国政法大学出版社 2015 年版。

［53］徐康平、冷荣芝等：《戏剧舞蹈作品著作权的法律保护》，学苑出版社 2019 年版。

［54］张小勇：《遗传资源的获取和惠益分享与知识产权》，知识产权出版社 2007 年版。

［55］何俊志：《结构、历史与行为——历史制度主义对政治科学的重构》，复旦大学出版社 2004 年版。

［56］黄仁宇：《我相信中国的前途》，中华书局 2015 年版。

［57］游云、肖诗鹰：《知识产权保护与传统文化》，《中国当代新医药论丛》，江西高校出版社 2004 年版。

［58］王列、杨雪冬编译：《全球化与世界》，中央编译出版社 1998 年版。

［59］梁启超：《中国历史研究法》，河北教育出版社 2003 年版。

［60］李秀林：《辩证唯物主义和历史唯物主义原理》（第五版），中国人民大学出版社 2004 年版。

［61］陈振明主编：《公共政策分析》，中国人民大学出版社 2003 年版。

［62］孙国华、朱景文：《法理学》，北京大学出版社 1996 年版。

［63］刘春茂：《中国民法学·知识产权》，中国人民公安大学出版社 1997 年版。

［64］［美］道格拉斯·C.诺思：《经济史上的结构和变革》，厉以平译，商务印书馆 1992 年版。

［65］［美］道格拉斯·C.诺思：《制度、制度变迁与经济绩效》，杭行译，格致出版社 2008 年版。

［66］［美］理查德·A.波斯纳：《法律的经济分析》，蒋兆康译，中国大百科全书出版社 1997 年版。

［67］［澳］葛兰·艾波林：《文化遗产：鉴定、保存和管理》，刘兰玉译，台湾五观艺术管理有限公司 2004 年版。

［68］［美］E.博登海默：《法理学：法律哲学与法律方法》，邓正来译，中国政法大学出版社 2004 年版。

［69］［法］雅克·阿达：《经济全球化》，何竟、周晓幸译，中央编译出版社 2000 年版。

［70］［法］菲力浦·杰克思：《印第安人：红皮肤的大地》，余中先译，汉语大词典出版社 2001 年版。

［71］［英］洛克：《政府论》(下篇)，叶启芳等译，商务印书馆 1964 年版。

［72］［法］卢梭：《社会契约论》，何兆武译，商务印书馆 1982 年版。

［73］［爱尔兰］J.M.凯利：《西方法律思想简史》，王笑红译，法律出版社 2002 年版。

［74］［美］约翰·罗尔斯：《正义论》，何怀宏、何包钢、廖申白译，中国社会科学出版社 1988 年版。

［75］［法］弗雷德里克·巴斯夏：《财产、法律与政府》，秋风译，贵州人民出版社 2004 年版。

［76］［美］列奥·施特劳斯：《自然权利与历史》，彭刚译，生活·读书·新知三联书店 2003 年版。

［77］［英］休谟：《人性论》，关文运译，商务印书馆 1981 年版。

［78］［美］康芒斯：《制度经济学》(下)，于树生译，商务印书馆 1962 年版。

［79］［美］罗伯特·考特、托马斯·尤伦：《法和经济学》，张军等译，上海三联书店、上海人民出版社 1994 年版。

［80］［法］克洛德·马苏耶：《保护文学和艺术作品伯尔尼公约（1971 年巴

黎文本）指南》，刘波林译，中国人民大学出版社 2002 年版。

[81][法] 克洛德·马苏耶：《罗马公约和录音制品公约指南》，刘波林译，
中国人民大学出版社 2002 年版。

[82][英] 汤因比：《历史研究》，曹未风等译，上海人民出版社 1997 年版。

[83][德] 鲁道夫·冯·耶林：《为权利而斗争》，胡宝海译，中国法制出版
社 2004 年版。

[84][印] 甘古力：《知识产权：释放知识经济的能量》，宋建华、姜丹明、
张永华译，知识产权出版社 2004 年版。

[85][美] 爱德华·W. 赛义德：《赛义德自选集》，谢少波、韩刚等译，中
国社会科学出版社 1999 年版。

[86][美] 汉斯·J. 摩根索：《国家间的政治——为权力与和平而斗争》，杨
岐鸣、王燕生、赵归、林小云译，商务印书馆 1993 年版。

[87][德] 马勒茨克：《跨文化交流——不同文化的人与人之间的交往》，潘
亚玲译，北京大学出版社 2001 年版。

[88][英] 约翰·汤姆林森：《全球化与文化》，郭英剑译，南京大学出版社
2002 年版。

[89][意] 但丁：《论世界帝国》，商务印书馆 1997 年版。

[90][英] 爱德华·泰勒：《原始文化：神话、哲学、宗教、语言、艺术和
习俗发展之研究》，连树声译，广西师范大学出版社 2005 年版。

二、编著类著作

[1] 夏征农、陈至立主编：《辞海》（第 6 版），上海辞书出版社 2010 年版。

[2] 阮智富、郭忠新主编：《现代汉语大辞典》，上海辞书出版社 2009
年版。

[3] 吴汉东主编：《知识产权法学》，北京大学出版社 2000 年版。

［4］吴汉东主编：《知识产权法学》，中国政法大学出版社 1999 年版。

［5］吴汉东主编：《知识产权制度基础理论研究》，知识产权出版社 2009 年版。

［6］冯晓青主编：《知识产权法》，中国政法大学出版社 2010 年版。

［7］郑成思主编：《知识产权研究》（第 3 卷），中国方正出版社 1997 年版。

［8］郑成思主编：《知识产权文丛》（第 8 卷），中国方正出版社 2002 年版。

［9］郑成思主编：《知识产权保护实务全书》，中国言实出版社 1995 年版。

［10］胡鞍钢、门洪华主编：《解读美国大战略》，浙江人民出版社 2003 年版。

［11］周星主编：《民俗学的历史、理论与方法》，商务印书馆 2006 年版。

［12］余晋岳执行主编：《世界文化与自然遗产手册》，上海科学技术文献出版社 2004 年版。

［13］王文章主编：《非物质文化遗产概论》，文化艺术出版社 2013 年版。

［14］朱耀廷主编：《中国传统文化通论》，北京大学出版社 2005 年版。

［15］张玉敏主编：《知识产权法学》，法律出版社 2002 年版。

［16］刘光溪主编：《坎昆会议与 WTO 首轮谈判》，上海人民出版社 2004 年版。

［17］孙振宇主编：《WTO 多哈回合谈判中期回顾》，人民出版社 2005 年版。

［18］钟敬文主编：《民间文学概论》，上海文艺出版社 1980 年版。

［19］钟敬文主编：《民俗学概论》，上海文艺出版社 1998 年版。

［20］中国社会科学院知识产权中心、中国知识产权培训中心编：《实施国家知识产权战略若干基本问题研究》，知识产权出版社 2012 年版。

［21］韩伟主编：《世界知识产权组织竞争政策调研报告介评》，法律出版社 2016 年版。

［22］中国音乐著作权协会法律部编著：《为了音乐有价值：中国音乐著

作权协会二十年维权案例汇编（1992—2012）》，法律出版社 2012 年版。

［23］［德］Silke von Lewinski 博士编著：《原住民遗产与知识产权：遗传资源、传统知识和民间文学艺术》，廖冰冰、刘硕、卢璐翻译，许超审定，中国民主法制出版社 2011 年版。

［24］毛金生主编：《知识产权发展政策研究（第 1 辑）》，知识产权出版社 2013 年版。

［25］刘春田主编：《中国知识产权四十年》，知识产权出版社 2019 年版。

［26］世界知识产权组织编著：《世界知识产权组织知识产权指南——政策、法律及应用》，北京大学国际知识产权研究中心翻译，知识产权出版社 2012 年版。

［27］本书汇编组：《中国百年著作权法律集成》，中国人民大学出版社 2010 年版。

［28］金星华主编：《民族文化理论与实践——首届全国民族文化论坛论文集》（上册），民族出版社 2005 年版。

［29］李世涛主编：《知识分子立场——民族主义与转型期中国的命运》，时代文艺出版社 2000 年版。

［30］中共中央党校第十九期中青班文化问题课题组：《全球化背景下中国文化竞争力研究》，中国时代经济出版社 2004 年版。

［31］郑胜利主编：《北大知识产权评论》（第 2 卷），法律出版社 2004 年版。

三、学术论文

［1］贾乐芳：《知识经济与文化多样性》，《唯实》2004 年第 1 期。

［2］［俄］E. P. 加佛里洛夫：《民间文学艺术作品的法律保护》，刘波林译，

《版权参考资料》1984 年第 7 期。

［3］邝宪平:《"安顺地戏"VS〈千里走单骑〉——非物质文化遗产尚不享有署名权》,《知识产权》2011 年第 10 期。

［4］吕睿:《"安顺地戏"案署名权认定之商榷与演进》,《云南艺术学院学报》2013 年第 1 期。

［5］张永:《民间文学艺术的法律保护》,《中山大学研究生学刊(社会科学版)》2005 年第 26 卷第 1 期。

［6］黄玉烨:《论非物质文化遗产的私权保护》,《中国法学》2008 年第 5 期。

［7］管育鹰:《传统知识及传统文化表达的法律保护问题》,《贵州师范大学学报(社会科学版)》2005 年第 2 期。

［8］严永和:《我国民间文学艺术法律保护模式的选择》,《知识产权》2009 年第 5 期。

［9］熊英:《我国非物质文化遗产法律保护模式分析》,《湖北民族学院学报(哲学社会科学版)》2009 年第 2 期。

［10］张玉敏:《民间文学艺术法律保护模式的选择》,《法商研究》2007 年第 4 期。

［11］张耕、郑重:《论民间文学艺术的国际保护》,《重庆社会科学》2005 年第 10 期。

［12］李阁霞:《论民间文学艺术表达的法律保护》,《贵州师范大学学报(社会科学版)》2006 年第 1 期。

［13］章忠信:《原住民族智慧财产权之保护》,《智慧财产权》1999 年第 12 期。

［14］袁泽清:《论少数民族文化财产权》,《贵州民族研究》2008 年第 2 期。

［15］《民间文学艺术法律保护研讨会综述》,《著作权》1993 年第 4 期。

[16] 郭蓓薇:《民间文学艺术作品法律保护初探》,《新疆社会经济》1996年第 4 期。

[17] 王瑞龙:《民间文学艺术作品著作权保护的制度设计》,《中南民族大学学报(人文社会科学版)》2004 年第 5 期。

[18] 刘水云:《关于民间文学艺术版权保护问题的探讨》,《云南法学》1991 年第 3 期。

[19] 张耕:《论民间文学艺术版权主体制度之构建》,《中国法学》2008 年第 3 期。

[20] 黄玉烨:《我国民间文学艺术的特别权利保护模式》,《法学》2009 年第 8 期。

[21] [澳] 卡马尔·普里:《国家法律对民间文学表现形式的保护》,周林、冯晓东译,《著作权》1993 年第 4 期。

[22] 白桂梅:《土著人与自决权》,《中外法学》1997 年第 6 期。

[23] 崔国斌:《否弃集体作者观——民间文艺版权难题的终结》,《法制与社会发展》2005 年第 5 期。

[24] [美] 彼得·豪尔、罗斯玛丽·泰勒:《政治科学与三个新制度主义》,何俊智译,《经济社会体制比较》2003 年第 5 期。

[25] 熊秉元、叶斌、蔡璧涵:《李约瑟之谜——拿证据来?》,《浙江大学学报(人文社会科学版)》2018 年第 1 期。

[26] 张曼:《论非物质文化遗产保护中的传统文化表达》,《电子知识产权》2009 年第 7 期。

[27] 熊莹:《"传统文化表达"保护的路径探析》,《江西社会科学》2011 年第 12 期。

[28] 张其学:《关于"文化霸权"概念的再思考》,《广东社会科学》2005 年第 5 期。

[29] 胡仁智:《人权的历史性与法律性探讨》,《法学评论》2001 年第

5 期。

[30][波兰] 雅努兹·西摩尼迪斯:《文化权利——一种被忽视的人权》,黄觉译,《国际社会科学杂志(中文版)》1999 年第 4 期。

[31] 刘锡诚:《非物质文化遗产的文化性质问题》,《西北民族研究》2005 年第 1 期。

[32] 刘魁立:《非物质文化遗产的共享性本真性与人类文化多样性发展》,《山东社会科学》2010 年第 3 期。

[33] 严永和:《我国民间文学艺术法律保护模式的选择》,《知识产权》2009 年第 3 期。

[34] 古祖雪:《基于 TRIPS 框架下保护传统知识的正当性》,《现代法学》2006 年第 4 期。

[35] 王太平、黄献:《安娜法的权威解释:英国米勒案和德纳森案》,《电子知识产权》2006 年第 4 期。

[36] 刘春田:《知识财产权解析》,《中国社会科学》2003 年第 4 期。

[37] 黄玉烨:《知识产权与其他人权的冲突与协调》,《法商研究》2005 年第 5 期。

[38] 吴汉东:《中国应建立以知识产权为导向的公共政策体系》,《中国发展观察》2007 年第 5 期。

[39] 吴汉东:《利弊之间:知识产权制度的政策科学分析》,《法商研究》2006 年第 5 期。

[40] 吴汉东:《知识产权本质的多维度解读》,《中国法学》2006 年第 5 期。

[41] 赵海怡、钱锦宇:《非物质文化遗产保护的制度选择———对知识产权保护模式的反思》,《西北大学学报(哲学社会科学版)》2013 年第 2 期。

[42] 宋慧献:《非物质文化遗产保护:知识产权新课题》,《科学时报》

2007 年 6 月 1 日。

［43］夏士园：《民间文学艺术衍生作品的独创性认定研究——以"〈和谐共生十二〉著作权纠纷案"为例》，《安徽警官职业学院学报》2019 年第 5 期。

［44］王鹤云：《国外民间文学保护制度简介》，《中国版权》2002 年第 4 期。

［45］刘华、胡武艳：《民间文学艺术及其特别保护体系研究》，《华中师范大学学报（人文社会科学版）》2004 年第 3 期。

［46］杨红菊、何蓉：《从 TRIPS 的谈判历程看知识产权国际规则的制定》，《知识产权》2008 年第 2 期。

［47］李丹萍、杨静：《自由贸易协定中的商标权 TRIPS-plus 条款研究——基于美国、欧盟、日本的比较》，《广西社会科学》2013 年第 2 期。

［48］［加纳］A. O. 阿梅加切尔：《著作权保护民间文学艺术——措辞的矛盾》，张林初译，《版权公报（中文版）》2002 年第 2 期。

［49］资华筠：《灵肉血脉连着根——〈云南映象〉观后》，《中国艺术报》2005 年 5 月 6 日。

［50］郭京花：《文化多样性：法国外交新主题》，《参考消息》2003 年 10 月 30 日。

四、案例

［1］"郭颂等与黑龙江省饶河县四排赫哲族乡人民政府侵犯著作权纠纷案"，北京市高级人民法院（2003）高民终字第 246 号民事判决书。

［2］"贵州省安顺市文体局诉张艺谋等侵犯著作权案"，北京市第一中级人民法院（2011）一中民终字第 13010 号判决书。

[3]"洪福远、邓春香诉贵州五福坊食品有限公司、贵州今彩民族文化研发有限公司著作权侵权纠纷案",最高人民法院审判委员会讨论通过指导案例80号。

五、外文资料

[1] Adam D. Moore,*Intellectual Property & Information Control*, Transaction Publisher,2001.

[2] Mrs.P.V.Valsala G.Kutty,*A Study on the Protection of Expressions of Folklore*,Written for WIPO, http://www.wipo.int.

[3] Mrs.P.V.Valsala G.Kutty,*National Experiences with the Protection of Expressions of Folklore/Traditional Cultural Expressions:India, Indonesia and Philippines*, http://www.wipo.int.

[4] Fried man J., *Cultural Identity and Global Process*, London:Sage,1994.

[5] Megan M.Carpenter,*Intellectual Property Law and Indigenous Peoples:Adapting Copyright Law to the Needs of a Global Community*, Yale Human Rights & Development Law Journal,2004.

[6] Betsy J.Fowler, "Preventing Counterfeit Craft Designs", in edited by J. Michael Finger Philip Schuler, *Poor People's Knowledge: Promoting Intellectual Property in Developing Countries,* the World Bank and Oxford University Press,2004.

[7] Merriam-Webster, Inc., *Webster's Ninth New Collegiate Dictionary*, Merriam-Webster, 1983.

[8] Needham J., *Science and Civilisation in China,* Cambridge:Cambridge University Press,1954.

[9] Lin J., "The Needham Puzzle Why the Industrial Revolution Did Not Originate in China", *Economic Development and Cultural Change*, Vol.43, No.2, 1995.

[10] Thomas Greaves, *"Tribal Rights" in Brush and Stabinsky(eds.) Valuing Local Knowledge: Indigenous Peoples and Intellectual Property Rights,* Island Press, Covelo, 1996.

[11] Shahid Alikhan and Raghunath Mashelkar, *Intellectual Property and Competitive Strategies in the 21st Century*, Kluwer law International, 2004.

[12] John Henry Merryman, *Thinking about the Elgin Marbles: Critical Essays on Cultural Property Art and Law,* Published by Kluwer Law International Ltd, 2000.

[13] Keith, *Natural Law Principle Underlying Intellectual Property*, 12 The Southern Africa Law Journal 506, 1990.

[14] Lionel Bently and Brad Sherman, *Intellectual Property Law,* Oxford University Press, 2001.

[15] Fritz Machlup and Edith Penrose, "The Patent Controversy In The Nineteenth Century" *Journal of Economic History*, Vol.10, 1950.

[16] Betsy J.Fowler, "Preventing Counterfeit Craft Designs", in edited by J. Michael Finger Philip Schuler, *Poor People's Knowledge: Promoting Intellectual Property in Developing Countries,* the World Bank and Oxford Univerisity Press, 2004.

[17] Susan K. Sell & Christopher May, "Moments in Law: Contestation and Settlement in the History of Intellectual Property", *Review of International of Politics Economics*, Vol.8, 2001.

[18] Agnes Lucas-Schloetter, "Folklore", in edited by S.von

Lewinski, *Indigenous Heritage and Intellectual Property : Genetic Resources, Traditional Knowledge and Folklore*, Kluwer Law International 2004.

[19] Paul Pierson, "Increasing Returns, Path Dependence and the Study of Politics", *American Political Science Review*, Vol.94, No.2, June 2000.

[20] Blake, "On Developing a New International Convention for Sageguarding Intangible Cultural Heritage", *Art Antiquity and Law*, Vol.8, 2003.

[21] WIPO ,WIPO *Intellectual Property Handbook:Policy ,Law and Use*(Second Edition),WIPO Publication No.489(E),Geneva,2004.

[22] WIPO ,*Introduction to Intellectual Property: Theory and Practices,* Kluwer Law International, 1997.

[23] WIPO ,*Intellectual Property and Traditional Cultural Expressiona/ Folklore*, WIPO Publication No.913(E),Geneva,2004.

[24] UNESCO and WIPO ed., *UNESCO-WIPO World Forum on the Protection of Folklore, Phuket, Thailand, April* 8-10, 1997, WIPO Publication No.758(E),1998.

[25] UNESCO,*Proclamation by UNESCO of the Masterpiece of the Oral and Intangible Heritage of Humanity ,Guide to implementation*,No.4.

[26] The Secretariats of UNESCO and WIPO , *Model Provisions for National Laws on the Protection of Expressions of Folklore Against Illicit Exploitation and Other Prejudicial Actions with a Commentary*, UNESCO & WIPO, 1985.

[27] WIPO, *The Protection of Tradition Cultural Expressions/ Expressions of Folklore: Draft Objectives and Principles*, WIPO/

GRTKF/IC/10/4ANNEX，October 2,2006.

[28] UN Commission, *in Human Rights*：*Intellectual Property and Human Rights*，2000，E/CN1.4/Sub.2/2000/7.

[29] Intergovernmental Committee On Intellectual Property and Genetic Resource, Traditional Knowledge And Folklore, Questionnaire on Databases and Registries Related to Traditional Knowledge and Genetic Resources , WIPO/GRTKF/IC/Q.4，February 2003.

[30] WIPO-IGC 历年会议文件。

六、网络资源

[1] 马戎戎：《云南映象：民族文化保护的杨丽萍模式》，载《三联生活周刊》2004 年 4 月 15 日，http://old.lifeweek.com.cn//2004/0415/8425.shtml。

[2] 康晓光：《文化民族主义论纲》，https://www.idpi.cn/xindetihui/94213.html。

[3]《联合国宪章》，http://www.scio.gov.cn/xwfbh/xwbfbh/wqfbh/2015/33146/xgbd33155/Document/1442184/1442184.htm。

[4]《世界人权宣言》，https://baike.baidu.com/item/%E4%B8%96%E7%95%8C%E4%BA%BA%E6%9D%83%E5%AE%A3%E8%A8%80/438255?fr=aladdin。

[5]《发展权利宣言》，https://www.un.org/zh/documents/treaty/A-RES-41-128。

[6]《世界文化多样性宣言》，https://baike.baidu.com/item/%E4%B8%96%E7%95%8C%E6%96%87%E5%8C%96%E5%A4%9A%E6%A0%B7%E6%80%A7%E5%AE%A3%E8%A8%80/3223037?fr=aladdin。

［7］《保护和促进文化表现形式多样性公约》，https://www.docin.com/p-643980687.html。

［8］《经济、社会及文化权利国际公约》，http://www.scio.gov.cn/m/ztk/xwfb/09/5/Document/655628/655628_1.htm。

［9］世界知识产权组织官网，http://www.wipo.int.。

［10］联合国教科文组织官网，https://www.unesco.org。

［11］联合国世界遗产中心官网，https://whc.unesco.org。

［12］世界贸易组织官网，https://www.wto.org。

［13］国家知识产权局官网，https://www.cnipa.gov.cn。

［14］国家版权局官网，https://www.ncac.gov.cn。